雅
众
elegance

新知

趣味

格调

雅众·电影

日落大道

CONVERSATIONS
WITH WILDER

对话

比利·怀尔德

[美] 卡梅伦·克罗 著

张衍 译

中信出版集团 | 北京

MISCELLANY

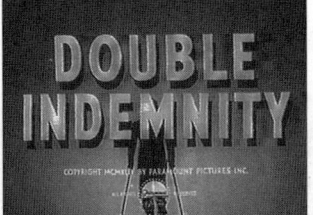

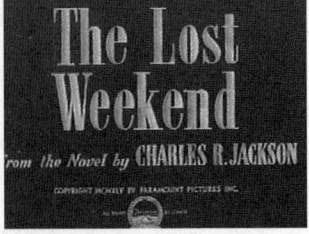

THE PRIVATE LIFE
OF
SHERLOCK HOLMES

SUNSET BLVD.

SABRINA

The
Apartment

SOME LIKE
IT HOT

The Fortune Cookie

"The Spirit
of St. Louis"

Witness
For The
Prosecution

STALAG
17
COPYRIGHT MCMLII BY PARAMOUNT PICTURES CORPORATION
ALL RIGHTS RESERVED
Paramount Pictures Corporation

The
Major
AND THE
Minor
RITA JOHNS

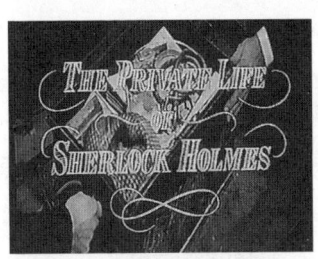

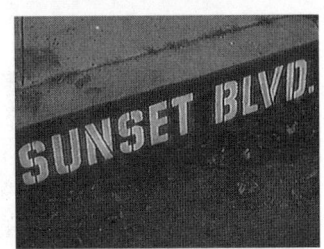

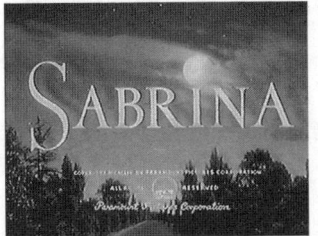

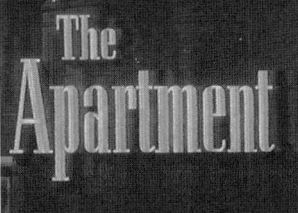

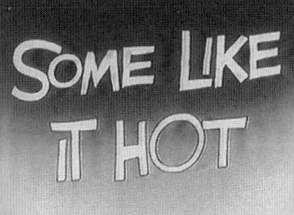

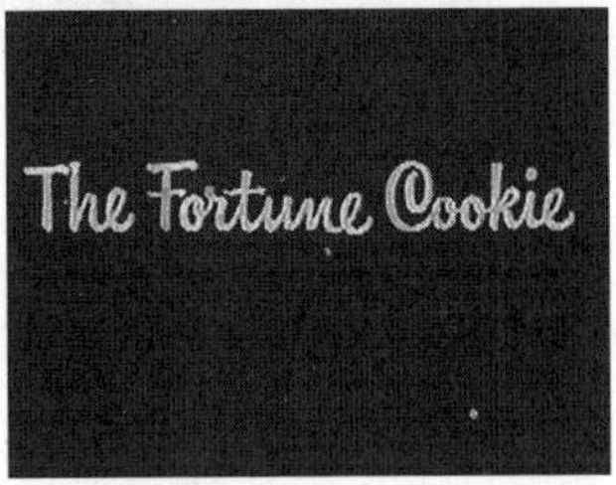

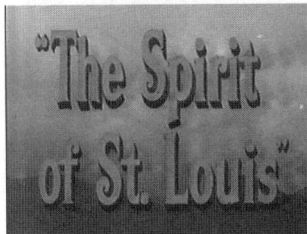

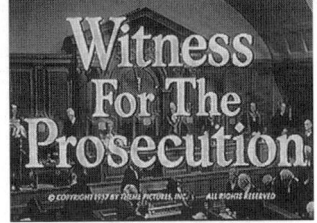

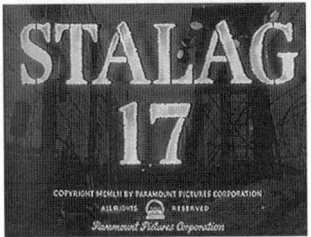

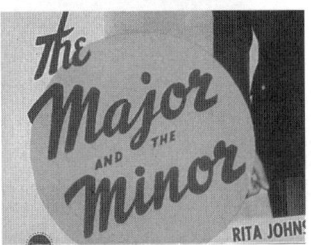

目 录

致 谢 ——————— i
引 言 ——————— iii

1　　杰克·莱蒙与乔治·库克/《热情如火》的最后一幕/加里·格兰特"每次都从我手中溜走"/斯皮尔伯格与库布里克/高德温先生"知道什么有效"/查尔斯·博耶和蟑螂/在柏林跳舞/"劳顿是你梦想能得到的一切,然后再乘上十倍"/"刘别谦式触动"/玛丽莲·梦露与查尔斯·布拉克特及 I. A. L. 戴蒙德的合作——————— 1

2　　威廉·霍尔登出演《日落大道》/《双重赔偿》/"你明白吗?"/奥黛丽·赫本/"它看上去就应该像新闻纪录片"/"弗里茨·朗对我说:'找个好摄影师'"/打破的化妆镜/《桃色公寓》里的托内牌家具和美术指导/用黑白胶片拍摄/黛德丽自己给自己布光/不丢失推进情节的台词——————— 55

3　　琪恩·亚瑟/《柏林艳史》/"黛德丽会做任何我让她做的事"/表情/《倒扣的王牌》/"你永远

永远无法预知观众的反应"/《七年之痒》/林白与《林白征空记》/加里·库柏/"我不拍摄优雅的影片"/肮脏的人与《战地军魂》/"当我编剧时，我想当导演。当我导演时，我想当编剧"——————85

4　《日落大道》还魂《丽人劫》/"我是个合作者"/旁白/"没有规矩"/浪漫喜剧/杰克·莱蒙"是我的万能药"/初恋/《飞来福》/奥斯威辛的母亲/"我从不把任何人介绍给一个经纪人"/孩子/让·雷诺阿与费里尼/"洗印第一条"——————119

5　毕加索与弗洛伊德/"让它真实，让它可信"/领衔演员/被某种只在银幕上出现的东西击中了/《黄昏之恋》/"我从不在拍第二条或者第三条时提高嗓门"/特写镜头/《控方证人》/查尔斯·劳顿/迪恩·马丁/《热情如火》/你永远不知道玛丽莲会怎么做/《玉女风流》/卡格尼/"总体来说，我认为观众比他们被认为的聪明多了"——————167

6　国会纵火案后从柏林逃往巴黎/母亲是个好厨师/单片眼镜里的反光/卡普拉"抓住了时代"/亚历山大咖啡厅的普雷斯顿·斯特奇斯/霍华德·霍克斯与《火球》/芭芭拉·斯坦威克跳《鼓乐摇摆》

/便签纸上的剧本/为其他导演写作/《倒扣的王牌》的最后一镜/从不在剧本里放多少拍摄指示/马克斯兄弟/火星与时间舱——————217

7 电影配乐/在科罗拉多酒店拍摄/奥黛丽·赫本的纪梵希/《热情如火》里的异装/"我们已经把自己出卖给了做特效的人"/在柏林和维也纳当记者/电影枪手/金格尔·罗杰斯/《两代情》/"我永远都需要情节"/柏林的爵士乐/"我写作时会想着摄影机,但不会想太多。"——————263

8 《满城风雨》/宝琳·凯尔/著名的"丢失的段落"/伍迪·艾伦/隐藏情节点/夏特蒙特酒店的室友彼得·洛/《开罗谍报战》/只为上映一周而拍的电影/《失去的周末》/约翰·巴里摩尔/怀尔德的女性们/"我逆着情绪写作时写得最好"/和I. A. L.戴蒙德合作/好的感伤——————309

9 小制作电影/和比利一起做运动/塞林格与《麦田里的守望者》/刘别谦与《妮诺契卡》/"那时候一年拍五十部电影,但我们写一百五十个剧本"/"我不是搞摄影的,我拍的是电影"/周一晚上在怀尔德家看球/《走向幸福》/"我主要是个编剧"/掐时间和选演员/"刘别谦做得更好"——————361

附录一 电影 —————— 415

附录二 杂谈 —————— 443

致 谢

感谢斯科特·M.马丁所做的编辑助理和资料搜寻工作。

特别感谢：奥德丽·怀尔德、卡伦·勒纳、南希·威尔森、爱丽丝·克罗、詹姆斯·A.克罗、罗伯特·布克曼、凯西·罗宾斯、加里·绍特、莱纳德·格什、汤姆·克鲁斯、邦尼·亨特、香农·马奎尔、凯西·维金、大卫·哈波恩、格雷顿·卡特、安·施耐德、霍华德·卡明斯基、奇普·基德、卡博·吴、梅丽莎·戈尔斯坦、唐纳德·克劳斯、斯特拉顿·杨、克劳斯·惠特利、周英华、阿特和蕾克丝·卡福拉、理查德和芭芭拉·科恩、杰瑞和安·莫斯、谢莉·万格，以及那位让我们相聚在一起的人——比利·怀尔德先生。

引 言

"你给这东西想好结尾了吗?"比利·怀尔德,这位在世的最伟大的编剧兼导演问道[1]。

那是在1998年春天,厄尔尼诺的雨水已经制造了太多麻烦,在这个弥漫着湿气的下午,我们都不想再提起头顶这场笼罩着加州的倾盆大雨。他的办公室坐落在贝弗利山的边道上,我们就在那里的门外见面。走上一小段台阶之后,就进入了他安静的办公室。钥匙串在他的手中叮当作响,他从里面找着对的那一把,又低头看了一眼左边鞋上松开的鞋带。如果再走一步很可能就会被鞋带绊倒,于是他在门厅里停了下来。他91岁了,许多年前就已经不可能弯腰了。他没有看我,我也没有看他。一股尴尬的气氛环绕在我们中间,于是我弯下腰快速帮他把鞋带系上,之后我们都没有再提这件事。我们进入他的办公室,坐下来进行最后一场谈话,这一系列访问已经持续一年多了。

---

[1] 本文写于1998年,比利·怀尔德于2002年去世。(若无特殊说明,本书中注释皆为译注)

请想象某场聚会里一个弥漫着优雅气息的时刻,一场只有比利·怀尔德影片中的人物参加的聚会。

正在钢琴边上搅动着一杯酒的,是《双重赔偿》(Double Indemnity, 1944)[1]里在劫难逃的沃尔特·内夫,他努力不去盯着《热情如火》(Some Like It Hot, 1959)里兴高采烈的甜甜看。另一个房间里,《桃色公寓》(The Apartment, 1960)里的芙兰·库布利克与C. C. 巴克斯特面对面贴身跳着某种后现代爵士舞,与此同时,《日落大道》(Sunset Boulevard, 1950)里的诺尔玛·德斯蒙德从主楼梯上走下来,与《倒扣的王牌》(Ace in the Hole, 1951)里残忍而野心勃勃的查克·塔特姆相会。而屋外的月光下,屈身躲在树上相思成病的萨布里纳,关注着整间房子里这些各不相同的人的一举一动,渴望着看上一眼戴维·拉腊比。

这将是一个怎样的夜晚啊。但很可能发生的情况是,这场聚会的主人忍受不了那么多人向他鞠躬致意。比利·怀尔德——银幕故事的大师,并不喜欢接受太多的赞美。他生命的最近十年经常需要尽义务地接受奖杯与赞许,但事实更加具有"怀尔德风格"。那些人基本是同一帮人的行业偶像,与其授予他各种荣耀,还不如请伟大的怀尔德拍摄一部新电影。就身体状况而言,怀尔德现在活动得很谨慎,有时需要一根拐杖。但他几乎每天都要出现在贝弗利山的办公室里,阅读文章、联系他在艺术界的朋友们,他始终与超负荷的、没有人物个性的可悲的当代电影保持着联系。

比利·怀尔德的作品是一个宝藏,里面充满了有血有肉的鲜活人物和精彩的生命体。在他的创作真经中有从头笑到尾的喜

---

[1] 为与原著括注区分,内文中译者括注均用小字号表示。——编注

剧、尖锐的人物刻画、社会讽刺、真实的悬念、辛酸的浪漫……生命中最美好的东西，哀伤与兴奋、冷嘲热讽与痛苦难耐，这些都在他的作品中具有相同的分量。伟大的恩斯特·刘别谦（Ernst Lubitsch）教会了他导演之乐，但可能是他记者的背景给了他一种能力，使他能分辨真相看起来什么样，听起来又是什么样。也许这就是为什么在多年之后，比利·怀尔德的作品与他同时代任何人的作品相比，都更多地作为对人类真相的描写而存在着。在1997年美国导演工会一次引荐获得导演工会奖提名的电影人宴会上，在场的四位被提名者被问到是谁点亮了他们创作上的灵光，所有人都认可一个名字：比利·怀尔德。

下面简要介绍一下比利·怀尔德四海为家的多彩一生。怀尔德1906年6月22日出生于小城苏哈，此地位于波兰境内，后又成为奥地利的一部分。他的名字叫萨缪尔（Samuel），但他的母亲总是叫他比利（Billie），还称他的哥哥威廉（Wilhelm）为威利（Willie），后者出生于1904年。几年后怀尔德一家移居到维也纳，之后发生的许多事情都被后人刨根问底且过分夸大了，对这些事情，怀尔德在我们的对谈中做出了最好的解释。"大部分事情都是捏造的，"他现在说道，"在过去，他们就爱干这种事。"

不过在媒体的记载中有一件事是无可辩驳的，怀尔德的创作生涯是从他在维也纳接到报社记者的工作时开始的。他熟练地掌握了工作技能，并很快以喜欢对题目穷追不舍而闻名。1926年6月，在爵士音乐家保罗·怀特曼（Paul Whiteman）的邀请下，怀尔德出差到了柏林，并在那里留了下来。从此他的记者工作——以及他的生活——变得更加多彩与混乱。为了写一篇系列报道，怀尔德甚至去当陪人跳舞的舞男，并记录下了这段经历。他的想象力很快使他成了一名编剧，在蒸蒸日上的德国电影业中当一名枪手。紧接着怀尔德就成了署名编剧，他作品的水准也不断提高，而这时战争却日益逼近了。他逃到了巴黎，后来又到了美国，最终怀尔德在洛杉矶站稳了脚跟，并和其他欧洲难民结成群体，而这些人将会改变电影史。恩斯特·刘别谦在此之前就到了，怀尔德很快与他的这位偶像搭上了关系，怀尔德在1938年与刘别谦合作了《蓝胡子的第八任妻子》(*Bluebeard's Eighth Wife*, 1938)，一年之后又有了影响深远的《妮诺契卡》(*Ninotchka*, 1939)。怀尔德在1942年首执导筒，拍摄了《大人与小孩》(*The Major and the Minor*, 1942)，本片由他与他第一位伟大的合作者查尔斯·布拉克特 (Charles Brackett) 联合编剧。他最近的电影是1981年的《患难之交》(*Buddy Buddy*, 1981)，合作者是另一位对他而言里程碑式的人物I. A. L. 戴蒙德 (I. A. L. Diamond)。

怀尔德那种善于发现人类的阴暗面，并用富于启发的幽默批判这种阴暗面的天赋很早就显现了出来。"我在家常常挨打。"他会就事论事地谈论这种事，他性格中缺少自怜。但他童年的细节在其访谈里挖掘得还远远不够。这些年面对尖锐问题时，怀尔德是超然而沉默寡言的，然后紧接着他就会抛出一个新的话题或者笑话来。

1928年，怀尔德的父亲在柏林去世，他本是在去美国的路上在此做短暂停留以看望比利。怀尔德的母亲死于奥斯威辛集中营。他用事业上的坚持不懈与无可比拟的才智与这一可怕的记忆斗争。怀尔德的事业在好莱坞这个充满残酷商业竞争的世界电影之都蒸蒸日上，他拍摄影片，被那些还在默默耕耘的人推崇为创作天才、闪耀着智慧光辉的导演，以及世界级的幽默作家。他的外在形象是趾高气扬的、难以入侵的。许多年里，他被人评价为庸俗，而他后期的作品多年来也饱受抨击。这是每一位创新者在公众视野下都会遭受的一劫。今天，很少有电影人不想自己与他相提并论。他是一个固执的浪漫主义者与高雅的人。他的作品因为没有趋炎附势或对某些问题过分慷慨激昂而流传至今。他没有在作品中滥用感情，因此他以艺术家的身份永生。在鉴赏自己的作品时，他头脑冷静，有时甚至可以说是个冷酷的父亲。他已经赢得了每一个奖项，接受了每一次嘉许，而且他依然在世。其辉煌的一生被完美地创作并演绎了出来，人们不禁思索：也许年轻时的比利·怀尔德塑造的最伟大的人物，就是比利·怀尔德自己。

1995年，我有两部电影正在酝酿中，而且多年来我一直受到比利·怀尔德作品的启发。就像许多积极进取的导演一样，我前往他的办公室朝圣。他对我的作品一无所知，我也没指望他知道。我带了一张《桃色公寓》的海报与一脑子的问题。我迫切地要求与他会面，这是由我的经纪人、创新艺人经纪公司的罗伯特·布克曼（Robert Bookman）安排的，他是怀尔德一个不熟的熟人。我提前几分钟到达了他位于贝弗利山的办公室，它藏在布莱顿街的一家礼品店后面一栋没有明显特征的建筑里，里面没有一点声音。我透过邮件槽望进去，看到了一条两间昏暗房间的景象，里面没有装饰纪念品，只有一些书和一张摆满文案的写字台。

在接下来的两个小时里我沿着街区闲逛，消磨时光，用投币电话给他的电话答录机打电话。最终，就在我第二次决定离去，拿着钥匙向我的汽车走出第一步时，怀尔德从对面的小巷中出现了。他看上去就是典型的怀尔德的样子，一个矮小壮实的男人，穿着粗花呢外套，戴着便帽，直直冲我走来。我作为一个从没有朋友或亲密家属活到这个岁数的人，以一种过分正式的方式谨慎地走向他。我介绍了自己。绝对没有火花——零度共鸣。他迅速礼貌而例行公事地握了一下我的手,然后寻找我手上的马尼拉纸信封。他以为我是邮递员。

我提到了我们上午11点的约会,怀尔德看上去很惊讶。他马上道歉。他说他完全不知道这次会面,并邀请我走上楼梯。"上来吧,我要记一下这件事。"

在我随他走上台阶时,他正在脑中查阅着本周的约会记录。没有,没有与卡梅伦·克罗(Cameron Crowe)的会面计划。他打开办公室示意我进来。布告栏上钉着一张玛琳·黛德丽(Marlene Dietrich)的照片;墙上挂着一组大卫·霍克尼(David Hockney)[1]拍摄的怀尔德与他的妻子奥德丽(Audrey)的拼贴照片;一幅爱因斯坦(Albert Einstein)的肖像;一张框起来的怀尔德与黑泽明(Akira Kurosawa)及费德里科·费里尼(Federico Fellini)的合影。而在门上,有一句我曾经在书上读到过的,由索尔·斯坦伯格(Saul Steinberg)[2]设计的著名签字:"刘别谦会怎么做?"(HOW WOULD LUBITSCH DO IT?)。

我在他对面坐下后他先听了一阵电话留言。但里面却没有我的留言。他听着一个《洛杉矶时报》(*Los Angeles Times*)的作者打来的电话,对方用快节奏且不带色彩的语气解释说他对于一篇关于奥斯卡的文章有一个问题,而他截稿的最后期限就是现在。对方快速说了一遍自己的电话号码,怀尔德一开始试图记下来,但他在记了三个数字后就放弃了,并放下了笔。"我不会给你回电话的。"他对着答录机说。他转向我。"我能为你做什么?"

---

[1] 大卫·霍克尼(1937—),英国画家、设计师、摄影家,在摄影领域,他创造了一种霍克尼式拼贴,用宝丽莱相机拍摄同一对象的不同局部,再拼合回原来的整体。
[2] 索尔·斯坦伯格(1914—1999),罗马尼亚裔美国漫画家、插画师,曾长期为《纽约客》杂志作画。

怀尔德耐心地听着我对他作品的溢美之词。一开始心不在焉，后来有了一些活力，很快就兴高采烈起来了，他回答了我的大部分问题。说了一些即使不是，但听上去也像是秘密的事情，然后用一个小时中的大部分时间讨论了他导演与选演员的技巧。怀尔德强调了选演员的重要性——举了加里·格兰特的例子，他错失了找后者做演员的机会，这件事一直以来广为流传。他曾经希望格兰特出演《龙凤配》(*Sabrina*, 1954) 及之后的《黄昏之恋》(*Love in the Afternoon*, 1957)，但都没能如愿。最后，怀尔德拿起笔在我带来的海报上签了名。怀尔德像老朋友一样看着那张海报。"《桃色公寓》，"他说，"好电影。"

"我最喜欢的电影。"我说。

"也是我最喜欢的。"他说道，好像这是刚刚下的最终决定，"我们有正确的演员。它起效了。"他干巴巴地停了一下。"我想不出什么有意思的话能写在你的海报上。"他签了名字和日期。当他和我走向房门时，我告诉他自己希望他在我的第三部影片《甜心先生》(*Jerry Maguire*, 1996) 中出演一个小角色。他建议我快开拍时再联系他。他说他不是个演员。"只是个小角色，"我说，"但它很重要，是杰里·马奎尔的导师，原运动员经纪人迪基·福克斯。"

"小角色？"他说道，"那我绝对不会答应了！"

他走进了洗手间，就在顺着大厅走下去的地方，当我离开时，他特别提到关于那个角色的事我应该再给他打电话。他站在洗手间的门前说："卡梅伦，这是个好名字。在德国，人们只有两个名字，汉斯……还有赫尔穆特。午安。"这是一个令人愉快的让步，它以一种风格化的方式表露了出来。他消失在厕所里。我离开了，身上绑着创造力的火箭。

之后几个月，我一直告诉朋友们我已经开始与比利·怀尔德讨论让他在我的电影里演一个角色的事。我甚至把它排在了拍摄计划的第一个镜头。怀尔德将会是我的幸运符。

但是只有一个问题——我找不到他。我给他的经纪人打电话，他回电话说怀尔德提过这件事，但他还没有听到怀尔德的决定。当拍摄日期渐近，我最终找到了他办公楼外的一个实习生，我给他的任务是———看到那位大师就给我打电话。

现在已经是1995年末，今天是汤姆·克鲁斯（Tom Cruise）、小库珀·古丁（Cuba Gooding Jr.）及邦尼·亨特（Bonnie Hunt）的第一次彩排日，他们现在都已经加入了《甜心先生》的拍摄。电话来了，怀尔德现在在办公室。我试着打了电话，铃声响了一下后他就接了。

"怀尔德先生，我是卡梅伦·克罗。我们之前讨论过您在我电影中演出的事情。"

"别烦我！"他咆哮着，"我是个老人，不是个演员，我也不会出现在你的片子里。"伟大的比利·怀尔德接着挂了电话。

不久之后，我与汤姆·克鲁斯踏雨走在去往贝弗利山的路上。我们的任务是亲自拜访怀尔德。有电影里的明星撑腰，我们应该能够面对面达到目的。

怀尔德应了门，表达了对我们不期而至的惊愕之情，但他还是请我们进去了。在将近一个小时的时间里，我们请求他，并与他讨论这部电影，他还是说不。（"我知道自己做得了什么做不了什么……我只会搞砸你的电影。不会有好结果的。找别人吧。我很尴尬，我现在很不自在。"）克鲁斯把身子往前倾，开始唱高调，解释说怀尔德的参与是非常重要的。他还是说不。我提起了他说的自己对没法找到加里·格兰特演出的失望，解释说我很不愿意放弃这一梦幻组合。怀尔德看着我——或更确切地说,正视着我。我觉得自己像个马屁精,一个满嘴屁话的家伙,但可悲的事实是,我说的每个字都是真的。

他与克鲁斯谈论了《龙凤配》《妮诺契卡》,以及《日落大道》,精确地分析了我们电影中的情节,最后他问了我一个私人问题。

"这是你的第一部电影?"

"第三部。"

"想过放弃吗?"

"想过。"我答道,完全诚实地面对这一私人问题。

他点点头。当然,我答错了,而且马上就知道了。看来我在导演新兵训练营里一题就被踢出了门;或者也许这话是以一种文雅的形式冒犯了他;或者,嘿,这是比利·怀尔德啊,那一定是以上两种可能都是真的了。他冲我眨着眼睛,好像在说:"导演是一项艰难的工作……哈姆雷特式的不坚定只应放在舞台上,上帝啊。"他再没正眼看过我。他不可动摇而又魅力十足、坚定、没有花言巧语……"坚定"——这是对这位绅士的最准确描述,这位之前不肯回我电话,现在毫不犹豫地用强大的气场对我与银幕上的杰里·马奎尔说不的人。最后我们起身离开了。

"很高兴见到你,也很高兴见到你,"他谦和而威严地说,他的目光划过我停在了汤姆·克鲁斯身上,"特别是你。"

我和克鲁斯离开他的办公室进了车。我刚刚让这位世界上最大牌的明星见识了一样他没怎么经历过的东西:失败。第一天的彩排我没打算有什么成果。我们默默开车回去,继续彩排,拍电影,每过几周就提一次怀尔德。他回绝的力量在几个月后还是让人觉得耻辱,这成了克鲁斯和我之间的一个黑色笑话。有时我会重提一下会面中那个刺痛我心的幽默段子,那个"怀尔德式"的再见:"很高兴见到你,也很高兴见到你……特别是你。"我们总是会大笑,痛苦地笑。

1997年2月,《甜心先生》已经上映几个月了。《滚石》(*Rolling Stone*)杂志刊登了一篇文章详细叙述了这段关于怀尔德的插曲及影片的拍摄情况。从比利与奥德丽·怀尔德的老朋友卡伦·勒纳(Karen Lerner)的办公室发来了一封传真。勒纳第一次见到怀尔德夫妇是在60年代早期,当时她是《新闻周刊》(*Newsweek*)的记者,她之后嫁给了艾伦·杰伊·勒纳(Alan Jay Lerner)[1]。勒纳这些年来与怀尔德夫妇的关系非常亲密。她是他们家定期到访并共进晚餐的客人,同时还是个怀尔德迷。她读了我在《滚石》上的文章,问我是否有兴趣做本书,一本比利·怀尔德的新访谈录,和弗朗索瓦·特吕弗(Francois Truffaut)的《希区柯克与特吕弗对话录》(*Hitchcock*)差不多。当然这个想法很吸引人,但是我给她打电话说了我的顾虑,怀尔德和我不怎么一见如故,我不想强推这个专题。英雄通常应该与别人保持一定的距离——把自己摆在书架上、放在文件里,保持一个能够继续做英雄的距离。我不想继续挫败。

但勒纳坚持,她对我说怀尔德也读了我的文章,并且很喜欢它。怀尔德已经提出让我给他做一篇杂志专访——他最近没有做过多少访谈——卡伦建议我们试试看我们之间有没有化学反应。如果有,也许这篇访谈就能变成一本书。我将回到我们之前的灾难发生地,开始讨论两部怀尔德记忆尚存的电影——《双重赔偿》与《桃色公寓》。这一切在我看来都是受虐狂行为。我有一个新剧本要写,没有时间。最好的做法是把这个来自大师的邀请看成

---

[1] 艾伦·杰伊·勒纳(1918—1986),电影与音乐剧编剧,代表作品有《窈窕淑女》《琪琪》《一个美国人在巴黎》等。

是一次不正常的变故，一次令人啼笑皆非的纠缠，一件我应该放聪明点拒绝的事情。

当然我马上就开始计划与怀尔德的会面了。

"你看起来长高了，"他一打开办公室的门就说道，"你随着你的成功变大了。"怀尔德穿着西装、背带裤与流苏的平底便鞋。他示意我进入我们第一次见面的同一个小房间。在问候了我几句之后，他就把话题转到了即将到来的奥斯卡奖，《甜心先生》获得了五项提名，包括最佳影片，特别是克鲁斯被提名最佳男主角，这对于喜剧电影和喜剧表演真的是一大恩惠。"而且我喜欢演我角色的那个家伙。"他加了句。

我笨拙地摆弄着录音机，测试麦克风，而怀尔德则像往常一样怡然自得。他那时已经90岁了，而我已经在匆忙努力跟上他的速度了。但是，就像在怀尔德自己最好的作品里那样，事情在第一幕一开始就会有一场纠结戏码。我马上就会发现，在通向完成这本访谈录项目的道路上，散落着许多我的先行者的遗骸。

怀尔德不希望再有关于他的书出版了。他已经对其他写他的书不满意了——他觉得它们错误连篇，而且更糟的是还很无聊。最近的一次尝试是一个德国作家写了一本只用德语出版的书。他认为这本书美国读者不会感兴趣。之前的一次问答式尝试在许多年前就被否决了，只有少数记者曾经把他的声音变成文字——那是富含中欧措辞、美国俚语和要人命的智慧的混合物。没有什么事情比一本正经的怀尔德本身更好笑了，他很少因为自己的笑话笑，但却用工匠式的喜悦之情满意地看着你大笑。可是，90岁高龄的他已经对"把我抬成偶像"没有兴趣了。他一再地强调，在他看来，我们这第一次访谈，就是把我们的关系结束在一份令人愉快而有益身心的记录上的尝试。"这是为你的杂志，"他说道，

"这是为你的专栏。"

专栏？我根本没有专栏。

他手扶到桌子上，戴上一副新眼镜，然后用细长柔软的手指小心翼翼地调整了一下面前装着Tic-Tacs牌糖果的透明小盒，一根手指忽然弯到了患有关节炎的一边。桌面上满是纸张——全世界的来信、电影节的邀请、电话号码——还有桌边那个电话答录机，旁边是那个他在办公室时就亲自接的电话。

在我们访谈开始的前半小时，我经历了一场奇怪的似曾相识的体验。我已经读了之前所有关于怀尔德的书，看了他的许多访谈。但是这次谈话的气氛有一道美丽的弧线，在他阐述他一如既往的尖锐而有趣的观察时加上了一层生活气息。卡伦·勒纳在一边亲自观看我们的第一次访谈，这有效地缓和了气氛。我们的谈话是从很多趣事开始的，其中的一些很有名，但是我记者的背景向我大声耳语要我往下挖——搞到一篇怀尔德从没有真正给出过的访谈。这一下午真是典型的"怀尔德式"纠结。当我本应坐在家里写一个新的电影时，却在努力把怀尔德拉进一个他坚决不想参与的计划。我在阳光明媚的下午坐在怀尔德对面，谈论着一些现代最伟大的生命——生于比利·怀尔德心里与脑中的生命——并把我们的谈话看作是一条连向未来的痛苦链条。

在他20世纪早期的所有同代人中，只剩下比利·怀尔德还活跃地坚守在这里了。他的记忆清楚，在我们的谈话中他很少用记不清当托词。他还在重塑、反思着自己的电影，还在为错失的对话或者机会而伤心。这种表现是不同寻常的，却也是一睹那些事情真相的机会。不管是谁，作为一个导演，在最好的状况下都会对六十年来的琐事纠缠不清。而在写作这篇文章时，他已经将近92岁了，却依然是一个对电影与电影业满怀嘲讽的观察者——

虽然他很少使用"film"或"cinema"这些词——他时刻关注着大部分的当代电影，经常与他的朋友理查德（Richard，理查德·科恩于1999年5月去世）、芭芭拉·科恩（Barbara Cohen）一起在家中的放映室观看那些影片。"Pictures"是怀尔德为用胶片讲故事这一耗费其一生的职业选择的术语。在超媒体与全球化时代，怀尔德对自我的重要性的意识一点也没有减弱。

我看着他大声嚼着Tic-Tacs糖，礼貌地、有时小心地处理着我好几张纸的细节问题。我知道这不会容易。他不铺张感情。他不是总能明白我的俚语，而我在听他谈论将近一个世纪的工作时，有时会跟不上他在不同时间点跳来跳去的脚步。他毕竟是一个"舞者"。他总是试图用著名的掌故遮掩什么，这些掌故多年来已经被一个或者两个或者四个入迷的晚餐听众磨得透亮了。我的目标就是在听他火花四射地背诵自己最好的故事和最伟大的成功时，挖出隐藏在那之下的东西。有些问题可能已经被问了很多次；躲避它们对怀尔德来说太有趣了。一瞬之间，他就能看透你最渴望的那个问题。如果智慧是你最大的武器，干吗不常用？他就是这么做的。怀尔德自己就是他塑造的最伟大的人物。这样一个人物到底是怎样书写、怎样生活的呢？从90多岁高龄的比利·怀尔德那里寻找答案可以变成一项全职工作，而这仅仅是个开始。

卡梅伦·克罗
1998年5月26日

1

杰克·莱蒙与乔治·库克
《热情如火》的最后一幕
加里·格兰特"每次都从我手中溜走"
斯皮尔伯格与库布里克
高德温先生"知道什么有效"
查尔斯·博耶和蟑螂
在柏林跳舞
"劳顿是你梦想能得到的一切,然后再乘上十倍"
"刘别谦式触动"
玛丽莲·梦露
与查尔斯·布拉克特及I. A. L. 戴蒙德的合作

卡梅伦·克罗（以下简称为"CC"）：多年来你写了很多女性角色，而你并没有姐妹，那么你的电影中有没有一个人物是参照你母亲写的呢？

比利·怀尔德（以下简称为"BW"）：没有。我的母亲很不一样。没有，你看，我们一家不是读书人，不搞收藏，也不去戏院看戏。我父亲涉足过很多领域。他曾是一家火车站连锁餐厅的老板。那时候我们根本没有多少客人，我指的是奥匈帝国时期，所以他就在不同的火车站设餐厅。一个人摇着铃一喊："我们在这里停留四十五分钟！"人们就困在那里了。菜单都是提前确定下并印刷出来的，他们就在那里吃。

CC：你有没有想过拍一部自传，关于你童年生活的？

BW：没有。我从维也纳最差劲的高中毕业，那里的学生要么是弱智，要么就是疯狂的天才，都是纯的。不幸的是，三年前我最后一次去维也纳时，我对报社的人说："请帮我登一下——

任何和我一起上过学的人，请联系我，我在布里斯托酒店。"结果一整天都没有人联系我。再往前推五年，我去维也纳，在吃过一顿丰盛的午餐后，我告诉门房："如果有人找我，就说我不在，我去睡觉了。"十五分钟后，电话响了，他说："十分抱歉，怀尔德先生，但这里有个人说曾经和你一起上过学——他的名字叫马蒂尼（Martini）。"我说："马蒂尼，对了！马蒂尼！让他进来！"接着那家伙走了进来，他弓着腰，头已经秃了："你好，怀尔德先生。"我说："马蒂尼！你还记得某某那个家伙吗？还记得某某那个老师吗？……你还记得那些事吗？！"（安静地）而他看着我说："我想您说的是我父亲，他已经在四年前去世了。"马蒂尼有个长得像他的儿子。那些家伙都已经死了。

这可是90岁。如果有人在我20岁的时候来找我说："你觉得自己活到70岁可以满意了吗？"我会说："跟你说定了！就活到70岁！"现在我已经比那个年龄超过了20岁加半年了，不会再有人跟我打这种赌了。（笑）

CC：你有没有感觉过自己会很长寿？

BW：完全没有。没有。我生命中发生了太多疯狂的事。但我也不会因此就以自杀结束这一切的。我不会被什么人的老婆缠住不放，或者发生其他类似的事，那不是我的风格。我能很聪明地处理那种事，我天天写的都是那种事。

CC：这很有趣，因为我第一次当导演时，有人跟我说："好了，你知道，你的生命期望值要降低了，因为导演的平均年龄是58岁。"

BW：别跟他们说我的年龄。嘘……

CC：**自己想想，我本来可以当个牙医，然后多活二十年的。**

BW：我相信。当导演——正经的导演，不是电视导演或别的什么——这个工作会在你体内吞噬你。你需要吸收的东西太多了，问题是你总是不得不从别人那里吞下大量的垃圾，这是个非常非常简单的原则。你一旦和那些人开始了，就必须适应他们。因为如果电影拍到一半，出了什么岔子，他们会踢出去的人是你，而不是某个演员。

CC：**我在和汤姆·克鲁斯签下《甜心先生》时曾经这么想过。我的第一个想法就是如果出了什么严重的问题，我将会离开，而他会留下来。我将会在一个荒岛上被叫醒，会有人把一些水和一把雨伞放到我手里，而我会说："不好意思，我不是昨天还在和汤姆·克鲁斯一起拍片子吗？"**（我们一起笑了。）

BW：但是这事没有发生。他是个会动脑子的演员，他能让事情看起来很轻松，比如《雨人》(*Rain Man*, 1988)。所有人都过了很多年才意识到里面的演员应该对调一下。然后那才是我会想看到的电影——长得好看的那个才是疯子。他轻松掌控了最难演的那个人物……汤姆·克鲁斯，他像加里·格兰特，他把难的事情弄得看起来很简单。电影里，加里·格兰特能若无其事地走进房间说："有人要去打网球吗？"如果你见过不怎么熟练的演员试同样的戏，你就会珍惜这种技能。这是真金。

CC：有个故事说一个伟大的国王掌权了很多年。当他临终时，有人问他在掌权的这么多年中，有多少日子是能纯粹享乐的。国王答道："可能有一天。"可能只能有一天纯粹享乐。

BW：是的，就是这样。当你在灾难性的试映日之后回到制片厂时，你就会知道这一点。守门的警察不认识你，他眼光异样，你就会有种感觉，你不再属于这里了。

CC：快乐曾经是你的目标吗？你那些年在做出那些伟大成就时快乐过吗？

BW：是的，我是说，如果跟别人的生活相比的话，我的一生是美好的。是的，十分美好。我已经和我的妻子共度四十多年了，我依然爱着她。我的事业顺利。它就像……我只知道它有一天一定会结束。我还在过着快活的日子，还有非常好的想法。没有，没有坏的回忆，也没有我恨的人。（他停了一下，好像在传授如何在好莱坞平静退休的秘密。）那些人不会出现在我身边，因为我像条黄鼠狼一样逃离了那些让我不愉快的人。而且我身体健康，90岁这样很不错了。我希望有些别人拍的伟大电影是我拍出来的，我希望让我来拍那些极好极好的电影。我有雄心，但我不会做任何感觉不对的事，即使是有十倍的报酬也不干。我说真的，我希望我的副导演们、在我之前的导演们，以及现在很成功的导演们一切安好，我支持他们。如果你能在90岁时说出这些话，就说明你度过了美好的一生。

CC：我们来谈谈你最喜欢的一个演员，一个真的说你写的话、过你写的生活的人——杰克·莱蒙（Jack Lemmon）。你第一次是怎么知道他的？

BW：我知道圈里有这么个人。他已经在《罗伯茨先生》（*Mister Roberts*，1955）里演了普尔韦尔先生，还获了奥斯卡奖。他极其搞笑，而且还是新人。他在和哥伦比亚公司的合同期内拍了三四部电影，我喜欢他，喜欢他的潜质。

他站上有声片舞台［《模特儿趣事》（*It should Happen to You*，1954）］的第一天，导演是乔治·库克（George Cukor）[1]，他就完全被激活了。他喋喋不休地说了半页的台词，叽里呱啦，然后一声"停！"，他看着库克。库克走到他面前说："非常好，你会成为一个大大的明星，但是……当说到那些大段台词时，请收一点，稍微收一点。你知道，在剧场里，我们都是在很远的地方，所以你得把台词一口气全倒出来。但是在电影里，拍你是近景，你不能那么强势。"于是他又试了一次，收了一些。库克又说："太好了！绝对精彩，现在我们再来一次，再收一点。"十或十一次之后，莱蒙先生说："库克先生，看在上帝的分上，我都快要罢演了。"库克说："现在你开始上道了。"（笑）

CC：研究你拍电影的细节是件很有趣的事情，我们先从人物的名字开始吧。你有多少次是要很费力才想出一个名字的？

BW：（微笑）有一个名字，我在三四部影片里都用了，都

---

[1] 乔治·库克（1899—1983），美国导演，代表作有《费城故事》《一个明星的诞生》《窈窕淑女》等。

是给同一类型的角色。它是我喜欢的那种名字,叫谢尔德瑞克(Sheldrake),这个名字有气场,有轮廓。它不像琼斯先生或者韦伯先生或别的什么——虽然洛依德·韦伯(Lolyd Webber)[1]先生聪明地在名字里面放了两个B,但我们关于名字总是有很多笑话。比如,在《热情如火》里,我们叫玛丽莲·梦露(Marilyn Monroe)甜甜·凯恩;库布利克——那是雪莉·麦克雷恩在《桃色公寓》中的名字,芙兰·库布利克。[扬·]库布利克(Jan Kubelik)是我那个时代很有名的一个小提琴手,我是指我上学的时候。C. C. 巴克斯特来自我的第一个助理导演,C. C. 科尔曼(C. C. Coleman)——我们叫他"老伙计"科尔曼。我只记得住真人的名字。谢尔德瑞克也是个真人,他是加州大学洛杉矶分校(UCLA)校队的篮球手。

CC:而且也是个很有趣的名字。名字是很重要的部分吗?

BW:是的,一个好名字有一种特定的力量。是的,名字都很有趣,你知道。每件事都很有趣,除了写剧本本身。这之前与之后都有趣。写作时,你总是要告诉自己:"我们以后会想出办法来的。"但是在所有的问题都解决之前我没法开始写下一场戏。

CC:这真的很难。你剧本里的用词和节奏都是很明确的,你经常给演员们读剧本吗?

BW:我们会围成一圈读剧本。你是这个意思吗?

---

[1] 安德鲁·洛依德·韦伯(1948—),美国音乐家,代表作有音乐剧《猫》《歌剧魅影》等,他在1992年将怀尔德的电影《日落大道》搬上音乐剧舞台。

CC: 不……比如演员在表演时没有使用正确的方式说出台词，不是你脑子里的那个声音，你会按你希望听到的样子来给演员表演这句台词吗？

BW: 是的，但我不是斯特拉斯伯格（Lee Strasberg）[1]那种人。我不是演员，我甚至不是个天生的导演。我变成导演是因为我的好多剧本都让别人给糟蹋了。

当时的情况是我们（怀尔德与其合作者查尔斯·布拉克特）在和派拉蒙的合约期内，必须在每个星期四交上十一页剧本，那种黄色横格纸。十一页，我不知道为什么是十一页。最后把它们合成完整的剧本。我们不能待在拍片现场，我们得在四楼写剧本。所以他们会把我们赶走，[米切尔·]莱森（Mitchell Leisen）[2]是最坏的一个，米切尔·莱森。

我记得一件事。那时候莱森正在导演《良宵苦短》（*Hold Back the Dawn*, 1941）。我们已经在写后面的戏了，并且不允许去拍摄现场。警察，警察在现场说："不，不，不！"这就是我们当时的境况。在那时候的电影界，他们甚至不让你看你自己写的东西。

我们在《良宵苦短》里写了一场戏，男主角——一个舞男——查尔斯·博耶（Charles Boyer），躺在肮脏的埃斯佩兰萨酒店里，在国境线的那一边。那是电影的第一部分，他被困在了墨西哥，

---

1 李·斯特拉斯伯格（1901—1982），美国演员、导演和表演老师。美国方法派表演法创始人，担任过著名的演员工作室的领导，后建立了李·斯特拉斯伯格戏剧与电影学院，培养了众多电影明星。
2 米切尔·莱森（1898—1972），美国导演，曾导演过三个怀尔德的剧本：《午夜》《良宵苦短》和《时代儿女》。

没有入境的文件，但他想去美国。他和衣躺在床上，有只蟑螂正在墙上爬，它要穿过一面破了的脏镜子。博耶就模仿边境守卫，手里拿着根棍儿，对蟑螂说：（正式的语气）"嘿，你要去哪？你在干吗？你有签证吗？！没护照你怎么还旅行？！！不行！"就是这么场戏，应该出现在第一幕。他们在拍片子，布拉克特和我在露西餐厅吃午饭……那是派拉蒙街对面的一家餐厅。现在我们吃完了饭，经过一张桌子，博耶先生正戴着餐巾吃一顿精美的法式午餐，还有一小瓶红酒。"嘿！查尔斯，你好！""你们好，小伙子们！""今天拍得怎么样？""我们正拍蟑螂的那场戏。""噢，对，那场戏不错，不是吗？"他说："我们改了，因为它太蠢了——我干吗要跟蟑螂说话？它又不能回答我！"我说："是，对，没错，但我还是希望你能拍了它。""不，不，不，"博耶说，"我们谈过了，我说服了莱森先生，我不要和蟑螂说话。"然后就完了，这场戏变得很沉闷，什么亮点都没了。

于是，现在我们在楼上写这个片子的结尾，《良宵苦短》最后的十页。我对布拉克特说："如果那个狗娘养的不肯跟蟑螂说话，那他也就别想跟任何人说话了！划掉他的台词！"（大笑）我们赢了……在某种程度上。应该把完整的剧本都拍了……我们之前在说什么来着？

CC：读剧本。

BW：读剧本。嗯，你知道，它在读的过程中自然就出来了。有时有人会找到一个非常棒的语气，你都没法相信你之前竟然没有想到。而其他时候你就要坚持正确的读法。我会把演员叫到一边说："你能把这一句话再说一次吗？"可能我会略过去一些不精良的台词。但是给演员读台词没有错……这样有时演员就会忘了紧张感,然后你说"正确的说法是什么什么"。我读得不是很好,你知道,因为这不是我的母语,但我能做样子。我和演员们合作得非常非常好,除了和像[汉弗莱·]鲍嘉(Humphrey Bogart)先生那样的狗娘养的家伙一起工作时。鲍嘉,一个华纳的家伙。他忽然有空了,想拍个电影,而我正好有一个叫《龙凤配》的电影,但我想要的是加里·格兰特。我总是说:"我们还是找加里·格兰特来吧。"

我有四部电影都是想找加里·格兰特演的。他是我的朋友,我非常喜欢他,他也喜欢我。但是他很不安,他不想再和从前没合作过的人拍戏。他总是演几乎一样的角色。他必须这样,因为你知道……像克拉克·盖博(Clark Gable),如果他不是克拉克·盖博,如果他留着大胡子拍了那个爱尔兰电影《烈士忠魂》(Parnell, 1937),就没有人想要看了。你明白吗?你甚至都不知道有这样一部电影。盖博永远都得是盖博,他必须是盖博。只是环境不同,人物有一点不同而已。加里·格兰特也是这样,他每次都从我手中溜走。

于是(在格兰特推掉演出之后),我就说:"听着,找个比[威廉·]霍尔登(William Holden)[1]老的人来,不要太好看的。"他是两兄弟里会赚钱的那个,对自己的弟弟不屑一顾,弟弟是个酒鬼,却得到了所有姑娘的青睐,包括奥黛丽·赫本(Audrey Hepburn),司机的女儿。我说:"如果我们能找到一个绝对不是干这事的料的人就好了——他也恋爱了。"经纪人山姆·科恩(Sam Cohn)把这个片子介绍给了鲍嘉,说:"这是一个有奥黛丽·赫本的电影

---

[1] 威廉·霍尔登出演了怀尔德许多影片,他在《龙凤配》里演鲍嘉的弟弟。

里的好角色。"但是鲍嘉之前大部分的片子都是［约翰·］休斯顿（John Huston）[1]拍的，他们两个人总是一起喝酒。他不喜欢我，因为一开始时，在有天结束拍摄后，大家在霍尔登的更衣室一起喝了两杯，也就是两三杯马丁尼。我忘了请他了。他在自己的更衣室里待着，只和发型师在一起，那人是要把他的假发放过去才去的。他不是我们这伙儿中的一员。我最后还是去请了他，他说："不，非常感谢。"我为他重写了人物，我必须稍微改一下。我把这场戏拿给他看。他看了后说："你女儿多大了？"我说："差不多7岁了。""写这个的人是她吗？"说的声音很大，你知道。他希望能听到哄堂大笑的反应，但是他在派拉蒙是新人，而我都是老熟人了。他没能听到笑声，因为所有人都站在我这边。他什么都不是。这都是因为他知道我想要加里·格兰特，也因为我没有请他喝瓶杜松子酒。其实就算我叫他，他也不一定来，但事实是我没叫，他永远都忘不了。

于是，鲍嘉先生，我们杀青后开了场小聚会，他没有来。后来我听说他得了癌症，他妻子说他想见我。我赶快赶了过去，他对我很和善，并请求我的原谅。我说："别管了，我们办的又不是英国皇家典礼。我和多人都不和。"事实不是这样（耸肩，笑）——但我这么跟他说。他得的是没法治的癌症，他走得非常快，我对鲍嘉最后的记忆是他是个了不起的人，因为我最后见到他时他就是这样的。他非常优秀，比他自己想的还要好。他喜欢演英雄，最后，他是个英雄。

我记得摄影师把我叫到一边说："你得在灯光上想想办法，因为鲍嘉说话时会喷口水，所以别在背景布光了，背光很可怕。"

---

[1] 约翰·休斯顿（1906—1987），美国导演，代表作有《马尔他之鹰》《浴血金沙》《非洲女王号》等。

于是我告诉奥黛丽·赫本的服装师随时备着一条毛巾,但要做得谨慎。

CC:关于你的朋友加里·格兰特我有个问题。但我在关于你的书里读到你确实曾经为你喜欢的演员争取过。比如,弗雷德·麦克默里(Fred MacMurray)。

BW:那也是假的,但我以后再跟你说。

CC:好的。但加里·格兰特太适合你的题材了,为什么不更努力争取一下呢?

BW:事实上,找鲍嘉演比找加里·格兰特更好,因为加里·格兰特年轻,他会去演比尔·霍尔登[1]的角色。鲍嘉是个商人,你不会想到这个人的生活只有生意,但他就是这样。

但是确实,关于加里·格兰特,我总是想和他合作。这从我还只是个编剧时就开始了。"只是个编剧"?!(自己笑自己)我对那部电影很自豪,《妮诺契卡》,我们想找加里·格兰特,想找加里·格兰特演茂文·道格拉斯(Melvyn Douglas)演的角色。

CC:那样的话该有多好,看着加里·格兰特和葛丽泰·嘉宝(Greta Garbo)合演那些戏。

BW:不,没有那种运气。我想找他演《黄昏之恋》里加里·库

---

1 威廉·霍尔登的昵称。

柏（Gary Cooper）的角色。那样会很棒，不是吗？"做不了……请不要。别再坚持了。听着，我喜欢你，怀尔德，但是我没法解释。我只是……有种不祥的感觉。"

CC：你觉得他喜欢你的电影吗？

BW：是的。他喜欢我的电影。他在看了《热情如火》后打电话给我，祝贺我说柯蒂斯（Tony Curtis）[1]模仿得非常好。不，他人很好，他绝对很棒，但他是个非常非常古怪的人，也很小气。小气，加里·格兰特先生。我们在我家办了个晚餐聚会，晚餐后我们去了我的书房，那里放着我的收音机和电视。我开始为他放一张德国作曲家的唱片，是首乐器与人声合奏的中世纪赞美诗。作曲家的名字叫奥尔夫（Carl Orff）［唱片叫《布兰诗歌》（*Carmina burana*）］[2]。音乐很雄壮，声音很大。他坐在那里，问："你的音箱多少钱？唱片机多少钱？"我知道他有多小气，我说："一百一十一美元。"他立刻给他妻子打电话："芭芭拉（Barbara）！那台机器！我们疯了！我们疯了。我们花了二百一十五美元！"（笑）

CC：我还想继续就这个话题问下去。为什么你不再努力争取一下呢？加里·格兰特拒绝你之后，你一定很失望。

BW：拒绝我？没有，完全没有。他是个很好的朋友。我的

---

1 托尼·柯蒂斯在《热情如火》中饰演一个男扮女装的角色。
2 卡尔·奥尔夫（1895—1982），20世纪德国作曲家。《布兰诗歌》写于13世纪，是目前所知的保存最为完整也最具艺术价值的中世纪诗歌。奥尔夫从这部诗稿中选取二十五首诗歌，谱成这部《布兰诗歌》。

失望是专业上的失望，个人从没失望过。我之前已经预料到了。头几次，我把剧本寄给他，没有成功。其他很多演员都知道这事，他们都排着队等着呢。

现在回到那个唱机的故事。他说："现在，告诉我，那两个音箱，告诉我，它们是算在那一百一十一美元里的吗？"我说："不，那是另算的。"他说："多少钱？""每个六块五。""芭芭拉！！！芭芭拉！！！"（大笑）他绝对是……（摇着头表示惊奇）我没亲眼见过，但我知道他家地下室有个房间摆满了金制香烟匣，他买了就扔在那里。一堆黄金。在别的方面，他是非常非常好的人。

CC：你是否认为自己非常了解加里·格兰特？

BW：我并不是很了解，但我们总是见面。在诺顿·西蒙（Norton Simon）先生的帕萨迪纳博物馆[1]里，我们两个都是董事会成员。我们会去那里开会然后吃饭。他是只去吃午饭。西蒙先生会直接进行各种他提前想好的议程，叽里呱啦一通。"全部通过，耶！"我们甚至都没有时间说不或者问个问题。接着我们就开始享用丰盛的午餐，而他又不用付钱（笑），这挺好的。对他而言这挺合适的，这就是他的个性。如果他很大方反而会让我糊涂了，那样的话他也太完美了。

CC：他现在被普遍认为是轻喜剧之王。你同意吗？

BW：他非常非常好。他没有失手过，你知道。从没得过奥

1　诺顿·西蒙（1907—1993），美国富翁、慈善家、收藏家。他在1974年全盘接手帕萨迪纳艺术博物馆，并把其名称改为诺顿·西蒙博物馆。

斯卡奖。他得过"特别"奖……但是你看，这很蠢，你知道，都是因为那些人，那些头头，得奖的都得是演瘸子或者弱智的。他们不去注意那些一直勤奋工作的人，那些表演得举重若轻的人。你就是不能优雅地拉开抽屉拿出领带穿上件外套，你必须拿出一把枪！你必须要受折磨。这样他们才会注意到你。这是统治着学院[1]四千五百名成员的规矩。我不知道，他们就是……你很了解的，[达斯汀·]霍夫曼（Dustin Hoffman）先生在《雨人》里演一个得孤独症的人就会得奖。他挥汗如雨，他辛勤劳作，让人印象深刻。胡扯。

CC：我觉得要想找到莱蒙在《桃色公寓》里找到的那种微妙的平衡更难，稍微往右或者往左偏一点，整个片子就会陷入哀婉或者甜腻了。

BW：是的。这就是为什么他因为《醉乡情断》（*Days of Wine and Roses*，1962）获得提名……因为他演了个酒鬼。

CC：所以永远都会这样。

BW：是的。雷·米兰德（Ray Milland）先生，一个绝对不值得颁奖给他的人——因为《失去的周末》（*The Lost Weekend*，1945）得了奥斯卡奖[2]。他现在死了，所以我能说了……它就是……是啊……奥斯卡奖，啧啧啧……（笑）任何演个驼背的都比一个优秀的男主角更有机会。这是投票者的报复，知道吗，他们因为

1　指颁发奥斯卡奖的美国电影艺术与科学学院。
2　雷·米兰德在本片中饰演一个酒鬼。

得不到姑娘而报复。

CC：我要给你看一些照片。这是一张来自《桃色公寓》的，这像是制片厂的食堂，照片上是你、杰克·莱蒙、雪莉·麦克雷恩，以及I. A. L. 戴蒙德。一个伟大的组合，你们看起来都很开心。是这种情绪造就了这部电影吗？

BW：不是和任何人在一起都会开心的。《桃色公寓》是部非常幸运而且快乐的电影。有一次，在拍了一半的时候，奥德[1]——我的妻子，来到了片场。她从不来片场，但这次她来了，于是雪莉·麦克雷恩把她拉到一边问："比利真的认为这会是个好电影吗？"她一开始也不确定。

（他笑着转向另一张照片。）

你有张詹姆斯·卡格尼（James Cagney）在《玉女风流》(One, Two, Three, 1961) 里的照片。卡格尼和我，我们甚至相处得不是很愉快。这话没有任何别的意思，没有任何失格的事，我们对剧本没有任何异议。但他是个非常非常古怪的人，他是个共和党人，非常右。他在新英格兰的什么地方有个农场。他是很好的演员，很好的演员。他舞跳得很好，有种自己的风格——你总觉得他好像要塌下脸来。他总是这样站着（他用手摆成45度角）。我愿在慕尼黑或者柏林的餐厅款待他，任何地方都行。不，他却更想和老婆待在一起。我说："把你妻子也带来。"但他会叽里呱啦说一通，然后我们就友好地道别了。我们的思想有很大的距离。我们真的生来就不对路。我不和他交际，不，但是我们在一起时也

---

[1] 奥德丽·怀尔德的昵称。

不是为了交际。

（他转回之前的照片。）

CC：所以《桃色公寓》是一次愉快的拍摄经历。

BW：总是很有趣的。但是如果我觉得有趣，也只会在拍片的前半部分觉得有趣。因为如果我有感觉它不会成功了，我也必须得把它完成。于是它就会变得……但不会是差劲的……我会用一点笑话或者别的什么把它打扮起来，但是那群狗娘养的剧作家就不同了，他们的环境很好。（A）他们在剧场里排练。他们可以对演员提出的任何修改意见都说不。你能想象拍电影时这样吗？（笑）感谢上帝我是制片人，曾经是。（B）如果你写了一个戏，然后你想在新英格兰让它上演，没成功，你就得彻夜重写，再把它拿去另一个地方……匹兹堡，又没成功。第三次，它还没成功，不管你付出了多少，你都得烧了它，忘了它。它永远不会到纽约。

但是一部电影，别管它多糟糕，多蹩脚，你也必须要从里面榨出最后一块钱来。片子必须发行！全世界发行！（笑）于是那片子放出来了，不管你是不是想放，都会永远放下去。羞耻会永存！有极少的一些电影，我说："噢，别，别，别，别放它！请让我和那些买了它电视放映权的人谈谈。"电影很不一样，很不一样。［乔治·］考夫曼（George Kaufman）[1]和［莫斯·］哈特（Moss Hart）[2]烧了十到十五个剧本。这就像是杀掉一个长相难看的小孩，

---

[1] 乔治·考夫曼（1889—1961），美国剧作家、戏剧导演、幽默作家和戏剧评论家，凭借《为君而歌》和《浮生若梦》两次获得普利策奖，还为马克斯兄弟写过音乐剧《歌声俪影》。

[2] 莫斯·哈特（1904—1961），美国剧作家和戏剧导演，代表作品有《浮生若梦》《君子协定》等，还导演了舞台版《窈窕淑女》。

（笑）没有人知道，没有警察管这个。他们是幸运的，那些剧作家。

（快到午饭时间了，怀尔德看着我的录音机。）

我们可以午饭时继续谈，但不能开着那个东西。因为没有东西值得永存。再问几个问题，我们就去吃饭。

CC：好的，谁写的《桃色公寓》的最后一句台词——"闭嘴，发牌"——你还是 I. A. L. 戴蒙德？

BW：（怀尔德对合作者里谁写了哪句台词这种问题是出了名的三缄其口，他平静地看着我。）"闭嘴，发牌"？我不记得了。可能是伊兹（Iz）[1]，也可能是我。（停顿）我们在那个情节里设计了金罗美[2]——她那时正努力从自杀中恢复过来，他们玩金罗美，而且没有玩完——我们不想要个吻，我们不想要太甜腻的东西。但是对结尾一场戏我们有一块很好的垫脚石。我们在前面植入了他曾经一度想自杀，用枪，但他不是很会用，最后打中了自己的膝盖。所以我们知道他有把枪。接着我们也植入了枪，就在他的行李里，他正在打包，因为他要回辛辛那提[3]，或别的什么地方。我们还植入了德赖弗斯大夫给了他一瓶香槟。所以我们就有了那个东西，你记得，午夜，灯都关了，这是新年夜。弗雷德·麦克默里先生这时已经离婚了。他忽然问了雪莉·麦克雷恩那个问题，在最后的最后的最后，灯大亮，她走了。我们用了新年午夜灯都灭掉的把戏。现在，她在奔跑，她跑啊跑啊跑到了那个公寓。我们知道……这样可以结尾了不是吗？

---

1 I. A. L. 戴蒙德私下里叫作伊西（Izzy）·戴蒙德，伊兹是昵称。
2 金罗美：一种纸牌游戏。
3 位于美国俄亥俄州。

CC：是的……

BW：他可以站在窗口冲她挥手，或者他打开门，然后她吻他。我们不想要那样的结尾，接吻的结尾。我们有一个好主意，她跑着，接着她听到了一声枪响。这时候我们还不知道，但她想："上帝啊，他现在又要为一个女孩自杀了，但是也许这次他不会再打到膝盖了！"于是她更急了，她越跑越快，到了门口，她敲门。他开了门，手里拿着一瓶正冒着泡的香槟（露齿而笑），你摇它的时候它就会发出那种声音。于是"上帝，感谢上帝"。但是仍然没有吻。他问她："怎么了？""没事，我们来结束那场金罗美吧。"纸牌就在那里，还在桌子上。然后他向她求爱了。

CC：他说："我爱你，库布利克小姐。"

BW："我爱你。"接着她说，"闭嘴，发牌。"然后他发了整副牌，你知道，而不是只发了十张。

CC：用接吻的话就过火了，太甜了。

BW：是的，这不是个像"没有人是完美的"那样的结尾。但是至少，就像之前说的，它没有过分煽情。

CC：你之前也用过一次香槟发出响声的设计，在《妮诺契卡》里。当茂文·道格拉斯打开香槟时，嘉宝在他背后瘫倒在地，好像她中枪了。

BW：是的，她倒地了，她是蒙着眼的。剧本上写的是我们三个人［怀尔德、布拉克特与沃尔特·瑞奇（Walter Reisch）[1]］，而第四个人是刘别谦，他从不署名，但是他写了很多很棒的东西，或者提出了很多建议。只要是那种电影，他绝对是最棒的。他在德国没有做过任何喜剧片，而是做了很多历史大片。只做大制作电影，在这方面他们是先行者——《杜巴里伯爵夫人》（*Madame Du Barry*，1954）这样的以演员为中心的电影……他自己是个演两本喜剧[2]电影的演员。［他演的一部电影］叫《平库斯鞋店》（*Schuhpalast Pinkus*，1916）……那里面有家鞋店，他是个卖鞋的，这部电影很有趣而且很扎实。他从没表现得在导演喜剧片上有才华可挖，因为他在柏林没有拍过纯粹的优雅喜剧片。他在20世纪20年代早期随着大批涌入的欧洲人、演员、导演到了好莱坞。他们会来是因为他们被去欧洲招揽人才的路易斯·B.梅耶（Louis B. Mayer）[3]先生找到了，而我来是因为我不想进焚尸炉。

我来时一无所有。刘别谦那时拍了他的第一部美国电影。他完全不知道他们想要他干什么。他在困惑中拍摄了《罗西塔》（*Rosita*，1923），玛丽·碧克馥（Mary Pickford）主演，是一部严肃的影片，不是很好。他立刻就离开了好莱坞。他和华纳兄弟有合约，我猜。后来他看了一部瑞典导演莫里兹·斯蒂勒（Mauritz Stiller）的电影，他从那里面找到了自己的风格。刘别谦从那里面认识到

---

[1] 沃尔特·瑞奇（1903—1983），美国编剧，代表作品除了《妮诺契卡》之外，还有《翠堤春晓》《居里夫人》《煤气灯下》等。
[2] 一种简短的无声电影，一般时长约为二十分钟，通常为喜剧。
[3] 路易斯·B.梅耶（1884—1957），美国电影制片人，好莱坞黄金时代米高梅的领导人，通常被认为是好莱坞明星制的创立者。20世纪20年代，以梅耶为代表的美国电影人去欧洲网罗了大批电影人才，其中包括刘别谦、茂瑙等人。

自己的未来在喜剧片上，那时处于默片时期，后来声音出现了。《璇宫艳史》(*The Love Parade*, 1929) 是他拍的第一部还是第二部有声歌舞片，从那时候起他就开始探索喜剧题材了，他把它们拍得辉煌无比。他发现如果你说了一个二和另一个二，观众们不用你告诉就能知道四了。他们自己会算；让观众自己去寻找笑话。他总是在一个设定好的情境里面藏着暗讽，只要观众们把它加起来，就能收获笑声。这是一种全新的技巧，那部瑞典电影就是这样，莫里兹·斯蒂勒就是这么做的，我从没看过。这就是刘别谦之所以成为刘别谦，这就是"刘别谦式触动"的发现。他完全被震惊了，想："天哪，暗讽的力量太强大了！"它改变了他的一生，这是"刘别谦式触动"的开始，[《罗西塔》之后的]下一部影片是《回转姻缘》(*The Marriage Circle*, 1924)，他作品中的情绪就变得越来越突出了。

从那之后，他就只拍喜剧片，如果你把《街角的商店》(*The Shop Around the Corner*, 1940) 叫作喜剧片的话，我认为是的。他最喜欢的是一部叫作《天堂里的烦恼》(*Trouble in Paradise*, 1932) 的电影，这是他亲口告诉我的。赫伯特·马歇尔 (Herbert Marshall) 在里面演一个小偷，他装成大夫，把一些 [化学治疗的] 东西放在病人的嘴里，这样把他们都赶走了。接着他和他的女友开始偷窃。我记得第三幕马歇尔去一个派对，见到了爱德华·埃弗里特·霍顿 (Edward Everett Horton)，他曾经打劫过爱德华；爱德华努力想回想起自己在哪里见过这个人，每次马歇尔经过他时，他都会看着马歇尔。最后，爱德华开始抽烟，用了烟灰缸，那是个金属的小船；那个小船提醒了他，因为抢劫发生在威尼斯。"刘别谦式触动"（赞叹）！这是刘别谦最喜欢的电影；他喜欢它超过他拍的其他所有电影，包括《妮诺契卡》。但是这一切的开端是那部莫里兹·斯蒂勒的电影，我从没看过，我也记不住名字（怀尔德请我去查一下名字），那时我还是个高中没毕业的学生，但里面的某个东西成就了刘别谦。

就这一点我必须要说，莫里兹·斯蒂勒是个非常好的导演。瑞典电影后来没有像美国电影这么流行。但是瑞典电影、法国电影、波兰电影、阿根廷电影都没关系……它们是默片，你只需要翻译字幕就可以了。刘别谦，他拍过一部关于恐怖伊凡的夸张的大制作电影[《爱国者》(*The Patriot*, 1928)]，一部默片，里面有爱米尔·强宁斯（Emil Jannings），还有刘易斯·斯通（Lewis Stone），他在《大饭店》(*Grand Hotal*, 1932)里演那个大夫。

（他表现出了影迷一样的欢喜，顿了一下。）

但是你看，我是刘别谦的超级仰慕者。我真的喜欢这个人，作为一个人，作为一个演员——超前于他的时代。但是我，你知道，我什么都涉及——每种电影我都做过，好的，坏的，或者平庸的。我不能像希区柯克那样，一部接一部地拍希区柯克电影。但是他很聪明，因为一个丈夫会对妻子和孩子说："嘿，有个新的希区柯克电影——这意味着会有悬念，会有情节的快速推进，会有一具尸体或者更多的尸体，接着一个大团圆结局。我们去吧！"他做得非常好。我不需要担心希区柯克先生，再也不用了。

我想做部希区柯克电影，所以我拍了《控方证人》(*Witness for the Prosecution*, 1958)，后来我觉得它无聊了，于是我往前走。事实上，每次我痛苦时，我就拍喜剧。每次我心情愉快时，我就拍正剧。我拍了一部正剧，一部黑色电影，但是后来那变得无聊了，所以我回来再做喜剧。

CC：是《马尔他之鹰》(*The Maltese Falcon*, 1941) 启发了你拍《双

重赔偿》吗?

BW：不是。它们有相似之处吗?

CC：在类型上，都是黑色电影。

BW：类型上，是的，这很好。《马尔他之鹰》是一部很好的电影，我喜欢它。我还能告诉你些什么你感兴趣的?

CC：人们对一些大作家有一种观察。有时他们一生中会不断重复触及、重复创作与审视同一个核心事件或主题。你是这样的吗?

BW：（换了下坐姿）没有。也许有些相似的情境，或者是一个情境的开头，然后我把它发展成了电影。

CC：我只是想知道你生命中有没有一个核心事件不断激发着你。

BW：我一直在不断改进。（停顿）但是我的生活……除了我家四分之三的成员在奥斯威辛失踪以外，我不认为……
（怀尔德思索着我们采访中第一个无法回避的私人问题。他决定和它保持距离。）
噢，有很多事情我编成了剧本，I. A. L. 戴蒙德的事情，或者布拉克特的事情，你知道，但是没有……你知道，是否有很滑稽或者很悲伤的事情？是的，也许有的，但是我，我下意识地会……(摇头)没有。我唯一的志向就是娱乐,这样或那样的娱乐。做娱乐,不重复自己,尽量少犯错。有太多错误了。我记得我住在贝弗利大道704号时,从那里去制片厂、去派拉蒙大约是十五到十八分钟的路程。我在脑中画了地图,在回来的路上,在拉斯内加大道和梅尔罗斯大道的拐弯处,我总是打自己腿,拍大腿,对自己说:"上帝啊,那时我应该那么做的!"但是大部分时候都太晚了。太晚了,因为影片已经剪辑,演员已经在南斯拉夫,布景也已经拆了。如果你拍了一个片子,像乔治·史蒂文斯(George Stevens)[1]——他拍了著名的《郎心似铁》(*A Place in the Sun*, 1951),片子里面有个瘸腿的地方检察官。我对人说:"这是部很好的电影,但是他不需要让正义本身瘸腿。"这样寓言性太强了,这样不好,因为它真的是部很好的电影。我跟他说:"是这样,如果那是在剧场里,你可以去后台,告诉演地方检察官的演员:'今晚,不要拐杖。'"但是要让"今晚,不要拐杖"在电影里实现,你就得重拍百分之八十的内容!

CC:我想问问你关于《辛德勒的名单》(*Schindler's List*, 1993)的事情。我在书里读过你曾想让它成为你最后一部电影,但斯皮尔伯格(Steven Spielberg)已经拥有改编权了。

BW:是的,他就是因为听说我想买所以才去买的。(笑)我想拍它,我们谈过。他是位绅士,当然,而且我们也都意识到了对方强烈的意愿。最后,他不能放弃它,他必须自己拍。我来拍的话会不一样——倒不一定会更好。我想用拍这部影片来作为

---

[1] 乔治·史蒂文斯(1904—1975),美国导演,代表作有《郎心似铁》《原野奇侠》等。

对我母亲、我祖母和我继父的纪念。斯皮尔伯格一直是个很棒的导演，他12岁的时候就已经是一个很棒的导演了，特别是他那些为儿童拍的电影。我觉得《E. T. 外星人》（*E.T.*, 1982）里面有很多很有趣的东西，特别是E. T. 喝醉了的时候。但是《辛德勒的名单》——它是我心里的某种东西，你知道。

CC：你最个人的电影？

BW：是的。

CC：你很少提到你的家庭，特别是你的母亲，你对她记忆还深吗？

BW：对母亲，我记忆深刻。我1936年回欧洲时见过她，在那里看望了她，然后我回来［美国］，而她结婚了。我不知道她是怎么在集中营里故去的，我只知道是在奥斯威辛，因为那里的每个人都来自维也纳，她就住在那里。我那时不知道他们有集中营这个东西，它是悄悄存在的，罗斯福没有告诉我们，罗斯福是一个十分谨慎的职业外交家。曾经有艘船，一艘德国船，塞满了逃出来的犹太人。船要把他们带去古巴，一艘德国船。那些人没有护照，没有签证。他们对华盛顿说——"求求你。"有本书是写这件事的，我读过。［也有部电影是根据这件事改编的，叫《苦海余生》（*Voyage of the Damned*, 1976）。］罗斯福夫人跪在地上乞求华盛顿，只要他一句话他们就能登岸了，但不可能，因为选举就要临近了，所以不可能。好了，下面是这个故事十分悲伤的结尾，德国船长把他们带到了安特卫普（Antwerp）[1]，一些乘客留在了比利时，一些去了法国，一些去了荷兰。但是这些国家很快就落在了纳粹的手里，一半的乘客死在了集中营。我现在告诉你的事情都是事实。

我对《辛德勒的名单》十分小心。因为如果只是按照一般的做法去拍，就不是这部电影了，这部电影要深得多，它是部非常非常好的电影，我实话实说。但是如果你把它交给十个导演，十个导演会拍得各不相同。这部电影非常非常好，而且我喜欢它的结尾，用的彩色，他们把石头放在墓上——十分动人。而且你知道，我去看这部电影最早的一场放映，那是在威尔希尔大道的电影院，影院大概半满，银幕上开始放广告了。我待在后面看着人们走出去，几乎每个人都在哭，那些你觉得不会去看这种电影的小孩子也眼里含着泪。在《周末夜狂热》(Saturday Night Fever, 1977)[2]之后，我感觉到年轻观众变了，他们希望看不同的电影。但是他们来这里看《辛德勒的名单》，而且含着眼泪。这是非常重要的一部电影。

怀尔德、卡伦·勒纳和我暂停去吃午餐，我们穿过马路到阿玛尼贝弗利山分店上面的餐厅。对怀尔德来说午饭是不能推迟或者免去的，这是他一天的分割点，而且他选择同伴也很小心。离开办公室后，他拄着拐杖谨慎地移动着。离午饭地点越近，他的精神越好。

---

[1] 比利时的一个省。
[2] 20世纪70年代风靡一时的歌舞片，极大地推动了迪斯科在世界的流行，也捧红了著名影星约翰·特拉沃塔。

我们到了餐厅。年轻的女主人把她的名人顾客引到吧台区角落的座位上,那里更安静。他的情绪现在已经快活起来了,而我热切地希望继续我们的谈话,这时录音机也继续开着。

BW:我坐在那儿,你坐在这儿,这边是我听力好的耳朵。

CC:[我提到了最近的美国导演工会奖。今年,著名的D. W. 格里菲斯奖(D.W. Griffith Award)的获得者是斯坦利·库布里克(Stanley Kubrick),怀尔德曾在1986年获过此奖。在这次他1999年去世之前最后的公众演讲上,库布里克从英格兰发来了一份视频,他正在那边拍摄《大开眼戒》(*Eyes Wide Shut*, 1999)。一开始库布里克回忆了关于格里菲斯本人的故事,他在事业的后期,经过了一些雄心勃勃但又难逃商业上的劫数的努力之后,还是被众人抛弃。库布里克把这个故事和伊卡洛斯[1]的神话故事交织起来,他向太阳飞得太近,融化了自己蜡质的翅膀……]

然后他说,像伊卡洛斯一样,格里菲斯飞得太高了,翅膀就融化了。但人们现在不再谈论这事了。那么库布里克问道,伊卡洛斯的寓意是什么?是"不要飞得离太阳太近"吗?或者是,像库布里克自己选择相信的,"做更好的翅膀"?他接着就说了谢谢你们,晚安。

BW:(先做了礼貌的停顿,以此作为一位故事讲述者对同行

---

[1] 伊卡洛斯:希腊神话人物,他的父亲达代罗斯是一位伟大的工匠,父子两人身陷克里特岛,父亲做了两对蜡制的翅膀,要带着儿子一起飞走,临行前父亲嘱咐伊卡洛斯,不能飞得离太阳太近,否则蜡制的翅膀会燃烧。但在逃离途中,伊卡洛斯因为兴奋和骄傲还是飞得太高,最终翅膀融化,伊卡洛斯落入了大海。

的敬意。）那很好，非常好。

我曾去过他家一次，很好的人。但他人很怪，他是不会飞的。《闪灵》（*The Shining*，1980）——很顺滑……然后就是那个迷宫。我喜欢他所有的电影。库布里克，他是个很好的导演，但是有时……比如我就永远不会理解——我也无法与别人讨论这一点，因为人们都没看过那部电影，那个古装片，《巴里·林登》（*Barry Lyndon*，1975）。

CC：怎么？

BW：他花了大概六个月的时间试图找到在烛光下拍摄人的方法，而不是用人造模拟光。但根本不会有人会管它到底是不是烛光。笑话在哪里？故事是什么？我不喜欢它。这是库布里克的电影里唯一一部我不喜欢的，但是，他上一部电影是什么？

CC：《全金属外壳》（*Full Metal Jacket*，1987）。

BW：《全金属外壳》的前半部分是我看过的最好的电影。那个家伙坐在马桶上把自己头爆掉的那场戏，棒极了。后来他就迷失于那个游击队女孩了。后半部分，稍微次了点，但它仍然是部好电影。你看，如果他做一件事，他是真的在用心做。但是还有……还有个事业的问题要考虑。一部部电影下来，他在不断突破。那些是每个导演都想骄傲地把自己的名字和它联系起来的电影，但这种电影拍得太少了。像《偷自行车的人》（*The Bicycle Thief*，1947）那样的电影，你会忘记自己电影人的职业而沉迷其中。

CC：你怎么看《奇爱博士》(*Dr. Strangelove*，1964)？

BW：噢，我很喜欢它，那是我最喜欢的电影之一，《奇爱博士》。一开始我有些迷惑，但后来当我思考它、重新看它的时候，给它理出了一些头绪。那是部美妙的电影，《洛丽塔》(*Lolita*, 1962)也是。她岁数稍微有点大，库布里克必须在那上面做出一点牺牲。我听说他们重拍了它，让人物的年龄更接近小说。(停顿)我91岁了……我才是合适的年龄。(笑)但我不知道，除了《斯巴达克斯》(*Spartacus*, 1960)以外，他都做得很好。

(他思索着这些电影的神奇之处并不断点头。菜上来了。怀尔德是个吃饭很认真的人，开始之前都要检查评估每样东西。他享受于食物。)

CC：《桃色公寓》的试映情况怎么样？第一次面对公众时它的表现如何？因为今天，你知道，你会看到制片厂要观众填的那些长长的问卷：你喜欢这个人物吗？你喜欢他们到什么程度？那时的电影试映也像这样吗？

BW：(停顿)我要给你讲个我最精彩的故事，是关于试映的。我们试映《妮诺契卡》时，刘别谦把编剧也一起带去了，那是在长滩[1]。他们在外面大厅等着，有一堆卡片，邀请观众们在上面写上他们的看法。然后电影就开始放了，放映效果很好。然后刘别谦收回了卡片，有一大堆，他不让任何人碰。我们进到了米高梅的豪华轿车里把灯打开。然后，他拿出那些试映卡片开始读。

---

1 位于美国加州西南部。

"'非常好'……'精彩至极'……"读了二十张卡片。当他读到第二十一张时，他开始大笑，我从没见过他笑成那样，我们问："上面写的什么？"那些卡片他只自己拿着，不让别人看。最后，他平静了一点，然后开始读。他读的是——我收藏着那张卡片——"我看过的最好玩的电影，笑得我尿到了女朋友的手上。"（笑）

CC：那时的试映问卷什么样？

BW：只是一张卡片。一张硬纸板，有一半是空白的。上面只写着"你喜欢它吗？——是，否"，然后是"对我们有什么建议吗？"。

CC：今天他们把卡片的正反两面都用上了，分析电影的每一个部分，这是制片厂决定大部分电影的最终剪辑版本的方法。

BW：嗯，那是在你允许他们那么做的时候。

CC：你从你电影的试映中学到过什么吗？

BW：没有。我自己的耳朵会告诉我。从笑声中我就能知道了。我也知道如果片子太慢或者有什么问题，有些人就会做些什么事；观众里总是有聪明人。

CC：《低俗小说》(*Pulp Fiction*, 1994) 是前几年最重要的电影之一，你看过吗？

BW：（简单地）是的，看过。

CC：（提醒）昆汀·塔伦蒂诺（Quentin Tarantino）……

BW：我忘了。那个人之后又干了什么？

CC：他制片、表演还编剧，最近他导演了一部叫《四个房间》(*Four Rooms*，1995）的四段式电影中的一部短片。他还没有拍过其他长片。

BW：有一个绝对的、百分百的事实。如果你从没拍过一部电影，那怎么会有失败？

CC：如果审视你所有的电影，哪部会是你最个人的？哪部会是在你面前跳出来的，最接近你内心的？

BW：你知道，我拍完一部电影，然后我就把它忘了。我不留文件，也不留录音。办公室里留份剧本，以备我想看时查阅。我看过的电影中最好的是哪部？我的答案永远都是爱森斯坦（Sergei M. Eisnstein）的《战舰波将金号》(*Battleship Potemkin*，1925）。

CC：你自己最好的电影呢？

BW：我曾经说是"下一部"，（笑）再也没有下一部了。

CC：（逼问）但是我想可能会有这么一部。你之前说过如果你拍《辛德勒的名单》，那将会是非常个人化的一部电影。在你拍的电影中，哪一部感觉最完满？哪一部最接近你的本质？

BW：也许犯错最少的一部，我是指明显的错误，应该是《桃色公寓》。但是我喜欢《热情如火》的大结局，那是部非常成功的电影，或者也许是它和《日落大道》。《日落大道》真的出乎他们的意料，没人预料到它会是这样一部电影。在好莱坞拍一部关于好莱坞的电影是十分困难的，因为他们会仔细审查你。

CC：几年前我听说你完成了一个新的剧本。

BW：不，我写了很多，但最后都失败了。自从戴蒙德去世，就真的没什么值得说的东西了。我习惯了老制片厂体制，我从没写过投机的东西。我同意拍两三部电影，然后我背后就有人拿鞭子赶着我拍了。现在的世界我不了解，一个没有制片厂领导的世界。你知道，任何人都能因高德温（Samuel Goldwyn）先生而欢笑，但是这背后还有别人。塞尔兹尼克（David Selznick）、萨尔伯格（Irving Thalberg）[1]……萨尔伯格的名字从没有出现在银幕上。

CC：这些人除了都成为成功的富豪之外，他们之中有谁是对电影有真正的直觉的？

BW：高德温先生，他不是一个学语言或者学任何东西的好学生，但他知道什么有效，什么无效……他有两三次当了老婆

---

[1] 以上三人皆为20世纪30或40年代好莱坞著名的制片人。

的珠宝去拍一场戏，或者重拍他觉得需要的戏。他无法解释他要什么；但当他看到了，他就知道了。塞尔兹尼克是一个更熟练的制片人，也更有口才。他有个秘诀，在他和编剧来来回回传了天知道多少回备忘录[1]之后，在终于定稿要开始拍摄一部电影时，他会找两个或者三个，有时甚至四个导演来拍它。当他用了不同的人完成它时，它就不是任何导演的电影了，而永远是塞尔兹尼克的电影。

CC：**让我们来纠正一些关于怀尔德的流言吧。你可以只说是或者不是或别的什么。我听说你最近在准备一部关于著名的"屁艺人"——Le Petomane[2]的影片。**

BW：Le Petomane（略显窘迫）。没有……那只是我闲得没事搞的东西。它既有可能是个极大的成功，也有可能是个彻底的灾难。（微笑）是的，我研究过Le Petomane，他是个很高雅的人。他穿丝绸服装；他能用屁演奏法国国歌。一个演La Petomane的演员？你能想象我会听到些什么台词吗？（笑）是啊，给我说句台词！我需要一点推动力……才会动笔写。

CC：**让我来看看其他的流言，你依然可以回答或拒绝。这儿有一个，在柏林做"舞男"的时期，你所做的不仅仅是和客人跳舞而已。**

---

[1] 那时美国制片人和创作人员讨论电影时，通常是用传递一张张简短备忘录的方式来沟通的。
[2] Le Petomane，"屁艺人"的法语称呼，原名约瑟夫·普约尔（Joseph Pujol, 1857—1945），法国艺人，能用屁演奏乐曲。

BW：不，不是这样的。

CC：所以夜晚止于晚餐?

BW：噢，绝对的，因为她们会和丈夫一起来，是的，而且那些女士都是发福的或已人过中年。我不是跳舞最好的，但我最擅长在跳舞时和女士们聊天。下午我穿黑西装，晚上是燕尾服。5点到7点是鸡尾酒舞会，8点半之后是晚间舞会。记得有一天我对一位女士抱怨说我的鞋破损太严重了。第二天我再去时，有一个包裹在等着我，里面是她丈夫的十二双鞋，（微笑）但它们都太大了。但是你知道，我总是问自己："如果我不是个记者，不是为了写一组严肃的系列文章，我还会这么做吗?"我现在也不知道，但这是全新的生活。我有个女朋友，一个美国女孩，她带来了一种新的舞蹈叫查尔斯顿舞。那是在20年代，你知道，那时我教查尔斯顿舞的课。

CC：有没有哪个演员在拍你的戏时使你流泪的？或者是在你看一场戏时？拍《甜心先生》时在我身上发生过几次——表演太精彩了，把我抓住了，让我流泪。

BW：我不知道是否会流泪，但是有时确实会打动我。我曾经被史上最伟大的演员查尔斯·劳顿（Charles Laughton）先生震惊过。

CC：为什么是查尔斯·劳顿?

BW：在"老贝利[1]"（Old Bailey）的场景中，他把他的表演理念带到了《控方证人》里，先是大叫，接着又是细语，一页半的戏，一条就过了。我希望再听一遍，于是我又叫他做了一遍。还有［爱德华·G.］罗宾逊（Edward G. Robinson），也是个好演员。

CC：是的。

BW：但是我不能那样直接被人看见自己因为什么人的表演而大哭，别的演员也都在场呢，不能这样，要不然接着就会是"他从没有为我哭过，这个浑蛋！"。

CC：有道理。

BW：劳顿是你梦想能得到的一切，然后再乘上十倍。我们在6点结束拍摄，然后一起去我的办公室准备第二天的工作。他有二十种方法表演同一场戏，而我会说："就是它了！好极了！"然后第二天，在片场，他跑来说："我又想到了别的。"那就是第二十一个版本，每次都比上一次更好。他仪态非常好，仪表堂堂，也是个很棒的承载者，语言的承载者。当他对观众们讲话时，他们都非常安静，因为他们懂得，他不仅是在说话而已，他在传达信息。而这些加在一起就是伟大的表演。他只得过一次奥斯卡奖，因为《英宫艳史》（*The Private Life of Henry the VIII*, 1933），但他绝对是个奇迹。

---

1 英国中央刑事法院的俗称。

后来我又找他演另一部电影。我想让他演《爱玛姑娘》(*Irma la Douce*, 1963)里的酒吧老板,他说:"你看,我得了癌症,但我会好起来的。不如你别4月开机,改成夏天吧。"到了夏末,我接到电话,他说:"到我家来,我要给你看看我有多健康。"我去了。他家在好莱坞大道边的一条街道上,西边靠着拉布雷亚(La Brea)和费尔法克斯(Fairfax),你知道,那时候明星们都住在那儿。他和妻子住在那里。他在午夜的时候打电话给我,有一种花是在午夜开放的,他说:"快点,穿上衣服过来,马上!"我开始穿衣服,奥德也是,我们要立刻赶过去,因为那花已经开了。然后他说:"你看,我已经做了医生要求的所有事,现在有几个男护士整天跟着我,我到9月就能准备好了。你自己来看!"

于是我们取了车,到了那里,他坐在游泳池边,衣着整齐,化了一点妆,有一个男护士坐在一边。他说:"看着我。"他站起身围着游泳池转圈,你知道,但他做不大到——最后两三步走得很艰难……他已经瘦了大概六十磅。所以我知道他并不好。但我说:"非常好,继续坚持。9月,我们就开机!"一周之后,他去世了。但他是……(摇头,没有说完这句话。)

一年夏天,拍完《控方证人》之后,泰隆·鲍华(Tyrone Power)、劳顿和我——我把妻子留在了家里——去欧洲旅行。我们去了巴黎,去了维也纳,去了著名的疗养地巴德加施泰因,我们在森林里赛跑,所有的事都棒极了,我们的试映非常非常成功,但我有一点好奇,他会不会比以前更喜欢泰隆·鲍华一点呢?他没有,他没有。(笑)他还是个很好很好、非常非常有学问的人,无论是莎士比亚,还是葡萄酒,波尔多葡萄酒……我们去勃艮第尝了那里的葡萄酒,那是我们最好的时光。后来泰隆·鲍华先生去世了,英年早逝,死于心脏病,在马德里……他正在那里拍片，接着是劳顿。这非常悲哀，非常悲哀。他们都是非常好的合作伙伴。

CC：你还曾有过找劳顿演《蒙面侠》(*The Masked Marvel*,1943) 的想法。

BW：《蒙面侠》，是的。主人公是个在北爱尔兰摔跤的摔跤手，那里离他家不远。他摔跤时蒙着脸——他是个英国贵族。在他摔跤时从不以本来面目示人，但是每周他都能靠摔跤获得300美元，然后驾车离去。事实上，他是个教堂的牧师，那里的家具被虫蛀得很厉害。他需要钱来维持教堂运转，他生活里的这一部分是不蒙面的。

CC：它有没有成为剧本？

BW：没有，从没有成为剧本。

CC：但这是个好想法。

BW：是的，是个好想法，是我和他说的第一个想法。我们请劳顿饰演失去了财产的英国贵族。有时他被修理，有时他会赢。他蒙起脸来给自己起名"男爵"，人们这么叫他，却不知道他实际上正是在为了维持男爵的尊严而摔跤。他喜欢这个想法，但是后来我给他看了《控方证人》，于是我们就一起拍它了。

CC：下面是个比较怪的问题……

BW：我们活着就是为了回答怪问题的，或者就拒绝说："请把它收回去。"

CC：你确实激发了观众大量的浪漫情感。许多人，在他们感情的早期阶段，都会一起看一部像《龙凤配》或者《黄昏之恋》这样的电影，它能激发浪漫之情。但是我好奇——再强调一次这是个浪漫的想法——但是我只是好奇，听你说劳顿，或者比如听你说伊西·戴蒙德，你有没有想过你还会以某种形态再见到他们？

BW：（怀尔德再次盯着我，他很清楚我正在试探私人领域。）我没法想这种事了，因为我活不了多久了。我90岁了，而那些关系都是持续了许多年的，你知道。

CC：我的意思是抽象上的。也许你的浪漫想法没有走得这么远。但是在我听你谈论劳顿或者伊西·戴蒙德的时候，我就会很好奇，你是否相信有死后的生活，而且在那里你可能会见到伊西·戴蒙德那些人？

BW：我希望不是，因为我生命中遇到过太多王八蛋了，我不想再见到他们。（笑）是的，可怕的人们。我对自己说，万能的上帝，我希望我以后再也不用见到这个家伙了！

CC：下面这个问题已经被别人分析过很多了，对你而言什么是"刘别谦式触动"？

BW：那是指高雅地使用超级笑话。你听了一个笑话，你感到很满足，接着有一个比它更大的笑话，一个你没有预料到的笑话，这就是"刘别谦式触动"。像他一样思考，这是一个值得实现的目标。"这个情节点你想怎么处理？""咱们找找不同的讲述方法吧。"

CC：**如何才能再造"刘别谦式触动"？**

BW：找新的方法去讲你的故事。这就是刘别谦的魔力。他对我来说是一切的根本。

CC：**你曾讲过一个很棒的故事，是关于合作的本质的。我听说当你写《妮诺契卡》时，你和查尔斯·布拉克特卡在如何让她与资本主义最终结合上，你们写了一页又一页……**

BW：是的，许多页。我们需要一个东西能够简短、快速地说明她也陷入了资本主义的魔力，说明她也是脆弱的。

CC：**你们都困在了情节点上。你们写出来的，刘别谦都不喜欢，接着刘别谦去了厕所，一分钟后回来说："帽子。"**

BW："帽子。"我们说："什么帽子？"他说："我们把帽子放进开头！"布拉克特和我对视——这就是刘别谦。帽子的故事贯穿了三幕。尼诺契卡第一次在商店橱窗里见到它时，她正和三个布尔什维克同伴走进丽思酒店。对她而言，这个疯狂透顶的帽子是资本主义的符号。她厌恶地瞥了一眼说："一个允许女人们把这个带到头上的文明怎么会持久？"第二次她经过这顶帽子时嘴里发出了"啧啧啧"的声音。第三次，她终于独自一人，她把布尔什维克同伴赶走，打开抽屉，拿出了它。这次她戴上了它。与刘别谦一同工作，像这样的创意随手都是。

CC：布拉克特像你一样喜欢刘别谦吗？

BW：我不知道他是否喜欢他，但他绝对很钦佩他。刘别谦是那种一流的人，完全可以把名字放在编剧栏的第一个，但他不想被写上去。他说："我还是留在导演和制片人栏吧。"当你把什么想法带给他时，他都会很感激，这很有趣。这很难，但很有趣。难是因为我们努力了许多天都找不到一个展现她如何被资本主义融化的方法。而他——他就那么想出来了，他给你解决办法。

CC：当刘别谦想出了好主意时，他的身体语言是什么样的？他是只说句"就这么办"，还是对自己的想法十分兴奋？

BW：他很高兴。主意越好，他越高兴。但他不会跳来跳去，不会，不在沙发上跳，不在桌子上舞蹈，说着："上帝啊，我们想到了，我们想到了！"不，他只希望它会起效。如果有效，那就行了。

CC：布拉克特支持你当导演吗？或者当你做导演成功时，是不是就意味着他要失去你这个编剧搭档了？

BW：他希望我当导演，因为我希望什么他就希望什么。

CC：和布拉克特的关系是怎么结束的？

BW：我曾经说过，火柴盒的表面已经磨光了。有一天我们在车里讨论，车停在制片厂的停车场。和电影无关……我想是关于他孙子的私人讨论，后来气氛就转了，他有点发火。他……（停顿，仔细考虑着）有点像是我逼他把我撵走的，就是这么结束的。后来他又回来找我，可我已经在和别人合作了。但这事是结束在我们在我的车里吵得越来越大声之后，我们后来说我们曾经是朋友。他一直都想回来。后来他生了病——中风了——我们再也没有合作。但是我们的关系结束于一场私人的讨论。

CC：所以你并不是真的想去了解你的演员，去看看他们的生活，知道他们正在经历什么。而是，只是工作，让我们在拍摄期间熟悉对方，就这样了。这是你最喜欢的样子。

BW：是的，我最喜欢那样。只有很少的演员和我有私交。而且，我不知道，我生活中的演员？杰克·莱蒙，因为我住在海边时我们是邻居，我们总是碰面。现在，他一年拍十二部电影，小角色、大角色。我爱他，就像我爱沃尔特·马修（Walter Matthau），他是少数的伟大演员之一。他甚至想办法进入了肯尼斯·布拉纳（Kenneth Branagh）的《哈姆雷特》（*Hamlet*, 1996）。

CC：当你看到你认识的人的辉煌传奇是怎么被造出来的时候，会笑出声来吗？

BW：他们的过去有很多事，他们也告诉了你很多过去的事。

CC："当传奇比真相更有趣时，就说传奇。"

BW：是的。

CC：有时我注意到……那是我当音乐记者时，在我当导演之前……我曾经写过很多关于摇滚音乐家的文章。他们中的许多人已经去世，变成了伟大的传奇。我写的这些人的传奇与我所认识的人非常不同。你不得不疑惑，历史过往里到底有多少事情只是"传奇"而已？

BW：那是他们希望的样子。

CC：你是否觉得你应该保护传奇，比如梦露的传奇？

BW：不，但是想严肃地谈论梦露是很难的，因为她太炫目了，你知道。她用某种方法逃离了严肃的世界，她能改变话题，除了她很难合作这件事。但是当你想方设法和她合作成功了，当你在大银幕上看到时，你会发现她太令人惊讶了。令人惊讶，能量就那么放射出来。而且不管你信不信，她是个杰出的台词演员。她知道笑点在哪里，她知道。但我还是得说，我们有三百个临时演员，要求梦露小姐9点到，她会下午5点才出现。她会站在那里说："对不起，我在来制片厂的路上迷路了。"她签了七年的合同！柯蒂斯是个非常非常认真的演员，他总会及时出现并且准备好。

CC：第一个到，最后一个走。非常非常专业，并激发其他演员也这么做。

BW：是的。

CC：但是我觉得会有另一种情况。如果你的男主角或女主角直到下午才出现，其他演员就会开始想："为什么我要早到？"

BW：是的，是的。

CC：你还记得你和梦露的最后一次谈话吗？

BW：不管我什么时候见到她，我都会原谅她。我最后一次见她时，她怀孕了，她正和［阿瑟·］米勒（Arthur Miller）[1]闹离婚。她和伊夫·蒙当（Yves Montand）[2]在一起。她去了罗曼诺夫餐厅的一场聚会，那是在《桃色公寓》上映之后。她那时正和乔治·库克拍戏［《让我们相爱吧》（*Let's Make Love*，1960）］，你肯定能查出来是什么片的。但是［梦露和我］从没有什么很深的或者很个人的关系。我不会去顺从她的那些异想天开，你知道。我在片场，而她不在片场，我叫人去找她，第二助手去敲她更衣室的门："梦露小姐，我们准备好了。""噢，滚！"（笑）我不想让第一助手去冒险，也不想自己去。她是个……我不知道，她就是个持续不

---

1 阿瑟·米勒（1915—2005），美国剧作家，代表作有《推销员之死》等，梦露的最后一任丈夫。
2 伊夫·蒙当（1921—1991），法国演员，曾主演《恐惧的代价》《红圈》等电影。

断的谜，没有答案。

在《七年之痒》（*The Seven Year Itch*，1955）之后，我说："我再也不要和她合作了。"但是当听到她已经读过《热情如火》的剧本且愿意出演时，我非常高兴。梦露愿意演这个角色实在是太棒了。我们的大炮里有一发很大很大的炮弹，我们要把它打出去。我们不会去搞什么性噱头。你知道，这种事是最有趣的，碰上一些不是什么人都能想到的意外。

CC：而这造就了这部电影。

BW：而且你会对自己非常非常骄傲，就是这样。比如，有一场戏是托尼·柯蒂斯偷了一个人的衣服，假扮成壳牌先生。那个壳牌家族，你记得吗？而他也弄到了乔·E. 布朗（Joe E. Brown）的船，后者正在什么地方与莱蒙先生共舞，同时有两条线在进行。现在乔·布朗与莱蒙在跳探戈，这效果会很好，我知道的。我们用冷静的方法处理，有蘸酱小吃，还嘴叼着玫瑰，你知道。

CC：这会是你在屋里和伊西一起写作时立刻就表演出来的那种场面吗？

BW：（立刻摆手）不，我们就是知道。我们在写作，我们有了一个很好的想法，会成为电影里一个非常重要的部分。这个想法是他，柯蒂斯，把梦露邀请到壳牌先生的船上。一切都准备好了，船上只有他们。现在应该开始到性爱场面了，对吧？我在半夜醒来，想，这样不好，这是预料得到的。而我们要做的是（他眼中放着光）他要假装阳痿！然后由她来提议做爱。是她操了他——

这样会更好。如果被玛丽莲·梦露征服、被她搞，一定会更好——还能有比这更好的吗？于是我们就换了。我们就有了这场戏，对吧？拍摄那天早晨我到了现场。我说："看，我们现在拍到了他把她带到船上的那个位置。那里面没什么新鲜玩意儿。不如这样试试如何？"

现在，我们都准备好了，这就像是摘橙子，你知道。因为一切顺理成章了。下面我们可以说他们家把钱都花到怎么治好他上面。"我们试了挂满铃铛的爪哇跳舞女郎，我们试了他妈所有东西，所有大夫——都不管用。"（笑）她说："我可以试试吗？"然后他们就试了。你知道他对自己腿上正在发生的事情的真正感受，随着那东西抬起来，他的腿也抬了起来，而她在吻他。"感觉如何？"她说。"我不知道。"他说。腿再次抬起。她说："让我再试一次，就再试一次。"现在我们看不到他们了，而我们知道会发生什么。这个想法创造了这场戏。因为其他的选择都太平淡了。（怀尔德还在对这场戏心驰神往）她在吻他，而柯蒂斯就躺在沙发上。吻他，摄影机就在那里，现在你看到他的腿抬起来了，就在她后面。太棒了！

CC：腿非常重要，它是绝杀。

BW：绝对是的。

CC：那条腿就是一切。这是排练时想出来的，还是本来想法的一部分？

BW：那是写作时想出来的。这很容易，它就那样冒出来了。

你打算怎么处理这一页页的胡言乱语?

下面的谈话就涉及了我们打算把一次谈话扩展成一本书的愿望。

BW：一本书？我喜欢聊天，但是我不喜欢看到它被印成书，我希望不要这么做，你可以印在杂志上。（餐厅对面，有个人一个劲向怀尔德挥手。）

CC：那是你朋友吗？

BW：不是，我没有穿那种衬衫的朋友。

下面我说新一代的电影人刚刚发现了他的电影。他马上打断了我。

BW：（点头）这很好。我身边很快就又要围满人了。我将会在轮椅里坐着。你知道，这很难。但是导演工会的宴会上有四个导演提到我这件事让我很高兴……也许那就是他们以为的电影的开端，在那之前没有人拍电影。（笑）

我讨厌和小孩们混在一起，你知道，那些听说过我的人，那些盼望着我一张嘴就能吐出珍珠来的人。但是你知道，人们来找我，他们说："怀尔德先生？我想和你握手好吗……"或者"你让我这一个月都有了意义，你让我这一个星期都有了意义……我正在看这部电影，这是……"这些都很好，很中听，你知道。然后你就像早上刚从床上起来一样精神。但是我不想……（他摇了摇头，舀了一勺糖到咖啡里。)我不想要糖。我怎么了？我紧张了。

CC：（笑）我记得我第一次去你的办公室时，给了你一张海报让你签名，你停了一下然后说："我不打算写些滑稽的话。"然后你签上了"最良好的祝愿，比利·怀尔德"。我觉得你肯定有时会感到按"怀尔德风格"行事的压力。

BW：是的，但是没有"怀尔德风格"这个东西。只是……一些普通的事。(但是在他想出这句话之前，他看了一眼服务员给卡伦·勒纳上的那杯特浓咖啡，又给观察者提供了一个只能被称作"怀尔德风格"的例子。)你要了杯特浓咖啡（espresso），你又拿到得特快（expressly）！

CC：那戴蒙德是怎么回事？

BW：（笑）我和伊西·戴蒙德一起待了二十、二十五年，从没谈过私人的事。这是这件事的美妙之处。我上午到，他上午到。他带来份《好莱坞报道》(*Hollywood Reporter*)，我带来份《综艺》(*Variety*)。然后我们换着看完了，然后我们说："我们到哪了？""噢，对……"然后就继续了。他是个很特别的人，独一无二。

这和与布拉克特的合作不一样，他会告诉我他的牙医是谁，各种不合适的事情，你知道。但是伊西·戴蒙德是个沉默寡言的人，是我的合作者，和他谈台词或者结构是很棒的。他总是和我不谋而合。

CC：而你喜欢这样……

BW：我喜欢这样是因为……你知道，戴蒙德身上有一种特别的东西，因此我很喜欢他，就像一个弟弟，这种东西就是他的谨慎，他是个处事非常非常得体的人。我是个收藏家，比如我没法在伦敦或者巴黎待上一天而不买点什么，比如一件小古董，或者鞋之类的。所以我沿着伯灵顿拱廊街[1]一路走，我甚至不会问他："我要进去一分钟，你一起来吗？"他会说："不不不不，我待在外面。"（笑）当然不会是一分钟，而是一小时。而他就等在外面。然后我带着两大包纸袋出来，他从不会问我句"你都买什么了"！什么都不问。（笑）绝对从没问过我。（他露齿而笑，还在感叹。）

CC：你如何描述你的第一个编剧合作者，查尔斯·布拉克特？

BW：布拉克特是个很爱说话的人。他是阿尔冈昆圆桌会[2]的成员之一，那是他的根基。（A）他是个共和党，狂热的共和党。（B）他在海明威（Ernest Hemingway）、斯科特·菲茨杰拉德（Scott Fitzgerald）那些作家群体中名列前茅——他认识的都是那些人。他学得非常快，因为他曾为《星期六晚邮报》（*Saturday Evening Post*）写过一些短篇故事，他就是这么进入电影界的。他在派拉蒙混着，无所事事。

曼尼·伍尔夫（Manny Wolf），编剧部门的领导，是他把我们两个凑在了一起。他介绍了我然后说："现在你们两个去见刘别

---

1 位于英国伦敦。
2 阿尔冈昆圆桌会：一个存在于20世纪上半叶，由纽约的一群作家、批评家、演员等组成的精英团体。

谦先生,看看他是不是喜欢你们。"于是我们聊了一下,然后去见刘别谦,差不多一个半小时后,我们就得到了《蓝胡子的第八任妻子》的工作。那不是部很好的电影,但也还可以。然后他又要我们写《妮诺契卡》。

但是布拉克特……除了写作我们没有共同点。他给我讲很多故事,然后我给他讲很多故事。他和雷蒙德·钱德勒(Raymond Chandler)[1]先生不同。我们相处融洽。我们只是永远看不到对方,或者很少,从来不会在拍摄完或者写作完后一起吃个晚餐之类的。

CC:你出版的那些剧本十分鲜活而且可读性很强,而且尽管你总是和人合作,但是剧本都有一个单一、独特的声音。比如,《热情如火》的剧本中,最后一行写的是:"这就是故事的结尾,至少公众能看到的就是这样。"或者《桃色公寓》的剧本里,最后一行是:"就是这样了,从故事层面上讲。"

BW:是的。

CC:这是你要求伊西·戴蒙德做的吗?还是戴蒙德自己写的这些叙述语?

BW:(快速地)我……我不知道。我只知道我站在那里,像个指挥,你知道。我有我的写字板,我写,他打。然后我们比较。我们会认同一些东西,然后我们再来来回回几遍。大部分的

---

[1] 雷蒙德·钱德勒(1888—1959),美国硬汉派侦探小说作家,代表作《长眠不醒》《漫长的告别》等。曾参与编剧《双重赔偿》《火车怪客》等影片的编剧,以性格古怪、难以合作闻名。

写作发生在同一间屋里，高德温公司的办公室，那是个好地方，我住在那里，有厨房、卧室、淋浴间和卫生间。伊西给我看稿子，我修改，我们一起工作。完事就开拍了。

大部分时候我们卡在第三幕。第三幕的后半部分已经写在了纸上，但是我们还是……还是不能拿给别人……我们还在写，之所以还在这上面虚度光阴，是因为演员们并不总是按照你写的样子去演。一个演员可能在这句台词上演得好，而那句台词就不好了。或者他会跑，而不是走，所以我们在拍摄中不断修改这些东西。

《热情如火》的最后一场戏我们在制片厂写了一个周末，我们就是想不出来。我们写到了那些人逃出来，跳上了乔·E.布朗先生的摩托艇，玛丽莲·梦露和托尼·柯蒂斯之间有一段小对话。然后我们就到了揭穿真相的段落，杰克·莱蒙说："你知道我不能嫁给你是因为……我抽烟。"最后他把假发扯下来说，"看看，我是个男人。"现在我们需要一句乔·E.布朗的台词，但就是找不到。在我们一开始的讨论中，伊西曾说过一句："没有人是完美的。"我说："让我们回到你的台词，'没有人是完美的'。我们把它送到印刷处，这样他们就能拿到点东西了，然后我们再坐下来想出句真正有意思的台词来。"

我们再也没想出那句台词，于是我们就拍了"没有人是完美的"。观众们在西木区[1]的试映上爆发了笑声。这也是非常有趣的事，你就是这么拍电影，我们在星期六写了它，星期一就拍了。

之前没人考虑过乔·E.布朗。我在一些默片里见过他，但我不知道他就在附近，然后我们开始选角色了。一次奥德和我还

---

1 位于洛杉矶附近。

有戴蒙德及他的妻子在体育场观看躲闪者棒球队的开赛仪式。场上本垒后面有一个大喇叭，那里面一直有人说话，下面换上了一个新的讲话者，那就是乔·E.布朗。我说："那就是我们要找的人，就是他！"从没有人考虑过他。

于是我问他："你愿意读读剧本吗？""愿意吗？当然愿意。"他演了这个角色，并且让所有人惊讶，特别是年轻人，因为他们从没见过他。他有张世界上最大的嘴。他是个大好人。你必须要警觉，知道吗？你必须坐在那里，总是问自己："这就是我能做到的最好的吗？"

让我讲"这个是我的，这个是他的"总是很难的，当然除了我要把那句"没有人是完美的"记到他头上。因为他们都激烈批评那句话，我说："这只是暂时的台词，是由戴蒙德先生提出来的。"而它将成为我们最有趣的结尾句。许多人问我："下面会发生什么？莱蒙会怎么样？他的丈夫会怎么样？"而我总是说："我不知道。""没有人是完美的。"让它留在银幕上吧。你不能再往上加东西。

CC：它确实很像个独立的人物在讲话，也许这就是与你合作的美妙之处。

BW：不管什么时候我都要和人合作，而且我总是和人合作，因为如果你认为我现在说的英语很烂，你应该听听我那时候说的。我觉得我必须要有一个合作者［因为我的语言问题］，而且我喜欢严格遵守时间，如果我有了合作者，我就有责任这么做。但是无论何时你看到我和什么人只合作了一次，就一次，那就意味着我不喜欢他。（笑）没错，举个例子，埃德温·布鲁姆（Edwin

Blum），他现在死了——我曾经和他合作过一个非常棒的电影剧本《战地军魂》(*Stalag 17*, 1953)，但我再也没有和他合作过，因为他没有给我们加入新东西。这实在是很难搞的情况。

每当我和一个人合作超过一次时，这就值得注意了。我和布拉克特合作了二十年，和戴蒙德合作了二十、二十五年……整个过程都很平静。没有在桌子和沙发上跳来跳去"哈哈哈,太棒了！他们肯定爱死它!!"，没有。十分平静，（停顿）有时我会以愤怒的情绪离开办公室，但是到了早上就都忘了。或者当他说"我要去图书馆"时我就知道他生气了——戴蒙德生气时就去贝弗利山图书馆。他是个好人，绝对值得尊敬，是位绅士。

CC：你最好的关系就是这样了吗？包括和你的妻子，奥德丽？

BW：噢，是的。但是我和我的妻子，那个不叫关系。她是我的苦工。（怀尔德给了一个眼神，暗示这个说法的反面可能才是真的。）

CC：所以没有很多的跳脚或者吼叫……

BW：没有,没有跳脚。没有跳到对方身上或者家具上。（微笑）不不不，绝对是中产阶级生活，中产阶级的最下层。（笑）她是个很好的女孩，（微笑）她很棒。

2

威廉·霍尔登出演《日落大道》
《双重赔偿》
"你明白吗?"
奥黛丽·赫本
"它看上去就应该像新闻纪录片"
"弗里茨·朗对我说:'找个好摄影师'"
打破的化妆镜
《桃色公寓》里的托内牌家具和美术指导
用黑白胶片拍摄
黛德丽自己给自己布光
不丢失推进情节的台词

CC:《日落大道》是一部黑色喜剧吗?

BW：不，只是一部电影。

CC:《日落大道》最初的想法来自哪?

BW：我想拍部对自己稍微有点难度的电影，想拍一个还从未被认真研究过的东西——一部关于好莱坞的电影。一开始它是部喜剧片，可能会找梅·韦斯特（Mae West）演，后来电影成了一个默片明星和一个作家的故事。而我们找不到人演那个伟大的默片明星，梅·韦斯特不想演，玛丽·碧克馥也不行。我们已经开始在考虑是不是签波拉·尼格丽（Pola Negri）了，后来我们想到了葛洛丽亚·斯旺森（Gloria Swanson），可能是乔治·库克先推荐的她，她那时已经被业界抛弃了；她是电影的丧钟——已经让派拉蒙赔过好多钱，但是我坚持用她。这是个绝妙的主意，她曾是个默片明星，而且演过埃里希·冯·施特罗海姆（Erich von Stroheim）的一部叫《女王凯莱》(*Queen Kelly*, 1928）的电影，我们可以把那个放到她家的放映机银幕上。我们进行了面试，她说了一点台词，就是愤怒的斯旺森坚持她还是最大的明星那一段。现在我们的电影成型了。她拿了很少的报酬，十五万美元，比霍尔登少。而且还有件很妙的事，就是我请到了施特罗海姆出演。他对这部电影有两个想法，有一个我采用了——他自己写影迷来信，另一个是他希望能拍他洗她的内裤。（他演示着施特罗海姆深情地洗衣服的动作。）施特罗海姆！蒙哥马利·克利夫特（Montgomery Clift）要出演那个编剧，但他在开拍前三天推掉了。

CC：你是怎么知道这事的？克利夫特自己打电话来说的吗？

BW：一个女经纪人给我打的电话。那时候是布拉克特当制片人，这是我们合作的最后一部电影。而且她跟布拉克特说，我十分高兴地通知您，克利夫特先生与一位纽约的年长女士［莉比·霍尔曼（Libby Holman）[1]］相爱了。他不想在他主演的第一部大制作电影里讲一个男人被一个年龄是他两倍的富有女人包养的故事，他不想在好莱坞传出风言风语。作为一个纽约的演员，他不想以这种方式开始自己的事业。

CC：你生气了吗？

BW：生气是什么？生气一点也不好，你知道。只会是"那我们该找谁"，那时候的主演都是和制片厂有合约的，而我们星期一就要开拍了是吧？于是我们就开始看派拉蒙那时候的演员名单，他们有个叫威廉·霍尔登的年轻演员，其实他的名字叫比多，

---

[1] 莉比·霍尔曼（1904—1971），美国歌手及舞台剧演员，以复杂的私生活闻名，有过多位男性和女性的情人。她比克利夫特大16岁。

后来改名了。他演过一部电影我很喜欢，非常好的电影，叫《金童》(*Golden Boy*, 1939)。我1点把剧本给了霍尔登，3点他就在我的房间了，他说："绝对没问题，我想演。"人们都低估了他，你知道，因为他非常棒，他是个很好的演员。我也和他合作过其他电影，比如《战地军魂》和《龙凤配》。这有点像我后来和莱蒙的关系，你知道。

他去世了，很不幸。他是个酒鬼。我们和他约在他棕榈泉的新居见面。我们要周六上午到那里，行李都准备好了，接着我们给棕榈泉的房子打电话说我们出发了，那边的人说他没有来。这样一来，所有人都觉得很奇怪。他们打开了位于太平洋大道还是什么地方的公寓大门。他醉了，非常醉，然后他摔倒了，头撞到了桌角。旁边没有别人，他就这样流血过多而亡。这事发生时，当有人跟我说霍尔登死了时，我猜只有两种可能：要么他在香港死于直升机事故，他在那边有一座公寓；要么他在非洲被一头朝天犀牛顶死，他在那边也有房子。但他怎么会死在这么件小事上呢？

当我拍《双重赔偿》时，我试了城里的每一个主演。我都找到乔治·拉夫特（George Raft）那么低档次的演员了，那是真的很低。（笑）他让别人给他读剧本，因为他不识字，不会读书写字。于是有人给他读剧本，读了一半之后，他到制片厂来说："我已经读了一半了，什么时候翻领子？"我说："翻领子？""你知道我什么意思——他什么时候说他是个FBI？翻领子啊！"（他示范了翻开大衣的领子，露出FBI徽章的动作。）"没有翻领子。"我对他说。"我真的是个凶手！？我可不要拍！我根本不要碰它，上帝啊！"但斯坦威克知道这是部好电影，她把握住了它。

CC：在《双重赔偿》里，当谋杀在汽车后座进行时，你拍摄的是芭芭拉·斯坦威克（Barbara Stanwyck）的脸部特写的无声镜头，你还记得当时你是怎么给她指示的吗？她眼里透出的那种兴奋几乎到了性感的程度。

BW：当她在后座干掉那个丈夫时。是的，没错，斯坦威克小姐是个理解力很强的演员。我曾经质疑过那顶假发，但是它很合适，因为那个假发非常假，是顶很明显的假发。还有那个脚链——那是这个女人的工具，你知道，借助那种工具才能嫁给一个那样的男人。她们渴望谋杀。

是的，我们自然排练过这场戏。但我只和她排练了一两次，最多也就这样了，她的表现不会有什么不同。她就是这么个不同寻常的女人。她拿到剧本，喜欢它，读完就做决定了，不会叫经纪人跑来说什么"你看，她要演一个杀人犯，必须要提高报酬，因为以后她没法再演戏了"。与斯坦威克一起工作，我完全没有困难。她了解剧本，每个人的台词都知道。你半夜把她叫起来，她就知道拍哪场戏。从没有错误，从没有失误——她就是有个好脑子。

CC：你是为芭芭拉·斯坦威克写的这个角色吗？

BW：是的。后来派拉蒙有个叫弗雷德·麦克默里的演员，他是演喜剧的。我叫他读读剧本，他说："这我干不了。"我问："为什么干不了？"他说："演这个得有演技啊！"（笑）我说："听着，你现在搞的是喜剧，你正在这么一个位置上，要么你就止步不前，要么你就必须跳过河来一次新的开始。"他说："我演得不好时你会告诉我吗?"(点头:一场合作开始了)他演得很好,因为这是个不同寻常的演员搭配。

同样的事情发生在《桃色公寓》里。演员都已经选好了,包括那个保险公司的老板。演那个后来自己拿了钥匙的老板谢尔德瑞克的是保罗·道格拉斯(Paul Douglas)[1],他来演的话会很完美,但就在他要乘飞机或者火车赶去开拍现场之前,他在吃早饭时死了。于是我又一次找到了弗雷德·麦克默里。"不不不,请你别来找我。我还在合约期里呢,终身合同,在迪士尼[拍摄像《奇犬良缘》(*The Shaggy Dog*, 1959)那样的电影],你知道,给孩子们看的,不能让他们发现我和电梯司机搞婚外恋,这是不可能的。我做不了,绝对不行。"然后周一上午,他就在片场待着了。

CC: 我喜欢你在两部电影里给弗雷德·麦克默里设计的偶尔冒出来的嬉皮风格的台词。特别是在《桃色公寓》里,他想要钥匙时对巴克斯特说:"只要三十秒我就能让你再回到街上去……你明白吗(you dig)?"这真有垮掉一代的风格。

BW: 从那个时代来看,是的,三十五年前。(微笑)

我要给你说件他很滑稽的事,这是我给你讲的最后一个关于弗雷德·麦克默里先生的故事,他是个很小气的人,我喜欢这一点。我喜欢这个人,也喜欢他的小气,它让我开心。《桃色公寓》里在他进办公室前有一场戏,有个黑人给他擦了皮鞋,他从西装里拿出一个25美分的硬币扔给那个擦鞋匠。现在我们拍着拍着,他扔不出去那枚硬币。我说:"没事,那个太小了,我们拿个50

---

[1] 保罗·道格拉斯(1907—1959),美国电影演员,曾参演过《围歼街头》《琼宵禁梦》等片。

美分的怎么样？那个大一点。"麦克默里说："我绝不会给他50美分的——这戏我演不了。"（笑）

（账单送了过来）请给我。

CC：不，这是我的荣幸。下次你来付。

BW：下次？

CC：我曾经听过这种说法。当导演一个爱情片或者爱情喜剧片时，导演必须在镜头里爱上女主角。"如果你不是这样的，就没有人会是了。"指导奥黛丽·赫本是什么感觉？你爱上她了吗？通过镜头？

BW：当然。她从体内向外传递着太多的感觉了。但她"性感"吗？在镜头之外，她只是个演员。她很瘦，一个好人，有时会在片场消失。但是她身上有些非常可爱的东西，绝对可爱。你会相信她，这个瘦小的人，当她站在摄影机面前，她就变成了奥黛丽·赫本小姐，而且她能再多加上一点性感，效果是很明显的。比如，《龙凤配》里她穿着连衣裙从巴黎回来时。

这是这部电影里的精华。比如，那个父亲的角色，他要在壁橱里抽烟喝酒，这样妻子看不到。还有场戏，萨布里纳——奥黛丽·赫本——爱上了金发帅哥霍尔登先生，但她知道不会有结果，那里有个停着十六辆车的车库，于是她决定自杀，她把每辆车的火都打着了，然后坐在那里等着。然后那个哥哥，鲍嘉的角色，叫醒了她并把她拉了出来。这场戏很好，十二辆车晃动着[1]，一个女孩坐在中间，尾气不断冒出来。我问那个很有天赋的导演西德尼·波拉克（Sydney Pollack）[2]为什么没有翻拍这场戏。他说："电影已经太长了。"怎么可能会太长？电影就是电影啊。（笑）

CC：好像每年都有人被赞为新的奥黛丽·赫本。每个新的年轻女演员都被叫作"下一个"奥黛丽·赫本。

BW：再说一次，这是一种元素，你或者有，或者没有。你可能会见到一个人，然后被迷倒了，但当你把那个人拍下来再看时，可能就什么都没有了。而她身上就有这种东西，这是独一无二的。她已经永远消失了，消失在她的时代里。你不可能复制她，或者把她拿出她的时代。如果那种元素能够提纯，你就可以随意制造梦露或者赫本……就跟他们克隆羊一样，但是你做不到。而她在银幕上和在生活中是完全不同的，我并不是说她低俗，她不是。她开创了一些东西，一种样式。她，还有另一个赫本，凯瑟琳（Katharine Hepburn），属于不同的时代。她棒极了。今天有茱莉亚·罗伯茨（Julia Roberts），她很有能力，很有趣……我在《漂亮女人》（*Pretty Woman*, 1990）里一下子就爱上了她。但是没有演员能够期望成为奥黛丽·赫本，那件纪梵希（Givenchy）先生设计的衣服已经不需要别人去穿了。

拍摄《龙凤配》对我而言是一次艰难的历程。那也是部边写边拍的电影，天天通宵达旦。我的背困扰着我。剧本一直没能完

---

1 影片中是八辆车。
2 西德尼·波拉克（1934—2008），美国导演，代表作有《杜丝先生》《走出非洲》等，曾在1995年翻拍了《龙凤配》（中文译名《新龙凤配》），由哈里森·福特和茱莉娅·奥蒙德主演。

成，编剧这边已经落后进度了。她和鲍嘉有一场重头戏，她要去他的会议室，而他要她去巴黎，但是这场戏还没完成。于是我到了片场，手上只有一页半的剧本，而我必须用它填满整天。我不能走到现场办公室说："你看，我的剧本已经用完了。"那是星期五，我们可以有周六和周日来写剧本。我们必须拖时间。于是我去找她，告诉她这件事。"你得演砸，你得说错词，我十分抱歉，你得帮我，我们最多只能拍一页半。就是这样。"她说："我会的。"她做到了。

她说："噢，我头好痛，让我躺一下。"然后她就躺了十五分钟，第二次又是一个小时，就这样我在6点的时候就拍了一页半。接着在周六和周日，我们又重写了剧本，然后我才准备好。她帮了我，这事很妙。她那天也可能会做出很为难的样子拒绝我，不想让人觉得她脑子进水了，但她不在乎。她就这么做了。

我们结束了吗？因为再待下去我们就能在这儿吃晚饭了。

几天之后我们的谈话在怀尔德布莱顿街的办公室继续，再次由卡伦·勒纳陪同。这位导演答应再进行一场澄清，但是离扩展成一本访谈录还远着呢。

CC：我想问一下你电影里的视觉形态与美术设计。在剧本和表演的表面之下，你的电影充满了丰富的视觉细节。当你开始拍摄一部影片，像《桃色公寓》或者《双重赔偿》时，你脑中有没有一个启发你灵感的画家？你具体会给你的制作设计师一些什么视觉上的指示呢？

BW：（马上热切起来）没有具体的画家，但有时会有间房子。比如像《双重赔偿》，我必须找到一间典型的芭芭拉·斯坦威克的丈夫会住的房子。我想要两层的，因为我想拍她戴着脚链从楼梯上走下来。我的美术设计住在一栋这样的房子里，我想要什么，我就和我的摄影师约翰·塞茨（John Seitz）一起把它搞出来——他是个老人家了。（微笑）他那时候51岁，和瓦伦蒂诺（Rudolph Valentino）一起拍过片——我要求的都是很具体的事情。我跟他说无论什么时候走进这间屋，打开门阳光射进来，空气中都要充满灰尘，因为他们从来都不打扫。我问他："你能做到那种效果吗？"他可以。

CC：你如何决定一部电影的视觉风格？

BW：必须是现实主义的。你必须自己相信里面的场面与人物，否则就什么都没了。当然，我坚持黑白摄影，而在拍轻歌剧时我懂得了有时一个技术性镜头会毁了整部影片。你可以说《双重赔偿》的理念是来自《M就是凶手》（*M*, 1931）[弗里茨·朗（Fritz Lang）导演]，那是彼得·洛（Petter Lorre）主演的一部很好的电影。我脑袋中有种感觉，《M就是凶手》就在我脑子里。我努力拍一部非常真实的影片——有点小技巧，但不要太刻意。《M就是凶手》就是这部电影该有的样子，它看上去就应该像新闻纪录片。你从不会意识到这是戏，而是像新闻纪录片一样，你去抓取一段现实，然后发展它。

CC：但是影片里灯光有时非常戏剧化。你是受了德国表现主义电影的影响吗？

BW：没有。是有些很戏剧化的灯光，没错，但那是新闻纪录片的用光，那才是理想的状态。我并不是说每个镜头都是大师作品，但有时即使是拍新闻纪录片你都能拍到大师级的镜头。这才是正路，不要虚假的安排。我脑中有一点麦克默里与爱德华·G.罗宾逊之间的镜头，出现在片头和片尾，就是两个人在房间中的那些，就这些了，所有一切都是为了支撑故事里的现实主义。我之前和这个摄影师合作过，我信任他。在斯坦威克去公寓见麦克默里的那场戏里，我们用了一点只打亮一半脸的光——这是他下决心实施谋杀的时刻。就这样了。我和我的摄影师关系都很好。弗里茨·朗在我职业生涯的早期对我说："找个好摄影师，有些摄影师真的很特别。"他是对的，我很幸运。他们都很好，很有趣。他们按照要求做，有时他们想要做点小变动……然后又改回来。（微笑）

CC：有些人还在质疑《双重赔偿》中公寓走廊里的门。在这场伟大的戏里，斯坦威克去见内夫（麦克默里），当凯斯（罗宾逊）离开时，她藏在门后面。但是公寓的门都是向内开的，而这个门是向外开。

BW：是啊，那是我们犯的一个错误，而我也不想纠正它。我们已经拍了。它有用，于是我就没有重拍。

CC：《龙凤配》的电影构图非常具有艺术感，很像绘画。那是你原本想要的吗？

BW：不是。我们只是照常前进。我的意思是，我没有忽然一下子变成个白痴。场景设计一贯非常非常好，也非常真实。比如《桃色公寓》，那里就是那个样子——就是一个医生家隔壁的房间，简单而真实。《龙凤配》是我唯一一次做那么豪华的东西。每样东西都是为了说明那家人的生活有多奢华。唯一的另一次是《璇宫艳舞》（*The Emperor Waltz*，1948），但我不想提它，就说我唯一一次花大价钱的是《龙凤配》吧。工作很顺利，我很享受。

在《日落大道》里，他们做得很好，因为我告诉那个设计房子的建筑师一句话："像华莱士·比里（Wallace Beery）[1]早期的电影那样。"那是一栋西班牙式别墅，带楼梯，有点奢华，但没有很过分。你见过那东西在［在安德鲁·洛依德·韦伯的音乐剧版本中的］舞台上的效果吗？是不是像个宫殿？（摇头）无所谓。在电影里，那东西的整个宽度也就是那间起居室那么大。

我们那时候（1944）拍片，现代建筑很少，于是我们去洛斯费利茨区[2]找到了一间这样的房子，有一个角落可以用来给小孩玩球或干别的事，我们在那房子里拍了些戏。我不知道现在它在新洗印出来的版本和老版本上分别是什么模样。约翰·塞茨拿了一些镁，把它弄成灰尘的样子，然后在那里点着它，我们就趁它烧完之前拍摄。于是我们得到了那个效果。

但是，你知道，不管什么时候我写了个剧本，它都不需要这些外部细节就能给读者留下深刻印象，除非是必要的细节。比如《日落大道》里，我最近又看了那个剧本。那个房子一点都不像舞台上的那个，舞台上那就像个泰姬陵，他有巨型舞台可以装下

1　华莱士·比里（1885—1949），好莱坞默片时代明星，《日落大道》的女主演葛洛丽亚·斯旺森的前夫。
2　位于洛杉矶。

它，那时候可没有那种东西。我们租了一个房子，付钱的，是从保罗·盖蒂（Paul Getty）[1]的一个前妻那里租到的。她在那里管着一所演艺学校；她并不住在那里。那里是在欧文大道和威尔希尔大道交叉的拐角处。我们需要一个游泳池，我说我们可以租下它建一个游泳池。建的时候，她不想接上真正的水管。她想在我们拍完后再拿土填平它——白痴。但是现在那栋房子已经完全被毁了，因为同样是盖蒂先生拥有的潮水石油公司取得了这栋两层别墅的地皮。我在我们建这个小建筑时曾经在那里待过一阵，研究各种计划。它消失了很可惜。我一度曾想造一座更小、更紧凑、更陈旧的房子。但我们必须得有地方放那些照片。

拍《桃色公寓》时，我在中央公园西路转，看了很多不同的公寓，我们就想找一个东西齐全的。除此之外，后来我开始收集托内牌家具。那是一家生产人工弯木产品的奥地利公司。托内先生和他的兄弟们发现有一种特别的木材，你可以使它弯曲把它们挤在一起，这样能保持一个星期左右，当你松开压力，它就成了一把弯木椅。比如这个就是人工弯木的，他们把它当作礼物送给我，作为一个玩笑。（他骄傲地指着他办公室的一把椅子，椅子的一条腿弯曲缠绕着成了一个结。）你看我把那整间公寓都弄成了弯木的——甚至床都是弯木的。

CC：所以即使只是一个公寓，其背后也有故事。那些效果当然是下意识的，但是一部电影如果不吸收大量的细节，就没法产生效果。在《桃色公寓》里，我一直努力想搞清巴克斯特公寓后面墙上挂的画是什么。

---

[1] 保罗·盖蒂（1892—1976），美国富翁，曾在1957年被《财富》杂志评为在世的最富有的美国人。

BW：那是一幅从现代艺术博物馆拿来的画。他就把它钉上了。

CC：对，这就对了。他有单身汉的品位。他买了幅画，身边不会有人跟他说："你最好把它框起来。"

BW：噢，是的，这很像是巴克斯特这种人会干的事情。当公寓被占时，他自己还能做些什么？特别是假期的时候，他们会给他打电话，那里一直都会很忙……于是他就会去美术馆看画，再拿回一些海报来。（笑）所以，他的公寓就会是那个样子。

CC：电影里遍布着大公司里的小人物的观念。那些拍摄巴克斯特在保险公司里的样子的戏谑的卡夫卡风格的镜头就是为了说明这件事吗？

BW：是的，那是我和我的朋友［制作设计师］亚历山大·特劳纳（Alexander Trauner）一起完成的，他是个匈牙利裔法国人，一个天才。我用了所有的写字台做了全场的布景，是在高德温制片厂四号摄影棚，那不是个大摄影棚，但我们在那里做到了，我们摆上［办公室的］第一排，接着是第二排，接着第三排。我们放的桌子越来越小，临时演员也越来越小，最后我们用了剪纸，人就这么大（用手做了一个表示很小的手势），我们还让很小的车在外面跑来跑去，从上面看下去好像真车一样。

CC：所以这就是秘密所在。你用模型做出的透视变化使这个地方更加具有"现代感"。

BW：透视，没错。我们在那里安了一些灯光固定装置，然后就成了。我们就这么做到了，整个布景，我们一天就完成了，一天半。就是用透视来创造。因为这个，特劳纳得了一个奥斯卡奖，实至名归。它看着就对路。

CC：你拍摄《桃色公寓》的方法很明确，很多的广角镜头和大全景。这样就让C. C. 巴克斯特看起来很有活力，一直与强大的商业世界抗争。这就是这部电影的视觉概念吗？

BW：是的。摄影就是把写下来的一切放到银幕上。一切，把它变清晰。我不会先这样拍一张脸，再那样拍一张，然后从另一个角度再来一遍。不，我只拍一次。那已经是在大概四十多年之前了。我不会无休止地寻找任何特定的好角度。我只是努力小心地让一个东西能够很好地接在另一个东西后面。这里一个特写，那里再一个——永远不要太多，只在需要的时候用。而当我剪辑一部电影时，剪辑室的地板上只会留下大约一千英尺的胶片。我们拍摄《桃色公寓》花了十五天，不到一星期就剪完了，还有三英尺胶片没用。这很好。

故事很好，我们的想法起作用了。比如我们安排了个女人和莱蒙一起回到公寓。他正在跳舞、搞怪，忽然看到了那个女孩——雪莉·麦克雷恩，睡在他的床上，但他叫不醒她。这就是为什么在构造它时，我们要安排一个德赖弗斯医生住在他隔壁。

CC：就是那位帮着救了她，并教给巴克斯特如何更好地生活的尊者。

BW：是的。我们没有进过［医生的］公寓，没有时间，只拍了门口过道。

我们拍这个片子时很快乐，因为每个人都很早就到现场，有时候雪莉·麦克雷恩会迟到一点点，但是其他每个人都绝对专业，都是专业人员。那是我和莱蒙的第二部影片，比第一次容易得多，非常容易。

CC：你经常聪明地使用镜子作为表现情节点的工具，而最有力的例子就是《桃色公寓》里那个破了的折叠镜。

BW：是的。当巴克斯特在镜子里看到自己时，他变成了两个。他把它给了保险公司的老板（麦克默里），办公室的大佬，现在他知道了那个我们提前知道的事。而我们从破了的镜子里看到他的脸。影片用很优雅的方式把它说了出来。这比让第三个人告诉他强——我们不想那么做。这样更好。一个镜头，就给了我们一切。一些想法来得很容易，就比如这个。它很好，它来得容易，这就是它为什么好。

CC：从我收集的资料中看，《桃色公寓》里那个用网球拍捞意大利面的主意来自伊西·戴蒙德的一句无心评语："女人喜欢看到男人在厨房里做饭。"

BW：是的。

CC：所以你们就开始寻找一个完美的情境来表现……

BW：一个男人如何处理缺少厨房用具的问题。显然这是他公寓的厨房——你知道，他从不做饭，或者他只会在回家路上给自己买个三明治或者别的什么，于是我没有在那里面准备漏勺，你知道。我不知道是戴蒙德还是我想的，但它就这么自然而然地来了。为了做通心粉或者意大利面，我们需要个漏勺。于是我说："那我们就用个网球拍代替吧。"

CC：雪莉·麦克雷恩曾说《桃色公寓》这部电影你是边写边拍的，开拍时她手上只有四十页剧本。

BW：我们就给了她这么多。但是没错，我们只是完成了剧本的大部分。我们总是知道我们要往哪里走，总是知道。有时你要敞开胸怀，去看看演员们会如何演它，然后去适应它在排练时，以及拍摄时呈现出来的样子。我们总是会知道我们的目的地。

CC：电影的结尾雪莉·麦克雷恩跑回去找莱蒙那段传达出了强烈的喜悦之情。准确的镜头、准确的灯光……她所呈现出来的完全是美丽、完美、喜悦。

BW：是的。她的背后只有三栋房子，所以我用不同的镜头不断重复它们。我不断重拍，这样我就可以拉长它。她在同样的房子前面跑了三次。

CC：雪莉·麦克雷恩身上没有使用特别的灯光效果？

BW：没有。我很少用特别摄影。

CC：约瑟夫·拉绍（Joseph LaShelle）是你这部电影的摄影师，也是你伟大的合作者之一。你用了他很多年，直到《福尔摩斯秘史》(*The Private Life of Sherlock Holmes*，1970) 才换了他。是不是那时候需要换一种新的视觉效果了？

BW：不是，但他是个上了年纪的人，你知道。他已经快到了退休的时候，我又把他找来拍了好多电影。他不是个年轻人，他是个经验丰富的人。那时候，你知道，我大部分电影都是用黑白胶片拍的。我非常喜欢用黑白胶片，拍黑白电影比拍彩色电影要难得多，因为有色彩深度的差异。你必须造很多人工灯光，在黑白色胶片上制造阴影。你可以把它拍得暗一点，也可以拍得亮一点。

当梦露来现场看了《热情如火》第一天的样片之后，她说："我很失望，我以为这片子会是彩色的呢。我彩色的时候最好看。"我对她说："我们这是随便拍拍，我是在测试。"后来我骗她："你知道，当我们把一个男人打扮成女人时，我们需要化更厚的妆、上更多粉，防止男人的皮肤在拍摄期间长出胡子来，所以我们必须用黑白胶片拍。"

CC：她信了？

BW：她信了。（笑）

CC：那实际上是为什么用黑白胶片拍呢？

BW：因为我喜欢黑白。我是那时候最后一个还在这么做的人。当时我去问人们——你知道,作为测试——他们说:"我看了《热情如火》,太棒了,太棒了。"然后我问:"里面的彩色摄影如何?"他们说:"很棒,绝对很棒。"人们忘了,他们不会记得。这比起电影的内容来次要得多,你知道。五分钟后,他们就忘了。

CC：你拍摄玛琳·黛德丽时会不会用到特别技巧？她的特写镜头有一种光辉——一下子脱离了银幕。

BW：我有个关于她的笑话。我总是对她说:"你来布光,你来布。"她总觉得自己是个伟大的摄影师,因为她和[约瑟夫·]冯·斯登堡（Josef von Sternberg）的关系。她和斯登堡一起拍了好多电影,第一部就是《蓝天使》(*The Blue Angel*, 1930)。她总是说:"上帝啊,他们太笨了,他们没有给我打主光。"她永远站在主光中。不,我只是拍她而已。她没有好也没有坏——她是黛德丽,而让她演总是会起到效果,比如在《柏林艳史》(*A Foreign Affair*, 1948)里让她演那个纳粹女孩。

CC：所以你没有为了黛德丽而改变你的灯光风格？

BW：不,我没有改变,我只是让她自己布光。她自己布的。

电话响了,怀尔德向回弯过身去接。他的脸在听筒架插簧边保持着一个角度,电线乱成一团;他靠得这么近是为了可以很快挂掉大部分的电话。他很忙，他说，但来电者坚持要和他预约见面。"是……是，好的，我还没收到，但我会签的……好的，我一收到就签……不太好，我越来越老了。我是个老人，不能尿尿，我去看大夫，大夫问我多大年纪了，我说90，他说你已经尿够了。"怀尔德停了一下，等对方笑完，然后活泼地继续说，"是的。可以……可以，我会给你打电话的……一星期？我希望我还活得了一星期！我会签的，也会随时让你知道我的尿样进展的。再见。"

几天之后，在等完漫长的仪式，接受了美国制片人工会颁发的终身成就奖之后，怀尔德丢掉他提前准备好的演讲稿，简单地说了这个笑话。博得了满堂彩。它被录了下来，放进了介绍他生涯的《美国大师》(*American Masters*, 1983)影片里，这个欢腾的时刻是怀尔德所许诺的他最后一次在公共场合的露面。"我没法再去搞这些虚假的事情了。"他说，"它们可笑而又冗长。但是，我还是乐意接受任何寄到我家来的东西的。"

CC：（笑）你有时候会不会觉得，你拍的所有这些电影，就是你给其他人办了一场自己无法参加的聚会？你有没有像其他人一样享受这些电影？

BW：我觉得没有。我有试映，还有第二次试映。后来我可能会再看一遍，可能会拿回盘录像带或者光盘，然后就扔在那里不管它了。我从不喜欢看自己的老电影，但是我知道——我从不觉得自己只是这件事的一部分，我永远都是这件事本身。

CC：你坚持工作了很多年，几乎是一年一部电影。时不时你会休息一年。你在1957年拍了三部电影，这是令人惊讶的成

就。接着1960年拍了《桃色公寓》,1961年拍了《玉女风流》,然后你休息了一下。你有没有感觉过,就像莫斯·哈特在你凭《桃色公寓》上台领取三座奥斯卡奖杯中的第二座时对你耳语的:"是时候……"

BW:退出了?(怀尔德用很慢的节奏说了这个词。哈特实际说的是:"比利,是时候停止了。")

CC:现在回头看看,你有没有再次达到过《桃色公寓》那样的创作高峰呢?

BW:(认真地)没有,再也没有过,我试过,但失败了。这是个巨大的下滑,因为我有点迷茫了。我希望,在一两次失败后,我希望给他们——联艺和米里施公司[1]——一部能为他们赚点钱的电影。

我不知道,我身边的演员们开始生病。像彼得·塞勒斯(Peter Sellers)——他在《红唇相吻》(*Kiss Me, Stupid*, 1964)开拍的第一周就得了心脏病。马修,为了他我们在《飞来福》(*The Fortune Cookie*, 1966)拍到一半时停了三个月,他也是得了心脏病。我等他,但不会等塞勒斯,我只拍了一个星期,我喜欢马修。我已经拍了一半,包括人物及一切,所以我等。后来在另一个片子[《患难之交》]里,马修先生跳出了窗户,根本没有原因,只有一层楼,但是摔到了水泥地上。我对他说:"你看,你们要顺着滑道下去,我这儿有两个体操运动员,他们会跳,而下面会有堆成山的床垫,

---

[1] 由米里施兄弟成立的一家主要为联艺公司拍摄电影的制片公司,负责制作了怀尔德的《热情如火》《桃色公寓》及之后的许多电影。

而且那里会有很多特技辅助人员。但我一转身就听见一声尖叫。他就这么跳出了窗户——我完全不知道为什么。接着我就要再等两个月了，真是不可思议。

CC：你是那种会记得剧组所有成员名字的人吗？

BW：是的，我总是会记住。我第一个长期合作的助手是C. C. 科尔曼，我用他的名字给巴克斯特取名为C. C. 。他在建造，要么是重修他在阿罗黑德湖的房子时，从屋顶上掉下来摔死了，（深情地）他真是个白痴。他的职业素养非常好，但除此之外他就是个白痴。多年以来他一直是［弗兰克·］卡普拉（Frank Capra）的助手，后来他来了派拉蒙，他一个字都不认识。有一次，我们坐船去欧洲，要去拍部电影，好像是在巴黎。我伸直胳膊腿在甲板躺椅上躺着，他在我旁边，忽然给了我一个想法，他转向我说："世界上的水真他妈多。"我说："是啊。"他稍停了一下继续说："但我们只能看见最上面的一层。"这成了老伙计科尔曼的名言。这些全都过去了，但他是个非常非常好的助手。

CC：我读过一篇特吕弗的访谈，觉得很受用。他认为在拍摄与表演剧本的过程中，电影总是会变得更严肃。所以如果你在剧本中放入的喜剧量比你本来想要的更多，你最后就能得到正确的喜剧与正剧的比例。

BW：（赞同地）因为有些东西他们不会笑。

CC：这是你亲身感受到的吗？

BW：是的，你看……我只会在一个笑话与整个故事及整个电影有关系时才会讲它，而不会有意硬挤进去一个，我不会那么做。我从不高估观众，也从不低估他们。我只是对我们要面对的人们有清醒的认识，我们不是给哈佛法学院拍片子，我们是给中产阶级拍，那些你在地铁里或者餐厅里见到的人，那些普通人。而我希望他们能喜欢它。如果我有一个好的情境、好的人物状态，我们就会研究它发掘它，这是有趣之处，因为你能根据这个做出很多种东西来。你给这个情境找到主题，找到它的笑点，找到高潮，然后在高潮处结束这场戏。我不会拖泥带水。

比如《热情如火》里面的一个大笑点，那是一场三四分钟的戏，非常长。就是托尼·柯蒂斯爬回酒店，到了房间，杰克·莱蒙在里面打沙锤。他还在哼着[他与乔·E. 布朗共度良宵时的]那个旋律，那对沙锤非常重要，因为我可以用它们给笑话计时。换句话说，我说了些台词，你说了些台词，现在我需要一些动作来给笑话计时。比如，托尼·柯蒂斯来了。他说："你怎么了？[莱蒙说：]"你听了会惊喜的，有一个小消息，我订婚了。"啊、哒、啪、啪、啪（打着想象中的沙锤）。这样我就能知道什么时候要切回来，因为我知道笑声会持续多久……接着我放上一句推进剧情的台词，接着再来个笑话。但因为我有计时，所以一句推进剧情的话也不会丢。因为有时你推进剧情的台词也会招来笑声。那样的话你就完蛋了，因为他们听不到该听的东西了，他们只顾笑，没有听到推进的台词。接着他们就在没有听见铺垫的情况下直接听下一个笑话的高潮了，节奏也就断了。你必须非常非常小心。

这就是马克斯兄弟（Marx Brothers）的全部秘密：他们先在剧场里试验台词。你在那里是能找准时间点的。"让我们等笑声安静下来。"你做点什么，点根香烟……你随便做点什么等笑声停止，然后你再开始下一个笑话。在电影里你该怎么做？所以［艾尔文·］萨尔伯格想出了办法——他是个很有创造力的人——他从，比如《赌马风波》(*A Day at the Races*, 1937) 或者《歌声俪影》(*A Night at the Opera*, 1935) 里抽出三段固定的表演段落。他把这三段交给他们，让他们去做现场杂耍巡回表演。萨尔伯格知道马克斯兄弟的困难是，他们用一个笑话开场，接着就是全场大笑，接着是下一个推进剧情的台词，但是万一他们没有笑我们怎么办？或者笑声比预计的长一倍怎么办？他们会开始说提供信息的台词，这样会毁了下一个笑话。所以他带上马克斯兄弟，把他们送遍全美国杂耍表演场。然后他们测算笑声的长度，这个笑话是十秒？还是三秒？还是多少？他们试了大约二十家剧院。然后他们就清楚了。我偷了这个测算笑声的方法。他们会给笑话算时间，用时钟。

CC：这很厉害。

BW：所以不会有东西遗漏。在默片里面有笑声当然很好。那是件大好事，因为卓别林（Charlie Chaplin）和巴斯特·基顿（Buster Keaton）那时候都是笑声越多越好，因为他们那时候甚至连字幕都没有，那很棒，但是你必须在电影中找到一个大家都满意的折中。一百个笑话里，你总会漏掉三十个。

CC：在把所有这些东西都放进了剧本里后，当你看见一些台词被演员糟蹋了时，会伤心吗？

BW:(迅速地)是的,这时有发生。当我还是个年轻导演时,这种事更有可能让我心碎,但是后来你就习惯了,然后你坐下来说:"好吧,这个管用,这个不是很管用。"有些电影在只有八个人的房间里放的时候效果会非常棒。那不是我的追求,我追求的是大众,我追求的是最终的效果。(笑)

CC:**下面我想问你一些我们还没有谈到的电影。**

BW:你这是故意的。因为它们不好。

CC:**但是你通常只谈那些被大多数人喜欢的电影,这是件很有趣的事情。**

BW:是的,好吧,为什么不谈谈那些没成功的呢?(停顿)好吧,我说,我说。

CC:**好,因为我觉得有些人确实有兴趣想听听你的……**

BW:失败。(笑)好的,好的,当然。问吧。下面到了痛苦的部分了。好吧……

CC:**请告诉我你最基本的感觉,最先出现在你脑中的感觉。我们来说说《璇宫艳舞》,平·克罗斯比(Bing Crosby)[1]。**

---

[1] 平·克罗斯比(1903—1977),美国歌手、演员,《璇宫艳舞》的男主角,是20世纪专辑销量最高的歌手之一,并曾在1944年凭借《与我同行》获得奥斯卡最佳男主角奖。

BW：我是在从战场回来之后拍的它，从德国，在那儿时我住在法兰克福。那是在1946年对吗？

CC：1948年。

BW：它上映是在1948年，我们尽量拖延了它的上映日期。我们是1946年拍的，因为我记得我们那时候在加拿大的阿尔卑斯[1]，我在那里拍了很多内容，还在那里庆祝了我40岁生日。那时候我已经拍了两部冷酷的电影了，《双重赔偿》和《失去的周末》。顺便说句，因为《双重赔偿》太冷酷了，导致布拉克特选择了回避。他说："不，这个对我而言太冷酷了。"也就是因为这样我找到了[雷蒙德·]钱德勒。从雷蒙德·钱德勒先生身上我第一次学到了，你知道，什么是对话，因为那就是他的强项。除此，还有描写。"他耳朵外的头发已经长到能捕住蛾子了"……或者另一句我喜欢的，"没有比一个空游泳池更空的东西了"。但他不懂结构。

我们合作时他大约60岁。他是个门外汉。他不喜欢剧本的结构，不习惯。他一团乱麻，但他能写美丽的句子。"没有比一个空游泳池更空的东西了。"伟大的台词，很伟大。一段时间之后，我能够像钱德勒一样写作了……我能把他写的东西拿过来，进行再结构，这样我们就把它完成了。他恨詹姆斯·凯恩（James Cain）[2]。我喜欢这个故事，但他不喜欢凯恩。我试图把凯恩找来，

---

1 该片在加拿大摄制，因此此处实际上指的是落基山，但片中故事背景是在维也纳。
2 詹姆斯·凯恩（1892—1977），美国小说家与记者，代表作有《邮差总按两次门铃》，《双重赔偿》改编自他的同名小说。

但他正忙于拍电影。钱德勒也不喜欢阿加莎·克里斯蒂（Agatha Christie），但他们各有千秋。克里斯蒂，她懂得结构，她的情节有时十分学院派，但她有结构，虽然她缺乏诗意。不过克里斯蒂被大大低估了，她被讨论得还不够。

CC：多年以来，你好像在提高你对［米切尔·］莱森和钱德勒的评价。

BW：是，愤怒渐渐消磨掉了，冲淡了，你知道。你把那些事忘了，这是件很好的事，事情只能这样。当然，我无法原谅希特勒先生，但绝对可以原谅莱森先生或者钱德勒先生，他们不一样。（停顿）但是后来，钱德勒变得非常希特勒。

CC：（笑）在哪方面？

BW：他在背后议论我，还有他会忽然不给我写剧本了，然后当天又改变主意回来。就因为我叫他关上一扇窗户，一扇百叶窗，而我没有说"请"。

CC：但是你也有错是吧？你是导火线。然后你说："把窗户关了。"

BW：是，我也有错，我也有错，我在午饭前喝了三杯马丁尼，我叫了姑娘——六个，其中一个帮我挡了十五分钟的电话……他就被激怒了。他就是受不了了，可能因为他阳痿吧，我猜。他有个比他大很多的妻子，还有他参加了AA，就是匿名戒酒会——

一个没必要的东西,因为我们结束之后他一定会再酗酒的。(怀尔德面无表情。)

CC:所以当他见到你喝马丁尼时就发疯了。

BW:是的……而且我还多喝了一杯……那也是因为他!但是去他妈的,我又开始讨论我的成功电影了。你问的是《璇宫艳舞》。我有点觉得拍个歌舞片会很有趣。我没有拍歌舞片的天赋,因为我没法想象人们毫无原因就开始唱歌了。但是他们就是那么做的,他们做到了。比如《雨中曲》(*Singin' in the Rain*,1952),那个片子很棒——他们有一点优势,因为他们[在电影里]的剧情是拍一部电影。于是我就缩手缩脚了,我不是拍歌舞片的料。我不知道,在去了德国,又在伦敦剪了个一个半小时的讲集中营的纪录片之后,我应该去医院之类的地方才对。

CC:你从没有认真谈论过《死亡工厂》(*Death Mills*,1945),你在战后制作的那部纪录片。你对那段经历有什么特别的记忆吗?

BW:我没有制作它,我只是剪辑。它是军队进驻集中营后在里面拍的,全都是。我干的是剪辑,只是剪辑。没有一个镜头是我拍的,我只是剪。

CC:有些人写是你导演的这部电影。

BW:根本没有什么可导演的。它必须得是自然发生的事情,他们唯一能做的只有拍摄。你不可能自己把一堆尸体垒起来搞个小火葬，不。里面只有一个镜头我真的很喜欢，一个他们在集中营里拍的镜头，不是在达豪就是在奥斯威辛。那里有一田野的尸体，一田野，有一具"尸体"还没有断气。他四处看，看到了摄影机，不知道那是什么，他走向尸体堆，走到了尸体堆的顶上，最终在死去的尸体上坐下来，盯着我们看，就是这个镜头。他们拍的时候我不在现场，但是这个镜头很棒，我完全保留了下来。

所以我特别渴望做点浮华一些的事情。但是《璇宫艳舞》不好，它不成功。我甚至从没有试图去做个歌舞片。事实上，再也没人拍歌舞片了。弗雷德·阿斯泰尔（Fred Astaire）和吉恩·凯利（Gene Kelly）去世之后就再也没有了。

CC：《璇宫艳舞》是在向刘别谦致敬吗？

BW：如果它有任何致敬，如果里面有致敬的感觉，那很好。但是我没想过这事，我只是想拍部歌舞片。

3

琪恩·亚瑟

《柏林艳史》

"黛德丽会做任何我让她做的事"

表情

《倒扣的王牌》

"你永远永远无法预知观众的反应"

《七年之痒》

林白与《林白征空记》

加里·库柏

"我不拍摄优雅的影片"

肮脏的人与《战地军魂》

"当我编剧时,我想当导演。当我导演时,我想当编剧"

CC：可否回忆一下《柏林艳史》？我认为那是你最好的电影之一，它显示出了你的所有优点。每个人物都立得住，并且通篇充满了幽默的对话。

BW：我把《柏林艳史》视为我比较好的电影之一。那时我有了一个新的男主角，约翰·伦德（John Lund），我认为他很棒。这个片子的演员选得很好。女主角是琪恩·亚瑟（Jean Arthur）对吧？她和玛琳［·黛德丽］。

琪恩·亚瑟和我相处得很糟糕。她总是和她丈夫一起——那人也拍过几部电影。他们在一个午夜来到我家，我们那时正在拍那部电影。午夜，有人敲门，我被吵醒了，门外是琪恩·亚瑟和她的丈夫——我记得他的名字叫［弗兰克·］罗斯（Frank Ross）——他说："我妻子告诉了我一些很不愉快的事。"我说："怎么了？发生了什么事？"他说："有一个特写镜头，她在那个镜头里美丽至极，完美无缺，后来我去制片厂接她时要顺便看看样片，结果那个特写没了，所以我们觉得你更向着黛德丽小姐。"他认为我们为了不得罪黛德丽而毁了他妻子美丽的特写镜头。我说："你说我毁了什么东西，这绝对是发疯了。"她十分生气，但是后来她恢复了一点理智。当最后一个镜头拍完时,她还开了个玩笑,她说:"这是我最后一个镜头了?镜头光圈里面不会有根头发什么的吧?"我说:"没有……"然后说,"好了,两周后来看初剪版。"而她说了句:"不用了,谢谢。"然后就离开了。

后来,大约四十年后,北边的卡梅尔市打来一个电话,是琪恩·亚瑟。我认出了她的声音,她的声音很特别,她说:"比利·怀尔德,我看了那部电影。""哪部电影?"我说。她说:"你知道,就是我演国会议员的那个。我看了,有人给我放了一遍,它很好。很抱歉我给你添了那么多麻烦。"两年之后,她去世了……因为她不再恨我了。(笑)

CC:你不得不很费力才能把演员最好的潜质拍出来,你会不会经常觉得这是个问题?

BW:并不总是。我不知道,这很难讲,琪恩·亚瑟小姐是个很合适也很正确的选择。

我曾想过一个更激烈的写法,我找布拉克特商量。我想让普林格尔上尉不仅是个美国军人,而且是个犹太人。这样冲突将会大大加强,你知道。黛德丽的情人、那个她要以身相许的美国中尉,是个犹太人。"什么?她要嫁给个……!"我很想这么拍,但后来我们因为胆小而放弃了。(微笑)于是我们就只是把他设定成美国人了。但是这个想法是好的,电影起效了。我不觉得这个片子是失败的,失败是后面的事情。

CC:我想专门谈谈约翰·伦德,他演了普林格尔上尉,是你最出众的男主角之一。在《柏林艳史》之前他只拍了很少的几

部电影，但他只演了你一部电影就可以和莱蒙、马修、霍尔登相提并论了，而且他还有一个闪光点——你给了他很多精彩的台词。

BW：我同意你的说法。他是个很聪明的人，他在电影中说话和在生活中说话一样。他样样都是最优秀的，除了观众缘。我不知道是不是因为他不够帅还是什么，他就是没能成为知名的男主角。在我们的合作结束后，他没有拍多少电影。不知怎么的，他在其他人的电影里就不那么强了。他是个非常非常好笑的人。他不是个演员，因为他太优秀了，所以成不了演员。他会编台词，比如当他收到一个蛋糕……

CC：……家乡的"灰灰"送来的。

BW：是的。家乡的女孩把一个蛋糕给了女议员，让她带到德国来交给他。琪恩·亚瑟把它给了他，他收了蛋糕后转身就去柏林的黑市上换了一个床垫，因为［他和黛德丽］只能在地上搞。我记得他们正在翻来覆去地对台词，那时我们在彩排。他吻她，一点情欲小动作，接着他忽然冒出句台词："温柔点，宝贝儿，今天是母亲节。"这台词太棒了！那天甚至都不是母亲节。

CC：《柏林艳史》里普林格尔和艾丽卡·冯·施卢通（黛德丽）有性关系。特别是当他要说一些很棒的台词时，比如——那是很棒的士兵的口吻，我猜——"我为什么不把你闷死，把你折成两半，在你脚底下生把火，你这个邪恶的巫婆！"你在听他说这些话时，一定会在摄影机后面笑出声来。

BW：（还在赞叹）是的，没错。他用了正确的读法，但那原本不是正确的读法。我不知道。我以为他会把《柏林艳史》当成一个垫脚石，他要继续往上走。但是男主角太多了。如果你去找克拉克·盖博，而他正在拍戏，那就会是："好吧，那么我们用斯宾塞·屈塞（Spencer Tracy）。"那个明星大缸里什么人都有，"比天堂的星星还多"。威廉·鲍威尔（William Powell）、斯宾塞·屈塞、法兰奇·汤恩（Franchot Tone）——明星太多了，你要从里面选出最好的。斯宾塞·屈塞是里面相当好的一个。他们还有弗雷德里克·马奇（Fredric March），那时候一个制片厂拥有的明星就比现在整个好莱坞的都多。我们用伦德是因为他是派拉蒙的新人，他们想把他利用起来。

CC：你是不是更希望让盖博来演这个角色？

BW：是的，但是请不到盖博。

CC：影片中黛德丽有一场很有力的出场戏，和玛丽莲·梦露在《热情如火》中的出场不同——梦露是和一伙乐队一起上场的，而黛德丽是在盥洗室刷牙，满嘴牙膏，她看了一眼伦德，这一眼就已经说明了一切。我猜说服黛德丽让她在一部电影里满嘴牙膏地出场很难吧。

BW：一点也不难。她愿意做我让她做的任何事，绝对是任何事。她刷牙，张开满是牙膏的嘴。现在她想把牙膏吐出来一点。他们不想让我这么做。他们说："天哪，一个女人吐痰，不行。"她不是吐痰，她吐的是漱口水。

CC：《柏林艳史》中有一些很棒的眼神和表情。比如伦德和琪恩·亚瑟对话的那场。他从灰灰那里得到了蛋糕，他假装灰灰是他在家乡的"女孩"，其实他在家乡有五十个女孩。我曾经问过你关于读台词的问题，你会不会演示表情呢？你会不会对演员说"给我做个这个表情"？

BW：噢，当然。这取决于我想做的是什么表情。（他做出了招牌式的人物表情）这是我想上你的表情，（然后是重头戏：他睁大了眼睛，好像真的被吓了一跳）这是震惊的表情。我自动就会做了，但是"表情"好，是因为你把它切成了特写。只要你把镜头切成特写，里面就一定会有个表情，它也就一定会被记住。

CC：我还想再提一个伟大的表情。也是《柏林艳史》里的，是黛德丽在唱《黑市》时钢琴演奏者的表情。

BW：是的。演奏者是作曲家本人，［弗雷德里克·］霍兰德（Frederick Hollander）。

CC：他手里拿着香烟，给了黛德丽。她又还给了他。在那个瞬间，他给她的表情，我不知道这是不是你有意的——应该是有意的——他给她的表情在说："我们上过床。"他们曾经有过一段情；他一年前是她的恋人，但他现在还在这里弹着钢琴。很快乐。

BW：是的。我猜我就是要这样。我想是的，但是——（他做出了一个表情：我在跟谁争论啊？）

那是弗雷德里克·霍兰德,他是影片作曲,是个作曲家,写出了德国最好的旋律。他为《蓝天使》写了全部的音乐、配乐、旋律。他那时候很有名,他在弹钢琴,美国士兵都拥向他。

CC:片子里演奏音乐的那些人是不是工作完成得很快,还是干得费时费力?

BW:很快。只有一个地方他们演奏了两到三遍,可能是那首歌里的一段,我知道我会把它剪掉。你看,唱歌的不是玛丽亚·卡拉斯(Maria Callas)[1],但是黛德丽独唱的那首歌非常好。

CC:问一点《柏林艳史》的美术的问题。电影中细节的表现十分富有激情,特别是档案柜的那段。

BW:是的,那段很好。(停顿)这部电影不是很流行。

CC:那个档案柜的段落是神来之笔。还有黛德丽被炸毁的公寓的设计也很完美。在档案柜的段落中,你很小心地使用特写镜头。你给了伦德一个特写:"战时我们开得再快也不够快。有一天战争结束了,大家不是你喊声刹车就能停得下来的。他们会撞到墙、撞到挡泥板、剐蹭了你的美好理想。"你那时给了他一个特写,在他做这个很棒的演讲时。你通常是否清楚你要在什么时候给一个人特写?

---

1 玛丽亚·卡拉斯(1923—1977),美国女高音歌唱家。

BW：听你分析那部电影很有趣。从没有人跟我提过那部电影。

CC：当你写到那段关于德国女人的演讲时也有点自传的意味："德国人必须表现得慷慨，但他们没法慷慨，因为他们一贫如洗。"多棒的台词。我猜这也是事实。

BW：没错，是事实。

CC：作为一个编剧，你是否担心过观众无法始终认同伦德坚韧情圣的人物性格？

BW：是的，我希望他是个成熟的人，有原则，不装老好人，也不会见一个上一个，但他是个人。有错误，有失败，也有闪光点。

CC：（笑）所以他只睡他喜欢的女人，不是来者不拒。

BW：是的。

CC：《柏林艳史》中有一个叙事镜头，就在"艾奥瓦，那是玉米繁茂之地"[1]那首歌之前，两位女演员最终进入了同一个镜头，就像是两部不同的电影合到了一起。你看她们站在同一个画框里会感觉很特别，她们都太与众不同了，她们就像磁铁。你能看到她们中间飞溅着火花，即使是在那个镜头里也是。

---

1 原句为"Ioway(That's Where the Tall Corn Grows)"，出自《艾奥瓦州玉米之歌》(*Iowa Corn Song*)。——编注

BW：那就是这两个女人，她们就是那个样子，走到了一起，在某个特定时刻相遇。她们不属于同一部电影，因为这部电影说的本来就是件奇怪的事情——一个国会女议员去柏林的故事。柏林是个很危险的城市，那时候那里的人们都吸大麻。而她是来自艾奥瓦[1]的女议员，二者不会合拍的，你知道，那是个完全不同的世界。

CC：但是在影片中，和你的特写镜头比起来，你似乎对黛德丽的近景镜头更上心。可能和她对灯光及摄影机的了解有关系，当你用镜头注视着她时，很难不爱上她。

BW：我没有。我不会睡明星的，这是我的一个基本原则。因为我太忙于我的电影了，因为我十分担心我的电影。如果我真的对那件事有欲望——我会去睡替身演员。我去山谷社区那边时，替身演员都住在那里。

CC：（笑）外面流传着一句据说是黛德丽说的话，她说："和约翰·伦德演戏像是和木头化石演戏。"

BW：我没听过这话，但他不是。他很好，但他没有好上天。他是个聪明、机敏、好学的人……他不想当主演，我们却把他推上了那个位置。

CC：人们总是猜测比利·怀尔德的哪部电影最接近他个人。

---

[1] 艾奥瓦州在美国属于保守地区。

我选择这一部,《柏林艳史》。

BW：是的。

CC：**从开场镜头俯瞰柏林……**

BW：柏林是一片废墟。我在飞机上拍的那个镜头，一个长镜头。都是瓦砾、瓦砾、瓦砾。是完全重建的，而且建得很糟。

CC：**《倒扣的王牌》？**

BW：《倒扣的王牌》是部很特别的电影。我十分喜欢它——它在一些严肃的人那里得到了非常非常好的反馈。但是出于一些原因，人们不想看那么一部冷酷的电影，这部电影以拥有洞里的那个人和那个记者——柯克·道格拉斯（Kirk Douglas）先生为荣。它很阴沉，它是我最阴沉的电影之一。而且他们不相信一个人当记者时，能做出那种事情。

CC：**远远领先于它的时代。**

BW：（耸耸肩）是的。

CC：**在现在小报文化时代,《倒扣的王牌》一点也不落伍。这一点你是否觉得很有趣？这部电影是怎样流传下来的？**

BW：是的，它很有趣，我必须这么说。但它是完全失败的，它就是……我不知道。这部电影使我改变了自己对观众的想法。从前我只是想着，如果你拍了个很好的东西，他们就能抓住它的核心、它的内容、它实际想讲什么。但是他们从不这样做，那时候，他们坚决不给它一个机会。有人在一篇评论里说，我想是在《生活》(Life)杂志上："怀尔德先生应该被驱逐出境。"我觉得自己无法再和它站在一边。我在和观众对着干，那些付钱的人，那时候，他们是付一块五、两美元。他们觉得自己被抢劫了。他们想要娱乐，严肃的娱乐，但又不能太严肃。我不知道。然后，他们又都去看《双重赔偿》。你永远永远无法预知观众的反应，你永远不知道他们会受到什么样的影响。但是那些日子里我听了太多关于《倒扣的王牌》的负面评价了。

CC：斯派克·李(Spike Lee)最近想翻拍它，这倒不令人感到意外。

BW：他想重拍？斯派克·李有一天来到我的办公室，他带了一些照片想要签名，我说："给谁？"他说："给斯派克·李。"我说："你是斯派克·李？"我不认识他。他的电影我一部也没看过。但我不知道我会不会愿意去看《倒扣的王牌》。有一天，派拉蒙的领导Y. 弗兰克·弗里曼(Y. Frank Freeman)先生——就像一个笑话说的那样："为什么选弗兰克·弗里曼当头儿？""没人知道。"——他认为片名《倒扣的王牌》很糟。所以他起了个新名，《盛大的狂欢节》(The Big Carnival)。白痴。它不是部令人愉快的电影，这一点我同意。

CC：通常你都会找一个容易获得别人认同的演员来饰演坏

人，但《倒扣的王牌》是你少有的几次没有这样做的案例之一。看上去在这部电影里你并不想那么做。柯克·道格拉斯比你大部分的男主角都要严肃得多。

BW：是的，有一点严肃，没错。但是那个故事就是这样。我妻子给了我这部电影里最好的一句台词。那是一个星期天，在新墨西哥州的小城里，道格拉斯问困在洞里那个人的妻子简·斯特林（Jan Sterling）——她后来嫁给了保罗·道格拉斯先生——"今天是星期天，你为什么不去教堂？"（以鉴赏家的眼光品味着这句台词）"我从不去教堂，"她说，"因为下跪会让我的尼龙袜变形。"那是奥德丽的话。

CC：我记得我和汤姆·克鲁斯一起来拜访你，希望你出演《甜心先生》时，你问我们的电影讲的什么。我们简略地告诉了你，你问："你要怎么让观众对这个人有认同感？"在你的电影里你会问自己这个问题吗？特别是在《倒扣的王牌》里？

BW：是的。我没有让他变得有认同感，但是我希望让他变得有趣。我想让他变得迷人，尽我所能。所以你会猜测他是不是个潜在的杀手，后来他真的就是了。他不需要具有认同感。这部电影本来的打算就是这样。

CC：你说你在做导演时通常跟你的感觉反着来。如果你感到生气，你会拍部浪漫喜剧片，反之亦然。那是否可以说，你在拍摄《倒扣的王牌》时心情很好？

BW：没错，我的心情是很好。我心情很好，而且始终把奥德带在身边。我们待在盖洛普（Gallup）[1]，那里有一家非常非常棒的墨西哥餐厅。我们拍了这部电影，但是它……多多少少受到了观众的反对。（停顿）我想如果把男主角变成凶手将是件很有趣的事情，但他不是凶手，他是个报社记者，还是个有攻击性的人，因为他一直被拒绝。因为他在纽约丢了脸。所以他想带件大事回去，他做到了。

CC：说说《七年之痒》？

BW：《七年之痒》只是出戏剧。我那时很生气，我被借给了福克斯公司。我生气是因为我要去纽约给一个答应出演的人试镜。我已经见过了玛丽莲·梦露，但我不能叫梦露帮我试镜。所以我找了个演员临时代替梦露，她知道自己不会出演这个角色，只是单纯帮我们的忙，她是吉娜·罗兰兹（Gena Rowlands）。不管怎样，我们给那个人试了镜，我从没见过这样的人，他绝对棒极了。我非常兴奋——然后我回来，他们说："我们还是稳妥一点，就照搬戏剧好了，我们就找戏剧里的那个演员，汤姆·伊威尔（Tom Ewell）。"而我试镜的那个人是马修先生，他演的话，一定会表现出色的，因为他带来的是全新的感觉，他从前没有上过大银幕。而当时负责这件事的制片人［查尔斯·］费尔德曼（Charles Feldman）先生，以及［达里尔·］扎努克（Darryl Zanuck）[2]先生要我把他踢出去。让汤姆·伊威尔演是个错误，他不是个坏演员，

---

[1] 位于新墨西哥州。
[2] 达里尔·扎努克（1902—1979），美国电影制片人，时任20世纪福克斯公司的执行总裁。

（简单地）他只是汤姆·伊威尔而已。但是错误的选择，错误的演员……再加上，我没有拍到我想拍的戏。我想拍一个发夹……在第二幕，第三幕……女佣在汤姆·伊威尔床上发现了那个发夹。但后来你知道，他们完全忠实于戏剧。

但是我想，就算没有其他成就，这个电影至少也创造了那个女孩，你知道，就是那个总是感到很热的女孩。她没有空调，但她说："让我换件衣服，我得去趟冰箱那边。"他说："你要什么？你……""是啊，我把我的内衣放到了冰箱里，为什么不？"这真的会让你一惊，上帝啊。后来他们去看电影[《黑湖妖潭》(*Creature from the Black Lagoon*, 1954)]，然后他们走回家，她站在隔栅上，冷风从里面冒出来，她的裙子被吹起来。（顺便一提）我的人为了争当那个在隔栅下面的通风管道负责打开通风机的人而大打出手。

CC：所以你那个时候就知道它将会是一个著名的片段。

BW：是，我那时就知道，我那时就知道，它的反响非常好。但我又一次犯傻了，我们那时要［给电影］找一些有代表性的镜头做广告，但我没想到那个镜头，那个她有点想把裙子压下去的镜头，应该就是那个才对！后来他们复制了它，他们把它做成小雕像出售。我们给这个电影做了些无聊的广告，我们想了各种各样的广告创意，但就是没想到这个。（停顿）但它是出喜剧，你知道。它不轰动，但我不认为它失败了。人们看得很高兴，它是成功的。

CC：这么多年以后，你是否认为阿瑟·米勒就你在拍摄《热

情如火》时对玛丽莲·梦露的待遇问题而小题大做得有些过分了？他四处宣称你"剥削"了他妻子。

BW：他是个白痴。在《热情如火》快拍完的某一天，他来找我——我们那时在科罗拉多。他把我叫到外面说："梦露怀孕了，所以请你不要让她在11点之前工作。不要让她在那之前过来。"我说："11点之前？她就从没有11点之前来过现场！我希望你来导导看——你会把头发揪下来，把嗓子喊破，因为她从不出现！"我跟你说过，有一天她下午5点才来，据她说是因为在来片场的路上迷路了。她有时就是个疯子，有时又非常温柔有礼貌，她在海滩演一场三页的对话可以不出一个错。"如果她能在每天午饭后再过来我会很高兴的。每天午饭后？拜托，如果每天那时候都能见到她我也会很高兴的。"

关于玛丽莲·梦露和阿瑟·米勒的婚姻有一个很棒的笑话。他们那时候已经订婚了。阿瑟·米勒说："我想让你见见我母亲，她很想见你。我们去她在布朗克斯[1]的小公寓见她，我们一起吃顿晚饭，让她有机会了解了解你。"梦露说："很好，很好。"于是他们就去了，去了一个很小的公寓，客厅和厕所之间只有一扇很薄的门。他们相处甚欢，然后梦露说她要去上厕所。她去了，因为墙很薄，所以她打开了所有的水龙头，这样隔壁的人就听不到。然后她出来了，一切都很好，他们吻来吻去。第二天阿瑟给母亲打电话说："你喜欢她吗？"母亲说："她很可爱，是个很棒很棒很棒的女孩，但她尿起尿来声音像匹马！"

---

[1] 位于纽约。

CC：《爱玛姑娘》是你在美国的一大成功，也是雪莉·麦克雷恩一次光彩亮丽的演出。你的看法如何？

BW：那有一点时代剧的感觉，20年代左右。而且，它又是部半音乐剧。但是我失手了，有些戏太粗略，没能起效。你要是不让演员讲电影故事发生地的外国语言就肯定会出问题，但你也不能忍受让莱蒙和麦克雷恩说带口音的英语。它是失败的，它没能起效。

CC：据说麦克雷恩和莱蒙去巴黎的妓院做了调查，这是真的吗？

BW：是的，是真的。我不知道他们是一起去的还是分别去的，但他们去了。

CC：《玉女风流》呢？

BW：《玉女风流》我很认同。我喜欢。（笑）卡格尼非常好，他很棒。那是他最后一个片子。他在《爵士年代》(*Ragtime*, 1981)里演过一场戏，演一个警察专员，但他那出戏里就是坐在那里，没法再激情地演戏了。

CC：《红唇相吻》呢？

BW：失败。我没有研究过它为什么不好。我只希望我能带着电影去外地试映，然后就烧了它，就像他们对那些剧本做的那样。

CC：你还留着塞勒斯的镜头吗？那些胶片还存在吗？

BW：有一场他演的戏，一场吃醋的丈夫偷偷调查他妻子的戏。他觉得她正在和送牛奶的搞。那是在电影的开头。

CC：《林白征空记》(*The Spirit of St. Louis*，1957)？

BW：《林白征空记》，我是发起人，是我建议投拍的。但我没法深入到林白（Lindbergh）[1]的内心去，有堵墙在那里。我们是朋友，但我们有好多事情都没法谈。这很好理解——电影必须按照书拍，书是准确无误的。电影必须只能关于飞行，不能拍关于他的家庭、女儿，还有那个发生在飞行之后的豪普曼（Hauptmann）[2]的事情……只能关于飞行本身。（吐露心事地）我从当时在长岛等候他起飞的一个记者那里听到过一个故事，那记者告诉了我一个当时发生的小插曲，单凭那个故事就能把它变成部像样的电影。

事情是这样的，林白在等着云散开——他起飞时天气必须是最好状态。那里的小餐厅有一个女服务员，年轻又漂亮。他们去找她说："那边有个年轻人，林白，很不错，你知道，很帅。他要……""是的，我知道，他要飞过大海。"他们说："那是个飞

---

[1] 林白，即查尔斯·林德伯格（1902—1974），第一个驾飞机不间断飞跃大西洋的人，他的飞机叫作圣路易斯精神号，他在1953年出版的自传就以这架飞机的名字命名，并获得了普利策奖。《林白征空记》改编自这本自传。后来他幼子的绑架案又在社会上掀起了轩然大波，阿加莎·克里斯蒂的侦探小说《东方快车谋杀案》就是受了这一事件的启发写成的。
[2] 一般被认为的绑架林白的儿子的人。

着的棺材，里面灌满了汽油，他不可能坚持下来的。但是我们来找你是因为，那个人还从没和人上过床，你能不能帮我们个忙。去敲门，因为他睡不着……"

于是她照做了。然后，在电影的最后，在第五大道的游行上，几百万人中间，那个女孩站在人群中。她冲他挥手，但他没有看见她。她在彩带漫天的游行中向他挥手，彩色纸屑像雨点一样落下来。他没有看见她，他现在是神了。就这个，光这个故事本身，就足够成就这部电影了。那会是场好戏。没错，一定会是场好戏，但是我连跟他建议一下都不可能。

CC：你不能让你的制片人提一下吗?

BW：不行。绝对不行。他们会收回这本书。"合作结束了，好莱坞，滚出这里！"我不知道——很强硬的一个人，很强硬。我知道，因为我曾拿他开玩笑。一天我们坐飞机去华盛顿，林白和我，我们要去史密森尼博物馆看真正的圣路易斯精神号，就是我们的复制品的原型，它就吊在天花板上。我们正在飞去华盛顿的飞机上，路途很颠簸，于是我把头转向他说："查尔斯，如果飞机现在坠毁了不是会很有趣吗，你知道头条会怎么写？——幸运林迪[1]和他的犹太朋友一起坠机！"他说："不不不不，别这样说！"

CC：你考虑过把这个角色用在其他电影里吗? 那个早年的女服务员。

---

[1] 原文为 Lindy，指林白。——编注

BW：是的，那个可以用，没错，但是它就适合出现在那里。就是那个女孩，我们在结尾见到的那个，然后就在那里淡出。（渴望地）那会成就这部电影。但是这不可能，所以我们就不得不发明……因为我不想有旁白。我必须发明一只飞进了驾驶室的苍蝇，詹姆斯·斯图尔特（James Stewart）演的林白跟那只苍蝇对话。那只苍蝇很棒，因为当林白对那只苍蝇说话时，他说："你看，你运气好，因为从没人见过苍蝇坠机。"

CC：**最近在看这部电影时，我想："这就像从前博耶和蟑螂的对话。"**

BW：没错，没错。我只想做点不同的处理，因为我们要在那个驾驶室里待很久。所以他就跟苍蝇说话了！很好，你发现了这一点。我那时候没想过这件事。

CC：**你是否一直认为《林白征空记》只是部大银幕彩色电影而已？对大多数导演而言它都会是部代表作，但对你而言，它是你所拍摄的"怀尔德风格"最少的影片之一，不过它作为一部主流好莱坞电影很成功。**

BW：我一直对它有偏见。那是我唯一一次在华纳工作。这部电影拥有一切有利因素，但是没有成功。

CC：**我要再多谈谈那些非常非常好的电影。**

BW：是啊，这些是令人伤心的电影！他们昨天给了我一个奖，但他们不愿谈我的差电影。你知道，我拍了很多差电影。我想这就像是打棒球，在演艺圈里你能打出四百英尺远就非常棒了，没人能打一千英尺。

CC：**我们之前简单提过《黄昏之恋》。让我们来谈谈找加里·库柏当主角的事。这一次你还是想找加里·格兰特……**

BW：是的，我想要加里·格兰特。我找不到格兰特，于是我就找了加里·库柏，因为他喜欢待在巴黎。那个大英雄，是个很好很好的家伙。如果你比较一下这两个人的生活，加里·格兰特和加里·库柏，你会发现加里·库柏在银幕上比格兰特更像他自己，因为格兰特非常传统。[1]我认为这部电影是次成功。

CC：**奥黛丽·赫本在这部电影中对你的台词和影片都有相当高水平的理解。很少有女演员能够像你们两个在《黄昏之恋》里这样做到演员与导演如此的同步。**

BW：我想它是部好电影，而且我觉得我们失去了一部分观众，因为当他们看见那个花花公子在吉卜赛人的伴奏下和一对双胞胎干那事的时候，他们会看到一个警长的重影（笑）。他们没法从《正午》（*High Noon*，1952）里抽离出来——你知道，就是那个戴着帽子拿着枪的治安官。而在生活中，他是最优雅的人。

1　加里·格兰特在银幕上经常饰演花花公子的角色。

CC：我们第一次见面时讨论了这部电影。你说你在寻找一个"真正的床笫高手，一个大众情人"。

BW：噢，是的，他算一个。他第一次坐船去欧洲时就从一位女士那里学到了一切……那是一位比他大的女士。她的名字叫什么？她是个贵族，是个上流人物，好莱坞的上流人物。多萝西·迪·弗拉索（Dorothy di Frasso）[1]，迪·弗拉索女伯爵。有个笑话是说加里·库柏是在迪·弗拉索女伯爵上到的欧洲，好像那是那艘船的名字一样。（笑）她教给他怎么穿衣，什么样的衬衫配什么领带……他是个非常优雅的人，一种伤感的优雅，这是特意而为的，你知道。他和乔治·汉密尔顿（George Hamilton）[2]不一样。但他是个在性上喜欢猎奇的人，他有一个很棒的技巧，你知道，关于如何操控女人。他让她们倾诉，然后时不时说上句"是这样啊？"或者"噢，真是没想到"，其他时候他就只是听她说。那些女人总算是找到了一个愿意听她们说话的男人，不是那种说着自己要"向上爬"、要"成功"说得汗流浃背的男人。那种人会一个劲地说，而女人们就听着他说，然后心里想："这个家伙得说到什么时候才会断气啊？"不，库柏只是听。至于没能请到加里·格兰特——这是没法挽回的事了。我们还他妈有什么可抱怨的。

---

1 多萝西·迪·弗拉索（1888—1954），社会名流，丈夫是比她年长三十岁的卡洛·迪·弗拉索伯爵。
2 乔治·汉密尔顿（1939— ），美国电影电视演员，表演风格也是走温文尔雅的路线。

CC：有些传记提到格兰特其实在推掉那个角色之前已经开始排练《龙凤配》了。是真的吗？

BW：不。从没有走得这么远过。

CC：我不明白是什么让他远离那些角色的，那些角色对他而言没有那么难。是不是因为他不想再演情人了？

BW：不，那是个借口，但我们其他时候想找他又怎么样呢？刘别谦，那时候他是导演，急切地想找他演《妮诺契卡》。我不知道，这事很奇怪，因为他是个非常非常可爱的人，他来我家，我们会聊了很久，但是只要我们一谈到找他工作……（耸耸肩）但是他也演了很多差电影。

CC：有什么女演员是你后悔没能合作过的吗？

BW：有个嫁给克拉克·盖博的……卡洛·朗白（Carole Lombard），我很喜欢那个演员。我想和她合作……但我从没有见过她，也许打过招呼吧。

CC：《两代情》(*Avanti!*，1972)？

BW：是的。(愉快地模仿意大利口音) Avanti! Avanti![1]（归根结底，比起这部电影来，他更喜欢这个片名。）《两代情》应该可

---

1 意大利语"请进"的意思。

以更好的,它也是改编自塞缪尔·泰勒(Samuel Taylor)的戏剧,塞缪尔还是戏剧版《龙凤配》——《萨布丽纳的故事》(*Sabrina Fair*)的作者。《龙凤配》的例子很奇怪,它是个戏剧,但先被改编成了电影,什么都改了,都是根本性的改变,而戏剧是在电影上映一年之后才面世的,并且完全失败了。它的结构已经变了,只保持了人物关系——富有企业家的两个儿子,还有一个司机及他的女儿。

它的重拍令我很惊讶。我从西德尼·波拉克那里拿到剧本,他是个很有天赋的人,心肠非常好。我想和他谈谈这个剧本,但他们下周一就要开拍了。他们把剧本给我,撂下句"如果你有什么想法的话"之类的话。我有一个好主意,现在,1996年,正适合拍,拉腊比家族建立的财富与帝国正在瓦解。有一户日本家庭,很有钱,像索尼或者别的什么公司……他们有个女儿和霍尔登相爱了,如果这能成真,他们就有了日本人做合作者。所以路易斯,那个哥哥,必须让萨布里纳离开霍尔登,这样霍尔登就能去找那个日本女孩儿了。但他自己爱上了萨布里纳。

CC:现在有个很出色的女演员,桑迪·牛顿(Thandie Newton),她差点就得到了饰演萨布里纳的机会。那样的话也将会改变很多东西,因为她是黑人。

BW:演萨布里纳?可以试试。我必须说这是个重大尝试。不,我不介意种族混杂,但是那有点太……这需要做点准备工作。

CC:在《龙凤配》里,萨布里纳在树上的开场镜头是你最好的人物出场镜头之一。那是个构图完美的特写,奥黛丽·赫本独

自一人成为拉腊比舞会的一分子……它给全片创造了一种魔力。

BW：是的，是，没错，因为你会爱上这个女孩。你会马上爱上这个女孩，她那样光着脚……（搜索记忆）她刚和洗车的父亲聊完。她陷入爱情之中，这会使你想起自己身处爱河之中时的样子。但是在重拍版里，树上的是个冷漠的人。她的状态不对，她没有陷入爱情。

CC：好的，下一个，《患难之交》。

BW：《患难之交》，我努力去忘了它。莱蒙和马修，我不知道，它就是失败了。我有忘掉自己不想记得的事情的能力。

CC：《满城风雨》（*The Front Page*，1974）呢？

BW：《满城风雨》，这部电影使我决定不再重拍电影了。我拍它是因为我觉得人们没有看过《犯罪的都市》（*The Front Page*，1931），那个原版，它红极一时，是一座里程碑，那时每个人都说——"那是《犯罪的都市》！里面每句台词都有笑点。"但它已经枯萎了。我把原版里面每个笑话都放进去了，但是人们不会想起它。还有另一版重拍：里面演希尔迪·约翰逊的是个女人，罗莎琳德·拉塞尔（Rosalind Russell），算是原版的一个翻转，你知道，而那个主编，马修的角色，是加里·格兰特演的。霍华德·霍克斯（Howard Hawks）[1]拍的。那是部好电影——《女

---

1 霍华德·霍克斯（1896—1977），美国电影导演，代表作有《疤面人》《育婴奇谭》等，曾和怀尔德合作过《火球》。

友礼拜五》(*His Girl Friday*, 1940)。

CC：**是的。**

BW：好了，别再一个劲揭我的短了。

CC：**《坏种》(*Mauvaise Graine*, 1933) 是你拍摄的第一部电影，在巴黎拍的，你来美国之前。**

BW：《坏种》是一部［和亚历山大·埃斯威（Alexander Esway）一起］在法国拍的电影，我花了十万美元拍它，里面有很多汽车追逐戏，因为它是关于巴黎偷车贼的故事。我必须在一辆卡车上拍摄所有的追车场面，因为没有［背景投影］幻灯片可用。拍追车没有幻灯片——这就完蛋了。因为你希望汽车开到每小时130英里，但我必须得待在卡车后面去拍，绕着巴黎开，根本就没钱。这部电影我不是在制片厂里拍的，而是在车库里。

CC：**《大人与小孩》是你的第一部好莱坞导演作品。你那时有没有爱上导演这项工作？你享受那个过程吗？**

BW：是的，我很享受它，很享受。那是部有趣的电影。派拉蒙的人想："怀尔德是个好编剧。我们想让他就一直把编剧干下去。"我开始抱怨米切尔·莱森改这改那，而我又没法在那里看着［他拍摄］，因为我那时已经在和布拉克特写另一部电影了。我从不犯错，你知道。我知道他们会想："让怀尔德拍个小电影，他肯定摔个满嘴泥，然后他就会回到四楼继续当他的编剧去了。"

我知道这一点,所以我拍了个商业片,我之前从没那么商业过。讲一个女孩,26岁,假扮成14岁[1]。它是部提前出生的《洛丽塔》。

CC:你和金格尔·罗杰斯（Ginger Rogers）的关系好吗?

BW:是的,很好,是的。但她后来长得像个气球,真不可思议,最后她只能坐轮椅了。

CC:《开罗谍报战》(*Five Graves to Cairo*,1943) 呢?

BW:那是部好电影,我喜欢。我有［埃里希·冯·］施特罗海姆;我有法兰奇·汤恩,我受不了他;我还有安妮·巴克斯特（Anne Baxter）,我爱她。你看过这部电影吗?

CC:那是你和摄影师约翰·塞茨合作的第一部电影。

BW:约翰·塞茨,那是个和鲁道夫·瓦伦蒂诺拍过黑白电影的人,他受不了站在那里看演员表演。所以每当他把镜头都安排好,他就要做一件事,先踢踢腿,然后找个地方坐下来。还有他总是戴着帽子,还有他总是要跑到场地的角落去。我正拍着戏,他却脸对着墙,隔着帽子抓他的头。他受不了演员。你见到那些人,你就明白了。塞茨啊,还有,拍《开罗谍报战》时我告诉他我想用夜景拍,我想让一切都很黑。我那时根本不知道我在说什么;我想拍得非常暗。于是我们就去看工作样片。全是黑的,完

1　片中是12岁。

全的黑色。我不知道，他是想给我个教训。

CC：《战地军魂》。

BW：《战地军魂》，那是我最喜欢的电影之一。你不觉得它很棒吗？它很棒。它是一次在商业上的成功，在百老汇也是，但我觉得这全是我的功劳，也许只有我自己这么说。是的，整个塞夫顿的角色——就是霍尔登演的那个，先让他是个自吹自擂的人——人们认为他是个说谎者、骗子——然后我们慢慢发现他其实是个英雄。当他最后和那个陆军中尉逃离那里时，又从那个营房里的洞中把头伸出来，说："如果我以后再见到你们这些废物，我们就装不认识。"然后他就走了。而他做这件事只是因为那个被抓的陆军中尉的母亲是个富有的女人，他能因此得到一万美元。他不是英雄，他是个黑市买卖人——真是个好角色，霍尔登诠释得很好。

CC：我听说你拍《战地军魂》的时候他们想阻止你，因为政治的原因。

BW：我被现场办公室叫去，电影里面有两个人，俘虏，他们穿着脏内裤。那对他们而言过脏了。他们说："我们拍的电影里面不能有这么脏的人跑来跑去。"我说："我他妈就是喜欢。我不拍了，你们可以找别人来干。"我就是让它肮脏，就像它现在的样子。战争已经结束了，我们有什么可怕的？

CC：但是《战地军魂》里面的很多想法，比如两个男人跳舞，

角色反转，伪装面具——这些元素都是你风格的一部分。

BW：是的，当我看到这个戏剧，我就看到了潜力。然后我就写了它——我应该讲是重写。它没有获得提名，但它就像我的一块奖牌。你知道，也许不是金的，也许是银牌。

CC：你从这次成功之后就开始自信地大踏步在导演之路上走下去。你能否确信地说从这一次开始，你当导演的热情和你当编剧的热情一样高了？

BW：当我写作时，我希望我是在拍片现场和那些不需要我去创造的真人在一起。我能把他们安排得更好一点，我可以让他们更优雅一点，对吧？当我在导演时，我希望是单独和戴蒙德一起，待在我的房间里。那里安静、温馨，没人催我们，那是另一种工作方式。当我编剧时，我想当导演；当我导演时，我想当编剧。

CC：《福尔摩斯秘史》。

BW：《福尔摩斯秘史》是部很好的电影，但它太长了。我那时要去巴黎拍部电影，我告诉剪辑师——我有最终剪辑权——我对他说："我信任你，你知道我喜欢什么。把这个剪了，把那个剪了。"而当我回来，它已经成了一场绝对的灾难，问题在它剪辑的方法。整个序幕被剪掉了，一半的段落被剪掉了。我含着眼泪看着那堆东西。然后，被剪掉部分的底片失踪了，我们找不到了。因为很多人问我，他们希望看到整部电影，看到它原本的样子。他们找到了一些胶片，上面只有对话和声音，还有一些胶片，很少的一些，没有任何声音[1]，但它其实是一部非常非常精致的影片。那是我拍摄过的最优雅的影片，我不拍摄优雅的影片。文森特·明奈利（Vincente Minnelli）先生[2]拍。

CC：我读过很多关于你的书，以及许多许多访谈。我想会不会有什么东西是他们在写你的时候总是会漏掉的。一些在你身上很明显，但没人发现过的事。以至于你会想："为什么他们从来没有注意过这个……?"

BW：没有，我相信我读到的所有东西，而我也把自己的性格往他们写的那个喜欢贬低一切的、得过奖的、喜欢开玩笑的人靠拢。我不知道，这也是我为什么不喜欢被采访，你知道，因为我得开始思考我自己，我不愿思考我自己，很无聊。

CC：但是你持续工作了很久，当你在街上看到建筑工人时，会不会想："那是个过着真实的生活的人，而我却一直……"

BW：活在电影里。你知道，当我回头看时，我真的拍了很多电影。而现在……现在……慢得多了。现在的人们投机写作，写得很快，但他们应该写得慢一些。应该花一年的时间写作，然后重新整理，把它打磨光滑。接着你就会一个一个剧本写下去。我没法再活一次，我希望我可以，那样的话我会少拍点电影，把

---

[1] 有画面没声音的段落是讲华生在一艘船上试图自己解决一个案子的故事；有声音没画面的段落是福尔摩斯遇到了一个奇怪的案子，案发现场的所有物品都被倒了过来。
[2] 文森特·明奈利（1903—1986），美国电影导演，代表作有《一个美国人在巴黎》《玉女奇遇》《琪琪》等。

每部拍得更好。

CC：你会花更多的时间去……比如旅行吗?

BW：不，我一直都在旅行。直到前几年我们还每年都去欧洲。是的，我的生活很好，旅行、工作，有时还很成功，现在面前还有个获奥斯卡提名的人向我提问。这很好，非常好。

CC：谢谢你。然后是我今天的最后一个问题。假设你和伊西现在在创作你人生的剧本，你知道你要如何结束它吗?

BW：我不知道。也许会有些大夫拿来某种药或者针能让我活到120岁。我不知道。有时候，当我还精力充沛时，在经历了一次失败，浪费了一次机会后，我就想把自己了结掉。但是我现在再也不会这样想了。我的状况不好，我身体平衡有问题，我有个［身体］治疗师。我觉得自己不能再当导演了。如果我的腿伸得开，我可能还会拍部电影，如果他们给我投钱的话，但他们不会的。不过至少我还能待在这里去讨厌别人的电影。

我把录音机关上。怀尔德问我："你后面打算拿这些东西怎么办?"我告诉他我会按他的要求发给他一份校对稿。

BW：我会读的，自然，但我不想让自己成为年轻人模仿的榜样。

CC：嗯，我们已经谈过把这个变成一本访谈录的想法了。

BW：什么书？那书一定像大便，因为里面有太多狗屎了。

我对怀尔德说我的导演同伴们在导演工会的颁奖典礼上都提到了他，以此来说明他的作品在今天依然很重要。被提名的导演之一乔尔·科恩（Joel Coen）[1]因拍片不在现场，但是剩下的四位导演——安东尼·明格拉（Anthony Minghella）[2]、斯科特·希克斯（Scott Hicks）[3]、迈克·李（Mike Leigh）[4]，以及卡梅伦·克罗——都提到了怀尔德对其产生的影响。

BW：那第五个会受到惩罚的。

CC：**我相信乔尔·科恩也会这么说的。**

BW：这很好。已经足够好了。就算我只拍过一部好电影也够了，像［奥逊·］威尔斯先生那样，那部电影多棒啊[5]。

CC：**谢谢你花时间。最后请允许我向你说，你都完成了——你全部的工作，而且没出现过一个过分复杂的镜头。**

---

1 乔尔·科恩（1954— ），美国电影导演、编剧，科恩兄弟中的哥哥，代表作有《血迷宫》《冰血暴》《老无所依》等。
2 安东尼·明格拉（1954—2008），英国电影导演，代表作有《英国病人》《冷山》等。他最终凭借《英国病人》获得了美国导演工会1997年度最佳导演奖。
3 斯科特·希克斯（1953— ），澳大利亚电影导演，代表作有《闪亮的风采》《亚特兰蒂斯之心》等。
4 迈克·李（1943— ），英国电影导演，代表作有《赤裸》《秘密与谎言》等。
5 指《公民凯恩》。

BW：如果它没能跟随故事，那还有什么用？它是虚假的，导演的虚假。（用平静的声音说）导演，导演……这里我再多说几句……导演只是帮着拍电影的人之一而已。我的嗓门稍微大一点，我的自由稍微多一点，各种选择由我来做，这个工作很有趣。但还有很多其他人也在拍这部电影。拍电影有趣是因为你过了，你其实过了五种，十种，或者十五种，或者二十种不同的生活。因为你要在不同的背景中穿梭，你不会一辈子每天都去商店里卖帽子，不会了。我有个帽子店，但同时我还是个脑外科医生，还有……我过了很多种生活。它完全取决于那个背景有多有趣，当然，还有人物多有趣。

（怀尔德安静地把双手放在桌子上。现在已经快黄昏了，什么都不用多说了。）

比利·怀尔德现在已经读了以上所有这些内容，我在一个下午给他打电话讨论这些东西的前途。他听上去很高兴听到我的声音。"写得很好，"他说，"但谁会愿意读呢？"

我再一次向他强调了有很多代比利·怀尔德的影迷都没有读过一本他自己谈论自己电影的访谈。

"是啊，"他不耐烦地说，"现在我想往你脸上泼盆冰水，然后告诉你没有访谈，它也不会有人买。"

我们就这个话题争论了一阵。这是一个长期的许诺，许诺进行一系列的会谈，来分析和讨论过去，这个工作相当繁重，但是会使你得到来自自己的尊敬。"我的血压很高，我感觉不好，但我还是要去办公室,我努力假装一切安好。谁会想读这些老故事？"

"至少我会。"

"恕我难以苟同。"他坚定地说。但他看上去很享受这种争论，这足以使他同意下一次的访问计划。庆幸的是，我可以用沉浸在怀尔德电影里的方式来搪塞我自己的写作期限了。还有比这更好的不完成我自己剧本的借口吗？

4

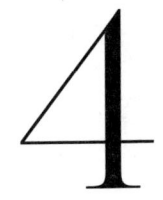

《日落大道》还魂《丽人劫》
"我是个合作者"
旁白
"没有规矩"
浪漫喜剧
杰克·莱蒙"是我的万能药"
初恋
《飞来福》
奥斯威辛的母亲
"我从不把任何人介绍给一个经纪人"
孩子
让·雷诺阿与费里尼
"洗印第一条"

上午11点，我们又见面了。他看上去精神矍铄，活泼爽朗，而且一如既往地穿着优雅。他站在门口欢迎卡伦·勒纳和我，身上穿着一件简单的衬衫，以及一条背带裤。上午的身体治疗已经结束，他已经加满能量准备好了。他回到自己的桌前，双臂像枪手一样向外伸着，他的鞋敲击着地面。

"我们现在要干什么？"他轻快地问道，把全部注意力都放到了两个来访者身上。他不断开关着一盒Tic-Tac糖。我们的熟悉度在上升，这违反了他的意愿。

我的第一个问题是想简单谈谈《丽人劫》(*Fedora*, 1978)，怀尔德与I. A. L. 戴蒙德最后一次伟大的创作尝试。怀尔德的身体语言马上就变了，就像提到他那些最不受欢迎的作品时总是会做的那样。这个转变一瞬间就发生了。"那些都已经过去了"是他经常做的无赖表达，而现在他就像是一个因为行为不端而被带到校长面前的学生。他变得不自然起来。

BW：噢，《丽人劫》。从我们在慕尼黑开始试镜的那一刻起，这部电影所有根本的想法就已经失败了。然后事情一件接着一件。

女演员玛尔特·克勒尔（Marthe Keller）——作为演员她有些失职，但那不是她的错；或者也可能是——玛尔特·克勒尔要饰演两个角色，母亲及那个年轻女孩（像嘉宝一样的费多拉）。我们开始测试老女人的妆容，她就开始尖叫。原来玛尔特·克勒尔出过交通事故，他们缝合伤口的办法导致面部神经外露，这就很难让她带上那个橡胶面具，但我们必须这么做，这样她才能变老。

CC：你那时没有找新的演员？

BW：我们已经在慕尼黑准备好了，而且我是个与人合作的人。我努力保护［影片的投资］。如果我说"好吧，我们再找个演员来演母亲"，那才是错的。然后，我们没能成功，彻底失败了。我……我在开拍一周左右就想停下来了，［但是］我不能，我的意思是，我可以，但那会造成收入的损失，所以我就完成了它。它永远没能成为第二个《日落大道》。

CC：是不是《日落大道》的幽灵自始至终都萦绕在拍摄过程中。

BW：始终都存在，但我觉得这是好事。因为我们可以凭此获得一些好处，又一部关于好莱坞的电影，但有着完全不同的内容。不过没能成功。

CC：但剧本保留了它的价值，我觉得。在许多很棒的对话中，我能很明显地感觉到你和戴蒙德在讲述70年代末的电影业给你们个人带来的感觉。比如，霍尔登的角色说："现在是一群长着

大胡子的小孩掌控着制片厂。"

BW：是的，你说得没错。但是这些台词没有好到像，比如"我很伟大，是电影变小了"这样。至少《日落大道》是一部关于即将到来的有声片时代的戏剧，那是诺尔玛·德斯蒙德的终结。它就在那里发生着，在他们面前——他们见证了它的到来，那个东西——声音，那就是戏剧性所在。我们在《丽人劫》里面没有那样的东西。也许我们没能在剧本里表现出来；也许我们表现出来了，但是它太弱了。

CC：裸体和咒骂时常在你的一些后期电影中出现，比如《丽人劫》和《患难之交》。那时候对那些怀念你跟审查捉迷藏的人来说，这几乎就是背叛。在一部怀尔德的电影里听见霍尔登或者马修说出"操"来，真的很令人惊讶。

BW：可能我们错了，可能我们不应该说。但是那个角色，我想，一定会说出来的。伊西和我就此讨论了很久。

CC：我想，在审查时代拍出那些伟大的作品来是个几乎无法完成的事情。人们对你早期的作品有着强烈而浪漫的回忆。

BW：但愿他们记得我的名字。

CC：《丽人劫》中有一个美妙的片段，当费多拉的母亲，我们知道她也就是真正的费多拉，在她自己的"葬礼"上打断了演奏的音乐，当乐队离开时，镜头依然停在二楼乐队的位置迟迟不肯离去,后来他们又回来开始演奏另一首乐曲。你看着它就会想,这个导演既热爱音乐,也热爱关于音乐家的喜剧。也就是同一个人在《黄昏之恋》里带给了你弦乐四重奏,还有《龙凤配》里优雅的《玫瑰人生》(*La vie en rose*)……

BW:是的。《玫瑰人生》非常火爆,但我觉得里面还有一些生活气息,所以我用了它。但《龙凤配》是部时代剧。

CC:**我想问问你关于音乐的问题。音乐在你的很多电影里都承担了重要的角色,但是你多年来很少提到它。**

BW:是的。因为我不会吹口哨,不会唱歌,不会弹钢琴,我是彻底的乐盲。但是对电影的歌曲或者音乐我是很精通的,在这方面我非常非常挑剔。

CC:**当你的电影在配乐时,你会花很长时间待在配乐舞台上吗?**

BW:是的,我总是待在那里,他们演奏给我听,这样我好确定正确的演奏方式。不管是[弗雷德里克·]霍兰德,还是[弗朗茨·]瓦克斯曼(Franz Waxman)[1],抑或是[安德鲁·]普列文(Andre Previn)[2]先生,他总想掩饰自己曾在好莱坞工作的经历,事

---

1 弗朗茨·瓦克斯曼(1906—1967),德裔美国作曲家,曾和怀尔德合作过《日落大道》《战地军魂》《林白征空记》等片。
2 安德鲁·普列文(1929—2019),美国钢琴家、指挥、作曲家,曾获得过十次格莱美奖与四次奥斯卡奖。

实实要是像他自己说的那样的话，他早就饿死了，但是你知道，他在他的回忆录和采访中说他只是被好莱坞"诱骗"了。但那话用的是过去时态；他不会想讨论这个的。（笑）他是被逼的；如果他不给……我不知道他给多少电影作过曲，那他们就会打断他的腿！

CC：你电影中还有一个东西就是那些伟大的旁白，从《日落大道》中的威廉·霍尔登到《桃色公寓》中的杰克·莱蒙。你对旁白的指导多吗？

BW：完全都是在我的指导下完成的。关于旁白的问题是——你必须十分小心地别去说那些他们已经看到的东西。要在他们已经看到的东西上增加新的东西。我想你可以在几秒钟之内，真实的几秒钟之内，就可以说出一些更适合听到而不是看到的信息，因为那不是重要的戏。我在《双重赔偿》里第一次使用旁白，在《战地军魂》里使用了旁白，在《日落大道》里使用了旁白，里面是个死人在说话——干吗不呢？（笑）干吗不？我们就这么做了。没人站起来说："等一下，一个死人在说话，叽里呱啦一通，我不要看到这个……"他们在听。

CC：《桃色公寓》中的旁白开场打破了编剧的规矩，但是它起效了。开场的叙述是站在莱蒙的视点上的，影片故事的讲述却是站在一个全知视点上。

BW：谁定的这些规矩？根本没有规矩。只不过我觉得每部电影里面都有些东西需要用六页到十二页剧本去解释，而我靠旁白用六秒或者十二秒就解决了,这没什么丢脸的。

CC:**没什么丢脸的,特别是当你专门为旁白而拍摄的时候,像《黄昏之恋》的开场,它带我们从容地游览了巴黎。**

BW:巴黎,人们永远在接吻。

CC:**是莫里斯·切瓦力亚**(Maurice Chevalier)[1]**做的开场叙述吗?**

BW:不是,是路易斯·乔丹(Louis Jourdan)[2]做的,他有点法国口音,这很好。旁白用得很好,但是后来我就不再管这事了。在《桃色公寓》的结尾也没有旁白。

CC:**《玉女风流》也一样。**

BW:当你在描述观众所能看见的之外的东西时,旁白是很好用的。你不需要告诉他们已经看到的东西。展示,不要告知。

CC:**还有《龙凤配》……**

BW:我们在《龙凤配》里也做了。我们很多次都靠它来解决那种需要几千个镜头才能说清楚,但一句话就能解决的事。这

---

1 他在影片中饰演赫本当私家侦探的父亲。
2 路易斯·乔丹(1921—2015),法国演员,曾多次出演美国电影,如《凄艳断肠花》《琪琪》,以及怀尔德的《爱玛姑娘》等。

种方法——比如用萨布里纳自己的声音——比起完全设置一个新的段落来更能激发观众的兴趣。不需要成本，我们就能在旁白中得到回报——比如还是在《龙凤配》里，萨布里纳介绍了这部电影。她住在长岛，是女厨和司机的女儿，然后她说："这里有一个室外游泳池和一个室内游泳池……而且我们还有条金鱼叫乔治。"你该怎么带入乔治？你不会想专门拍一场戏的。我们直接让她说。那不是个笑话，不是笑话，它刚好把人们带入了合适的情绪中。（骄傲地）那是电影开场的最后一句台词"还有条金鱼叫乔治"。

CC：在我们的第一次谈话中，你提到你喜欢杰克·莱蒙的特质。能具体描述一下吗？

BW：他是我的万能药。他什么都能做，除了把爱情的相互吸引落实，比如接吻、性爱前戏那些事。这些对他很难，因为人们会大笑，他非常好。那不是他的错，那是他的特质。他也会让我惊奇。他可以上午到片场来，8点30分时就在现场，妆几乎都化好了。他要搞清楚他今天应该怎么演。他几乎化好妆，然后说："昨天晚上，菲利西亚［·法尔（Felicia Farr），莱蒙做演员的妻子，曾出现在《红唇相吻》中］和我对台词时，我想出了一个绝妙的主意。"接着他告诉了我这个主意，然后我就会——（怀尔德很快地摇头表示不行）然后他就会说："我也不喜欢它！"然后他离开现场，把妆完全化好，进行完美的表演，并且再也不提这事。他不会硬要把它加进来，也不会去要每个人听他那并不总是很绝妙的绝妙主意。别人会和我争论，而我会说："这样不好，因为这会把戏带到别的地方去……"莱蒙不会。他做什么都有点天赋。

CC：有什么其他的电影是你想导演的？你提到过《战舰波将金号》。还有没有什么其他的电影在某种程度上触动了你，使你希望自己来导演那些电影？

BW：我想想。我会想重写并导演……（笑）我不知道。我真正喜欢的东西……不是说那些我想重拍的电影不好——那些电影很好，只是我想自己来拍摄它们。

CC：**你曾把你的朋友威廉·惠勒**（William Wyler）**的《黄金时代》**（*The Best Years of Our Lives*, 1946）**称作"我见过的导演得最好的电影"。**

BW：《黄金时代》。没错，那部电影导演得很完美。我肯定做不了那么好，差远了。（笑）

CC：**《妮诺契卡》如何？**

BW：（怀尔德听到这个问题嗤笑了一声，可以推测他可能要对他导师恩斯特·刘别谦的作品放下马后炮了。）《妮诺契卡》，不。

我们只是编剧——而那又是在米高梅——[而且]有一天我在现场，嘉宝正在表演一场爱情戏。她走向一个人，一个助手，然后她回来开始排演那场戏，但是在这之间，他们把一块黑板放到了我正前方。她脑袋后面长了眼睛，她看见了我："把那个人赶出去！"于是他们就把我赶了出来。后来我在德国电影圈的老祖母萨尔卡·菲特尔（Salka Viertel）[1]家举办的一次聚会上见到了她，那是20年代的她。我在那里和她见了面，和她多少熟识了一点。然后是几年之后有一天我看见她正沿着罗德欧街跑步健身。罗德欧街中心有一条小路，你可以在那里跑步。她沿着罗德欧街一路跑，满身是汗，我拦下她说："你好，我是比利·怀尔德。"她说（模仿她阴暗的口音）："是的，我认识你。""你想去喝杯马丁尼吗，或者别的什么？我就住在街角附近，贝弗利大道。"她说："好的。"我就住在街角附近，于是我就带她去了。

那是在下午，她一下子瘫坐在椅子上，我说："我妻子就在楼上，我去跟她说一声帮我们调酒。"然后我说："奥德，快下来，猜猜谁来了。"她说："谁？奥托·普雷明格（Otto Preminger）[2]？"——之类的人。我说："不是，葛丽泰·嘉宝。"她说："去你的吧！"我说："不，是真的。"然后她下楼来，我向嘉宝引见了她，奥德调了杯马丁尼，真的很烈很烈，[嘉宝]一口就喝了下去，接着一杯又一杯。那些瑞典人喝起马丁尼来就像熊一样。她住在贝德福德街[让·]尼古拉斯科（Jean Negulesco）[3]的房子里，在北贝弗利，米高梅的经理乔·科恩（Joe Cohen）家对面。我们开始聊起电影，她说（模仿她的口音）："我想拍部关于小丑的电影。"我说："噢，那很好。""在里面我一直是小丑，我戴着面具，并且不会把它摘下来。我在这个电影里只当小丑。"她再没有拍过一部电影。她

---

1 萨尔卡·菲特尔（1889—1978），电影演员与编剧，出生于原奥匈帝国，曾为嘉宝写过多部电影，如《瑞典女王》。
2 奥托·普雷明格（1906—1986），维也纳出生的美国导演，代表作有《大江东去》《桃色案件》等，曾出演过怀尔德的《战地军魂》。
3 让·尼古拉斯科（1900—1993），罗马尼亚裔美国电影导演、编剧，代表作有《愿嫁金龟婿》等。

在《妮诺契卡》后又拍过一部电影,就没了。所以她想演一个小丑,不拍她的脸。一个永远都在咧嘴笑的小丑。我说:"这可能会很难。"

她坐了一会儿,然后走了出去。我要开车送她,但她说:"不不不不不不,我走走醒醒酒。"

CC:你们讨论《妮诺契卡》了吗?

BW:我提到了《妮诺契卡》,但她不想讨论老电影。她只是说:"我想再拍一部电影。"这时我耳朵竖起来。接着她说:"我演一个小丑,我[一辈子都]在演小丑。我在电影里面将永远都是小丑。"我只见过她在那边跑这一次。后来我在瑞士克罗斯特斯看见她和萨尔卡·菲特尔手挽着手过街。她总是在那里。她和萨尔卡·菲特尔是很好的朋友。这就是我和葛丽泰·嘉宝唯一一次时间比较长的邂逅,大约半小时。"我要演一个小丑。"

CC:你经常说到刘别谦及他对你的影响。你觉得他是怎么看你的?

BW:刘别谦怎么看我?

CC:他在你身上看到自己的影子没有?

BW:我觉得没有。我拍电影不征求他的意见。他提过一次《双重赔偿》,我想——"那是个好作品"。

我们见面时我正在同时赶写两部电影。而他正在拍摄他自己写剧本的一部电影，我想是和萨姆·拉菲尔森（Sam Raphaelson，编剧、记者，刘别谦的早期合作者）一起写的。同时他在搞另一部电影，叫什么《蓝胡子的第八任妻子》。我们见面时间很短。他从不想和德国人合作，因为他不想落下只能和德国人合作的名声。其实他是想要布拉克特。那时候布拉克特和我正一起搭档写一部电影。后来我就长期和布拉克特一起了，之后我们和［制片人阿瑟·］霍恩布洛（Arthur Hornblow）一起拍摄了三四或五部电影。

在那部电影里，《蓝胡子的第八任妻子》，加里·库柏沿着尼斯的一条街道一路走下去，他可能是在寻找一家商店，一家像梅西百货一样的大型商店。商店的窗户上写着标语，法语商店……荷兰语商店……意大利语商店……捷克斯洛伐克语商店……然后最后一家是英语商店。你在尼斯会见到这种东西。然后就在那条标语的下方——这是［刘别谦的］主意——他又加了一条：美语也懂。这就是刘别谦（笑）。我们之前都没有笑话，他加上了那个，然后说："继续，把这个搞出来，我在拍摄另一部电影，但我会时不时给你们一小时的时间。"然后我们写了那部电影。里面有很多刘别谦的主意，很多刘别谦的建议。我的贡献是在开场。

CC：买睡衣的段落。

BW：是的，他只想要上半身，不想要下半身，因为尽管他是个百万富翁，但他很小气。他问："我要一件睡衣，只要上半身，不要下半身。"然后店员说："恐怕不行。"然后他去找人，找到管那一片的头儿，头儿说："恐怕不行。"他一层层找上去。接着他给商店的老板打电话，然后你看见那人的头，老板正在睡觉，是一个比较老的人，他起身，接起电话。"他想要什么？……绝对不行！他疯了。他睡觉只穿那个？他是疯子。"然后老板挂了电话，摄影机停止不动，我们看见老板自己也没穿睡裤回到床上。

CC：你能让刘别谦笑起来吗？

BW：当然，我们会逗他笑，但是接着他会纠正我讲笑话的方式。（笑）没错，他先自己笑，然后纠正你。

我们作为借出的员工又为他写了一部电影《妮诺契卡》，后来他就得了心脏病。他找普雷明格完成了一部《穿裘皮大衣的女人》（*That Lady in Ermine*, 1948）。接着我搬去和他一起住，因为我那时正在闹离婚，我说："恩斯特，你想让我和你一起住吗？你得有段时间待在家吃药了。"他说："当然，没问题。"于是我搬去和他住了很短的一段时间，两三个星期。我觉得他在康复。后来他又回到制片厂工作了两年，直到他去世。那是一个星期天，在他进行一场性爱冒险时，他又犯了心脏病。因为我们后来就一周拍摄六天了，星期六也拍。刘别谦，在一个星期天——你看，他不能在星期六做，因为我们在拍摄——他犯了心脏病，交媾后心脏病，它是叫这么个名字。他去卫生间洗澡或者干别的什么，然后他就死了。陷入麻烦的那位女士被司机奥托（Otto）飞快地带了出去，按他们所说的就是这样了。这就是刘别谦的结局，他那年55岁。

CC：传说刘别谦死在妓女怀里，是这样吗？

BW：不是，不是死在怀里，是在结束之后。他已经和她完事了，他去了洗手间，是在那时发生的。威廉·惠勒和我是护柩者，当我们走出来时，我说："真可惜，再也没有刘别谦了。"然后威廉说的话更好。他说："更糟的是，再也没有刘别谦的电影了。"

你知道，这是一大损失，因为许多人想模仿或者从刘别谦那里吸取些什么——讲笑话的方式，讲大笑话的方式，在一部电影中讲完整故事的方式。很多人都在尝试，但没有人真正成功。刘别谦从不会直说，你知道——它从不会直接出现在你眼前。它是那种，你知道，你把它加起来，然后它就捕获了你的东西，非常非常好。他要是能一直活到现在该多好。

CC：还有什么人会把你逗笑？

BW：卓别林让我大笑；杰基·格利森（Jackie Gleason）；还有史蒂夫·马丁（Steve Martin），他很不错。

CC：你对当代浪漫喜剧怎么看？

BW：我一直都会被逗笑——当我把二和二加起来时。他们不再拍那么多喜剧了，因为喜剧的对话太多。他们喜欢动作，但有些喜剧还是拍得很好。比如你的东西就很好，但是有一部是例外，其实那部也可以拍成这样的电影。我很喜欢罗宾·威廉姆斯（Robin Williams）……《西雅图夜未眠》（*Sleepless in Seattle*，1993）是一流的电影。最近这几年我最喜欢的电影一直是《阿甘正传》（*Forrest Gump*，1994）。

CC：关于当代喜剧为什么越拍越差，有一个流行的理论：在今天的文化中，随着阶层与种族区隔的减弱，能够把两个人隔开的戏剧性藩篱越来越少了。当爱情的障碍很小时，你如何创造戏剧张力？

BW：人总是人。永远都会有办法把人们分开的。那是……那是生活的美妙之处，不容易，我每天都会想起这一点。永远会有办法的——只需要有敏锐脑子的编剧来发掘它。你根据现实拍电影，你根据你的真实感觉拍电影。浪漫喜剧当然还活着，如果你需要使用到这个名词的话。

四十或五十年前，还没有热闹喜剧（lusty comedy）、精妙喜剧（subtle comedy）、"黑人"电影（"black"film）这样的词，我们只是拍。布拉克特和我，或者戴蒙德和我——我们只是说："怎样把它变成电影？"我们只是按照他们本来的样子拍成电影。更大的问题其实是现在的领衔演员太少。再也没有嘉宝，再也没有斯宾塞·屈塞、加里·库柏……从前有个领衔主演的名单，现在只有三四个。如果没有了汤姆·克鲁斯，你要为谁写？要为谁写呢？

CC：根据我的经验，想说服一个领衔演员出演一个纯浪漫喜剧是很难的。今天很难找到愿意在电影里说"我爱你"的演员了，他们都怕自己看上去很傻，他们更喜欢拿枪。你那时候也是这样吗？

BW：那时候不这样。（A）我们有很多领衔演员，好几十个。（B）我们不去想"这是个喜剧,这是个轻松电影"，它只是部电影，你会拍很多这样的电影。现在很不同了，三千辆车的车祸，或者演员们抬头总是能看见恐龙。那些演员总是在抬头！（笑）跟我解释解释你如何跟一只五层楼高的恐龙对话？你甚至没法把你和它放在同一个镜头里！

CC：但是用全球化经济、全球化文化的视野来看，是不是全世界都展现出了喜剧的疲态？我的意思是，没有多少文化特别喜欢搞笑。

BW：是是是，这是个好问题。流行电影现在有点沉重，有点过于阳刚了。为什么我们拍了那么多未来电影？现在再没人害怕蝙蝠侠了！（笑）现在所有人都看电视。他们渴望更大一点的娱乐，这几乎成了一项运动，在周末上映日去看一部大电影："我看过那部电影了！我看过了！"但是这一切都会改变的，这是理所当然的。小故事会回来的。

CC：问一个关于导演健康压力的问题。导演是项艰苦的工作，而身体似乎总用一些奇怪的方式来反应。我知道很多导演在拍摄时都会经受奇怪的病痛与折磨。你怎么样？

BW：我的背有问题。但是我要告诉你，我基本上是个编剧。在变成导演之前我有很多东西要学，前三四周一切都很好。我还沉浸在身处［有声］舞台上的喜悦中，而不是和一个搭档待在一间屋里，并且必须不断地写……然后当我拍了三四周之后，我又有了同样的想法，我被锁在了导演的位置上。然后我想，有无数问题正等着我解决，我必须记住这个记住那个，告诉摄影师暗一点或者亮一点，或者之类的事情……我记得我是个编剧，我还是把自己看成是一个编剧。但是还是刚才说的,刘别谦已经死了,那个时代再也没有别人了。

CC:我想问一下你第一次为姑娘心碎的故事。

BW:好的。

CC:当我在编剧时,我发现自己对那个向我说不的女孩记得最清楚,和她之前的那些事情就是我描写心碎时刻的原型。我想知道你是不是也是这样,你爱情电影中的那些哀伤段落是不是受了拒绝你的或者让你心碎的女性的影响?

BW:不能算是,因为那是个不同的时代。那时候吻一位姑娘是很大很大的事情。现在都是男女合校了,你可以和女孩们去上所有的课,不是吗?但是我们那时候不是这样的,这种事情不存在。所以认识的女孩很少。那时候很艰难,很困难。我记得有一天我回到家,大概是七八年级的时候——我17岁,一年后我就毕业了。我很快就会有一纸毕业文凭,让我能进大学或者高等技术学校。如果你是医生或者律师,如果你想成为那种人,你就去大学,然后那种事就只是建筑结构的问题了,一个建筑学问题。你能去哪里搞?然后搞笑的是你只能站在走廊里操,如果这个词你能接受的话。你不会被看见的,这常发生,没有女孩,你只是自己在走廊里搞。(笑)

CC:所以你的初吻一定是个很重要的事情。

BW：是的，很重要的事情，没错。

CC：你还记得吗？

BW：不，不记得了。我记得我在10岁或者12岁的时候爱上了一个女孩，但是没有过身体接触。后来开始有一些身体接触，再后来我就自力更生当上了新闻记者。然后事情就很简单了，简单是因为我比她们年轻。那些女孩都是22岁、23岁或24岁；我是18或19岁。后来这些事忽然一下子变得流行起来，当我30岁的时候——［性］成了流行。

但是姑娘们会伤我的心。有一个女孩，她10岁，我12岁，但是没发生什么有趣的事，只是一些悲伤的事……她搬去了另一个城市。这是很大的悲剧，你知道吗？她搬去了另一个城市，德国的另外什么地方。这是我记得的最值得说的事情了。

CC：她叫什么？

BW：施瑞博尔，伊尔卡·施瑞博尔（Irka Schreiber），I-R-K-A。

CC：所以这是真爱啰？

BW：是真爱，孩子的爱情。我们只是在公园里做游戏，看路人。我总是迫不及待地想见她，非常非常幼稚。我们玩扯铃，那种游戏要用两根棍子和绳子玩。（演示）这叫扯铃。

CC：当你第一次开始和女孩出去约会，交了女朋友之后，

137

你还记得你的方法是什么？你是那种总是逗她们笑的人，还是那种故作神秘的人？

BW：不，我永远没法装神秘，不。我逗她们笑，让她们过得很开心。作为一个年轻人，一个学生，这很正常，我并不知道我很有趣，完全不知道我会搞笑。但我就是会，她们这么跟我说的。

CC：你是否曾经爱上过你的女主角？

BW：从没有，从来没有。我总是和替身调情，那和与女主角调情一样，甚至更好，因为女主角们在完事后总要把头发重新捋直。你会浪费现场的时间，等头发弄好的话。（笑）但我必须得说，我当导演时没时间做那些事。你得为你拍的东西受罪，或者看了后大笑。但是演员们，他们有的是时间，无所事事。导演会被电影的宿命困住。等到电影完成，剪辑结束，然后你再去给自己找点乐子。

CC：而且你的女主角的外貌有一种只可能由你创造出来的真正的激情。最好的例子就是奥黛丽·赫本的萨布里纳。《Vogue 杂志》（*Vogue*）很少有文章不是以［赫本装扮的］萨布里纳作为经典的代表，它有一种简单的高贵。伊迪丝·海德（Edith Head, 著名的、戴着眼镜的、外表朴素的派拉蒙服装设计部门主管）对这个形象的贡献是什么？

BW：我必须说，很少。她是个很好的姑娘。（微笑）我是说，一个很好的老妇人，她也不会戴很多蝴蝶结。她得了奥斯卡奖，我猜，因为《龙凤配》，还因为其他［七部］电影。字幕上写的是"服装：伊迪丝·海德"，但是赫本穿的那些裙子，那六七件套装都是纪梵希的。不管他们说什么，我都可以接受，除了只有一次，有什么东西上的用料太多了……但是事情都过去了。最搞笑的是……也是件很俗气的事，制片厂卫生间的墙上用很大的字母写着：伊迪丝·海德造就了我们伟大的服装部。

CC：银幕上的化学反应可以有"创造者"吗？

BW：不能。化学反应是天造的，无法大规模生产。比如托尼·柯蒂斯和杰克·莱蒙。我知道准没错。你把他们放在一起，然后就对了。他们就像兄弟一样。

CC：就像莱蒙和马修。

BW：没错。马修在纽约刚刚崭露头角，他已经是一个固定的剧场演员了。我把他带到了好莱坞，他成了台柱。你就是知道这两个人应该放在一起，他们在一起肯定很有趣。他们是喜剧演员。

CC：《飞来福》，他们第一部合作的电影，关于这部电影我们还没有谈过很多。莱蒙在一个小房间里……

BW：是的。

CC：给我的感觉是莱蒙在一个小空间里比莱蒙在一个大户

外镜头中要有趣得多。他在小房间里最好,一个被关起来的家伙。这就是终极的"房间里的莱蒙"的戏。

BW:这对他来说是自然而然的,你知道。《飞来福》是那个他在轮椅上的片子吧?

CC:是的,还有那个据称伤到了他的橄榄球运动员。

BW:是的,那个橄榄球运动员。我不知道,我只是按事实那样拍。我不是个把东西搞得特别艺术的人。我从不设定一个明显是错的东西。我从不把防火梯放在画框的前景,因为那是圣诞老人的视角,那不是我干的事。我只是按照人们正常对待别人的方法来做,我怎么能让人们相信那是真的墙?怎么让他们相信那个公寓真的存在?

CC:《飞来福》算是成功吗?

BW:(简单地)不算,是我下坡路的开始。

CC:听到你这么说很令人惊讶。那是部经过认真思考的电影。

我看着怀尔德在椅子上挪动身体,他轻轻地耸了耸肩。试图从一个被认定是失败的记忆中脱离出来,但是它抓住了他。这次失误到现在还是让他感到失望透了。

BW:我不知道。(耸肩)那不是部令人记忆深刻的电影,你拍它是因为你在合同期内。它基本上就是那样。我不知道，可能我变懒了，也可能是我变笨了还是什么。很可惜，但是我让那个黑色的情绪起效了，这是另一种我不想再拍的东西。

导演的情绪一下子变了。即使是对怀尔德，即使是这么多年之后，一个项目的失败还是会带来一种强烈的阴郁色彩。而几分钟前我们还沉浸在轻松的《龙凤配》的记忆中。

CC：你之前说过你是个需要合作的人……

BW：意思是我是个合作者，是指的我不想花上一百万美元然后把东西扫到地毯下面忘掉，对这一点我很自豪。从这个意义上来说，我是个合作者，但是还有其他的方面……我，还有其他很多喜欢我的人，和我年纪相仿的人……曼凯维奇（Mankiewicz）[1]现在已经死了，不过他当年也是一样的人。但他的电影之前一直是最好的，直到他变得……直到他开始拍摄《埃及艳后》（*Cleopatra*, 1963），然后就……然后他就什么都不做了。他越来越糟，但是他再也没法证明自己了，因为那以后他导演的机会就不多了。我觉得在你65或者70岁之前，导演是件很有趣的事情，你可以记住这件事。你多大？

CC：39。我得更多产一点了。

BW：39？比我想的要老一点。不过很好，别人越老，我越

---

[1] 约瑟夫.L.曼凯维奇（1909—1993），美国电影导演，代表作有《彗星美人》《赤足天使》《埃及艳后》等。

喜欢他们。

KL[1]：你一直隶属于制片厂，但你又有一个这么独立的灵魂，这两样东西很难和谐共处。

BW：他们和我签合同时就知道这件事了。在联艺时他们知道，在派拉蒙时他们知道。但是作为规矩，这件事已经不存在了，现在已经没有人在制片厂当编剧了。那时候派拉蒙旗下有104个编剧。编剧们会说："我有七年的合同，太棒了！"根本不是七年，他们有一年试用期，然后制片厂有权力选择是否要再继续用你六年。但是他们知道他们雇的是一个独立的人，他们找的也就是这样的人。他们有权力告诉我："我们不喜欢这个，我们不想把它拍成电影。"然后我就会留着它，记着它，以后再用。制片人们并不会总是要求拍什么，我和他们相处融洽。当我自己成了制片人，就没有人再管着我了，除了制片厂本身。

比如他们会说："我们读了小说了，我们不想拍《失去的周末》，我们不喜欢它。你怎么能拍一个酒鬼？而他又没有幡然醒悟，说'我以后再也不喝酒了'。"顺便说一句，他在电影里从没说过这话。他只是说了句："我要试试，我要试着远离它。"但是到了选演员时，他们说他们会给我投钱拍这部电影，但是我必须找一个有吸引力的演员。我想找约瑟·弗尔（Jose Ferrer）来演那个酒鬼，但是后来我妥协了，找了雷·米兰德先生。

CC：之前我问你母亲的事情时，你只是说："她很不同。"

1　即卡伦·勒纳。

BW：我母亲在集中营去世，我的继父也是，我从没见过他，还有我的祖母。据我所知，他们都死在了奥斯威辛。我出生之前，她在美国待过一段很短的时间，和我的一个舅舅一起，那时候她还是个很年轻的女孩，她只会说一点英语。她很有趣，但你很难把她逗笑，她是很难笑的人。我是说，她能明白你的笑话，但是……我不知道。（他耸耸肩，甩掉这些记忆）我18岁的时候离开了父母，那时候我在考Matura，那是一种结束学校课程的毕业考试。我父亲1928年在柏林去世，她一个人在维也纳，后来她又结了婚。我在战前从没见过那个丈夫。

CC：但她喜欢美国是吗？

BW：她很喜欢。所以我哥哥才会来这里；他三年级就离开了高中。本来应该是高中八年，文法学校四年。我父亲也去过美国，他是去看望我哥哥，我哥哥14岁就去美国了。他先是到的伦敦，然后从伦敦到了纽约，再也没有完成高中学业——很丢人，不是吗？（笑）他去世了。（我哥哥）已经去世十年了，时间过得太快了，你知道——一下子你就70岁、80岁、90岁了，你知道。这是个你必须通过的高速路桥。

电话响了。他接起来，声音有些跳跃。是怀尔德的妻子，奥德丽，她跟他说他的午餐预约取消了。说了几句话之后，他挂上了电话。

BW：你想和我一起吃午餐吗？

怀尔德挂上电话,站起身去吃午饭。他抓起靠在墙上的拐杖,冲着门快速走了过去。我拿起录音机赶上。怀尔德在我们身后关上了办公室的门,像平常一样不去坐电梯,走下了两段很短的楼梯。他一丝不苟且小心谨慎地前行。我们走到贝弗利山的Prego餐厅,就在街角。他用最快速度轻松自如地穿过川流不息的马路。

我问了怀尔德1989年艺术品大型拍卖会的事。他收藏的绘画净收入3260万美元,这对一个仅根据自己的品位来收藏的人而言是很大的惊喜。这场拍卖带给了他从未在电影中获得的财富。

CC:你有没有跟踪你卖掉的画的近况?它们后来怎么样了?

BW:(走路带着明显的跳跃感)我卖掉的一幅毕加索(Pablo Picasso)的画最近的估价低了很多,比我当初卖的价钱低了差不多一百万。

他被一个人认了出来。那是一个穿着西装,打着一条决不会犯错的领带的高个绅士,他提醒怀尔德之前他们曾经讨论过的一个商业项目。他冷静的谈话方式掩盖不了他和大师谈话的兴奋之情。但是大师饿了,怀尔德没有把这场谈话深入下去。他和那个男人握了握手就继续往前走了,没有介绍我们认识。

BW:我从不把任何人介绍给一个经纪人。

我们到了餐厅，没有空桌了。我们等了七分钟，这期间怀尔德站在女招待的桌子边哼着歌。后来我们坐下了。怀尔德对面包很感兴趣，他很快就把面包蘸到了香脂醋和油的混合酱汁里。他点了一杯白葡萄酒。他融入了这家著名午餐餐厅的嘈杂混乱的环境，他问了我的计划，并认真倾听起来。

CC：**我想要像你在1957年到1960年时那样拍片子。砰砰砰砰！三年四部电影。**

BW：是的，如果我还有力量再做一次的话，我也会的。我只是不会那么……那么固执。当然，你知道，你必须在一件事上固执——你必须先有剧本，你必须在这一点上很固执。

CC：**我还有一些真假的问题。我们再来澄清一些流言吧。你有没有写过《皇家赌场》(*Casino Royale*, 1967)[1]的一部分剧本？**

BW：我提供了些建议，但从没有写过。是的，里面有五六个詹姆斯·邦德，我不知道，我从没建议过这件事，我就是和他们闲聊过而已。最后电影里的五六个詹姆斯·邦德，那不是我的主意，那是最后写这个电影的编剧的主意。是的，那不怎么样。

CC：**"怀尔德的电影里从没出现过孩子，因为怀尔德不喜欢孩子。"**

---

1 一部恶搞007系列的电影，集合了彼得·塞勒斯、大卫·尼文、奥逊·威尔斯、伍迪·艾伦、威廉·霍尔登等多位明星。

BW：（边享用午餐边缓慢地思量着这个问题）我在结婚七年后离婚了。我现在已经结婚差不多五十年了，我们没有孩子；我身边从没有孩子生活过。我在我第一次婚姻时有一个孩子，她和母亲一起生活。（原是龙凤胎，其中男孩在婴儿期夭折。）

CC：所以你没有孩子可观察。

BW：没有，完全没有。我的独生女，现在已经当奶奶了。

CC："怀尔德不喜欢孩子"的说法还有更多的证据，《玉女风流》里面有个"小汤米"。卡格尼的孩子就像个道具。《桃色公寓》里的孩子也是这样，当你看到他们在谢尔德瑞克家背景中的圣诞树周围……

BW：（有点烦躁）是的。

CC：对那些说"怀尔德对儿童角色不感兴趣"的人，你的回应是什么？

BW：是的，我不是很擅长这事。我喜欢孩子，但就是正常的喜欢。我想那很美妙，但它不是我生活的全部。（喜剧性地停顿）那些小坏蛋。（笑）

CC：但是狗就不一样了。特别是《黄昏之恋》里的那条狗，它被施以了报复性的殴打。

BW：狗我可以拍。但是孩子，你知道……我不知道。（停顿）我没法很好地描写他们，他们总是在我身边跑来跑去。我从不……有些朋友的孩子我很喜欢，但是他们让我紧张。

CC：**甚至是你自己的孙辈？**

BW：他们现在住在内华达的雷诺，会过来过圣诞节。然后我明确地知道12月11、12日两天，孩子们就会寄来明信片。"坐下，快写，否则你就别想干别的。坐下！坐下！"他们现在大了一点，很快就要跟我一样高了。（怀尔德演示着把香脂醋和橄榄油拌在一起蘸面包的合适方法。）

CC：**你喜欢让·雷诺阿（Jean Renoir）的作品吗？**

BW：我看过的不是很多，但其中有些很好。

CC：**你看过《游戏规则》（*The Rules of the Game*，1939）吗？**

BW：《游戏规则》及另一个——《查尔斯顿》（*Charleston Parade*，1927）。关于一战的那个，那是《游戏规则》吧？对。[1]雷诺阿是很好的导演。但是，你知道，它是法语配音，我想看懂得更多一些。我向自己保证，当我在法国时，我要看法语版的。（耸肩）但是我喜欢的导演太多了，比如路易斯·布努埃尔（Luis Bunuel）。他不是法国人，但他在法国［拍电影］。问题是，你知道，

---

1 雷诺阿拍的关于一战的电影是《大幻影》。

喜剧从来都不被认真对待，它们很少会得奖，它们被当作微不足道的东西舍弃，而其他的电影会赢只是因为它们严肃。

CC：即使是伟大的喜剧导演通常也会渴望得到拍摄更"严肃"电影的机会。这套陈规能一直这么延续下来真的很奇怪，甚至他们自己都不严肃看待他们的伟大喜剧。

BW：是的，但是你看，卡普拉拍过的最好的电影是《一夜风流》(*It Happened One Night*, 1934)。（停顿）在这件事上他可控制不住自己,（笑）那是盖博唯一一次得［奥斯卡］奖，很少见的事。当他演《乱世佳人》(*Gone With the Wind*, 1939) 时，所有人都得奖了，除了盖博。那一年是［罗伯特·］多纳特（Robert Donat）凭《万世师表》(*Goodbye Mr.Chips*, 1939) 得了奖。

忽然怀尔德发现了我们的午餐上不受欢迎的客人——我的录音机。他问说的东西是不是已经够我写我的"专栏"了？我再次表达了我想出版长篇访谈的愿望。他简单想了一下，然后对这个计划不以为然——不——然后有礼貌地放弃了对于午餐之乐的讨论。我和他共处的时间差不多就要结束了。

CC：这很有趣，大部分导演互相之间都缺乏礼貌。你时不时会收到来自你同行的消息，但是我发现导演们在谈论其他导演及他们的作品时都没有那么友善。我猜在四五十年代时气氛会更加友好一些。

BW：没错，是这样。

CC：当你看到比如《甜蜜的生活》(*La Dolce Vita*, 1960) 这样的电影时,你会给费里尼打电话,告诉他你的看法吗?

BW：我会通知他,没错。

CC：比利·怀尔德向费德里科·费里尼发的消息是什么样的?

BW：一条热情的消息。我认识费里尼,很崇拜他,但他在一些十分奇特的路上迷失了。现在已经不可能在意大利拍电影了,除了一些小喜剧,你知道,它能在本地取得票房成功。没错,他们有些本土电影,但是没有大制作,它们就是为本土而拍的。然后时不时你会看到部《邮差》[*Il Postino*,迈克尔·莱德福(Michael Radford),1994]这样的电影。但是费里尼——他死得太早,这是件很悲伤的事情。我爱《卡比利亚之夜》(*The Nights of Cabiria*,1957)及《甜蜜的生活》。这是唯一对我有意义的两部电影。马斯楚安尼(Mastroianni)演的那个疲惫的记者是个很棒的角色。电影中的每个段落都是某个人的幻想。这就是结构,也是它起效的原因。

CC：我注意到你在谈话中对那些曾经与你共事过的人都十分有礼貌。时不时会提两句,而又总是带着尊敬。你是不是觉得保护那些传奇的秘密会让你过得更加舒服?

BW：我并不知道多少传奇。因为,你知道,我不是个"名声"或大明星的追逐者。我在电影界没认识多少人。我会花更多时间和，比如，我的牙医在一起。我问他真实世界的事，他问我电影的事。

CC：（笑）这很好。指导演员时，你会不会经常原本以为这一条会很好，但实际上很糟。或者在拍摄时，对于洗印出来的那条上的表演水平，你会相信你对它的天然直觉吗？

BW：我相信我的本能。通常你挑的那一条都是好的。（停顿）你知道他们有次怎么对待库克先生吗？库克先生是个好导演，那是在米高梅的旧时光。比如他总是会洗印出他拍摄的所有特写的胶片。他一个嘉宝的特写拍了十二条，然后他会洗印出前八条来——这样他就有得选择。这回他们跟他开了个玩笑：他们把同一条洗了八遍。他坐在那里，一条一条地看。在看完全部八条之后，他说："我觉得第三条最好。"然后另一个人，剪辑师，说："我喜欢第七条。""好吧，我们来一遍遍地放。"后来他们告诉了他，他们是把一条洗了八遍。（笑）八遍。

我觉得对有些人，你拍他们需要比拍别人多几条。而对有些人，你就必须洗第一条，因为那是最好的，比起其他条来，它里面有更多的生活；而对另一些人，你就洗第二条。最好的往往都是第一条，于是你就洗第一条和第七条，然后你选第一条。这取决于被拍的人本身的特质。当你看洗好的胶片时，你会发现他们会把一切都放在第一条，然后第二条，第十条或者第十二条总是会欠点火候。它们总是会有点失误，或者类似的东西。洗第一条。

CC：所以通常而言，拍摄时你感觉最好的就是第一条。

BW：绝对的。很正确。即使其他条更平滑、端摄影机的人的错步更少……第一条也通常都是最好的。

CC：我还是搞不太清楚你是怎么能够以这么快的速度在电影还在拍摄时就把它们剪出来的。

BW：快速。这是你剪辑的唯一方法，没有其他方法。《桃色公寓》就是一周剪出来的。

CC：你是在拍摄时就剪吗？你会在每天结束时去看看剪辑状况吗？

BW：是的——什么失误了，什么是不必要的，什么可以重拍。是的，我每天都去，有时是每两天去一次，看看洗印出来的效果。我一周看一次剪辑好的片段，给他们一些我的意见。有时我回来，再剪一次，就这样了。也许布景还没有拆掉，我会再补点镜头。但是大部分时候，我剪辑、拍摄得非常非常快。除非有一个出了错的演员跟我说："我只求你千万别洗第一条！"我会说："我从不洗第一条。"然后我就去洗。

CC：你不会特意把每个演员的不同情绪都拍下来吗？

BW：会，是的。但你到底需要多少？我是个自己编剧的导演——一个编剧兼导演。也许我们会试试另一种方法；也许我们会直接删掉一些东西。但每次我们拍完，都只会剩下一点胶片而已。

CC：从一开始就是这样？

BW：从开始就是。我身边总是坐着剪辑师。他的名字叫多内·哈里森（Doane Harrison，他后来成为怀尔德的联合制片人）。他在拍摄上，不是剧本上，对我帮助很大。他会提醒我不需要的镜头，或者告诉我要拍这个。

CC：有本书上写多内在你身边是为了"给你壮胆"。

BW：给我壮胆？（惊讶地）不，我不这么想。他给我展现电影的第一个版本，告诉我什么应该放在哪里，什么地方该延续，什么地方该切。这非常非常好。但他不会掺和剧本的事情。

CC：你觉得让剪辑坐在旁边对导演是好事吗？

BW：非常好，没错。我从一开始就是个快手。我四十五天、五十天就拍完一部电影。《日落大道》，也许是六十天。但我不会删［多少戏］，也不会把拍的东西剪掉。我把《日落大道》的开场拿掉了，还有《双重赔偿》的结尾，这很少见，这是我做的两个比较大的改动。

CC：所以你的剧本很紧凑。

BW：非常紧凑，总是这样的。永远不要去安排人物的位置，除非有必要。我知道他们在哪里，但我不会写到剧本里，我尽量少触碰这个问题。

CC：你在开拍前就知道所有的镜头了吗？你会在拍摄时再比较、决定吗？

BW：多多少少会。但我总是坐下来说："很好，下面这场戏。"我们一起读一遍，然后我说："好，开始演吧。"演员们在感觉自然后就开始演戏。我只是说："如果你不走到那里会怎么样？如果你待在这里，然后另一个角色走了进来……"——这个或那个。然后我们谈摄影机摆哪里，然后就拍了。

CC：你在编剧时脑中会考虑很多导演的事情吗？

BW：当我写的时候会的。我从没有被困住是因为我有一个出口，我会让一个角色走进来跟坐在桌子前的人说几句话，然后离开。我总是安排很多对话能让戏结束，不会有多少死寂氛围。[我的剧本里]没有很长的解释。我只有一场戏——第73场，在某人家里，就这样了。我做的最后一件事是把它分割进镜头里，印在胶片上。我最后考虑的才是我应该在哪里放摄影机，你要做的第一件事是把它写在纸上。

CC：你对在影片中加入视觉上的诗意瞬间，或者放进有节奏感的元素怎么看？

BW：我对这事情很严肃。必须是它必然的样子，这才是正路。语言必须来自生活。

CC：因为有些时刻，虽然剧本十分紧密，但你还是会让电影喘口气。在《桃色公寓》里，你会看到莱蒙站在电影院外，等着雪莉·麦克雷恩在电影开场前出现的长镜头。

BW：是的，当然。即使是那个时刻也是故事的一部分——她没去，没出现，她和自己老板在一起，有一点诗意。必须有一点莱蒙的反应，她没出现，所以他一个人。他自然会有一点伤心，人之常情。

通过厚厚的镜片，怀尔德在用好奇的眼光凝视着我。他低下头看了看无辜地待在他水杯旁边的话筒，然后又看回我。我们已经录了好几个小时的录音了，比他原本预想的要多得多。当代大部分他的传记作者都是连个电话都不回就被拒绝了。某种程度上，我已经走进了一个无人进入的地方，我们双方都知道这一点。"你打算拿这些你已经搞到的东西怎么办？"他直截了当地问道。

卡伦·勒纳再一次提起了这本书的事。怀尔德与其说是在倾听，不如说是在忍受。现场陷入寂静，我忽然脱口而出我对他产生兴趣的过程。在80年代末我刚开始当导演时，他的作品就逐渐对我产生了极大的亲和力。当然这种故事已经发生了很多次了——一个作者发现了另一个作者对他的影响——但是怀尔德对人物与喜剧的爱来得正是时候，这给我提供了一张进入危险的电影制作世界的地图。这个能让自己的声音在这个主流世界中如此纯粹，甚至经常是颠覆性的人到底是谁？我想了解得更多，任何事都行。这事从前不容易，现在也依旧。那时写怀尔德的书一本都没有。而现在我们开始了我们的采访，现在我们更清楚地知道了书店里到底少了什么：一个未经修改的、直截了当的怀尔德本人看法的记录。

怀尔德默默地听着,眨着眼睛,没表现出任何情绪。但当我用最简单的理由解释,我就是很自私地想做出一本我自己想读的书时,他懂了。我知道这一点是因为他安静地点了点头。

"嗯,事实上由你来做这件事会更好,"他赞同道,"因为你是专业人士。"

这是一个突破点,但并不是没有条件的。我们继续吧,他说,他的采访时间必须经过周密的安排才行。这要花很多时间,还会占用我自己的工作时间。如果我们要继续下去,怀尔德声明,如果我觉得他在任何话题上说得还不够清楚,他要有重述的机会。在得到了我的承诺后,怀尔德同意了这个计划,并且立刻就为他的加入说了个笑话。

BW:顺便说一句,我曾经拿玛琳·黛德丽开过玩笑。她总是在寻找生病的人,一旦听到一个电工或者别的什么人打喷嚏了……她就会立刻光着脚冲进雨里,去为他找药。她就是这样,一辈子都是,她是个非常非常好的医生,这就是她。当你病了,她就在你身边。她总是在寻找生病的人。当你痊愈了,她就抛弃你了。(笑)所以我叫她"腿脚好的特蕾莎修女"(Mother Teresa)[1]。

CC:《丽人劫》中有一个段落,年轻的明星费多拉在好莱坞拍片。她从舞台上走出来,被她的随行人员簇拥着。这看上去就像个真实的镜头,我猜这是不是黛德丽或者梦露的真实情况。

---

1 特蕾莎修女(1910—1997),著名的天主教慈善工作者,一生奉献于救助贫困,1979年获得诺贝尔和平奖。

BW：有时是的。有时我们必须心里想着完成拍摄，这样才能原谅玛丽莲的各种事情。因为毕竟这只在我一生中出现过一两次。我说再也不要了；但是，你知道，当你听到"你想找某某不靠谱小姐演个角色吗？"——这时候你就会想："原谅所有事。"然后你说："不，我想找玛丽莲·梦露。"这就是你面临的事。即使你要等三天才能得到你的镜头。"我想找梦露小姐。"我们结束了吗？

CC：**是的。**

BW：从现在起，每天都会有个问题时间。或者是"你能把这个事说得更清楚一些吗"，或者是"你没告诉我这件事"，然后我们坐下来重新来一遍。我们就该这样往下走。现在，你的新剧本有第一幕了吗？你的问题都解决了吗？

CC：**我还在写。有个故事方面的问题。**

BW：（点头）总会有个问题，你努力解决，你为它工作，但就是解决不了，你开始考虑放弃这个剧本，然后……然后你就解决它了，一夜之间这个剧本就完成了。这总会发生在你十分开心地克服了一个大问题的时候。在《桃色公寓》里，我觉得谢尔德瑞克应该还有另一个情妇，就是那个接电话的秘书。然后有一天她给他妻子打电话……我们从没见过那个妻子。这就是我们需要解决的事。

CC：**你为什么不表现那个妻子？**

BW：因为你不需要。你只需要那个动作，不需要对方的反应。这一点你要十分清楚。（他找他的拐杖，我们出了门。讨论改天共进晚餐。）

我在守时上出现了麻烦。和怀尔德夫妇共进晚餐时，我迟到了几分钟，地点在他们最喜欢的餐厅之一——贝弗利山的周先生餐厅[1]。我很快发现他们已经坐在那里很久了。怀尔德夫妇喜欢早到。我加入了怀尔德、奥德丽和卡伦·勒纳。怀尔德调整椅子，把他还好使的右耳对着我。我轻松地为自己的迟到向他们道歉。他发了句冷淡的牢骚。之后我赞美了他昨天的访谈。

"谢谢你，"怀尔德爽快地说着，同时调整了一下面前装着热好的清酒的酒杯，"我希望星期五就可以摆脱你。"

虽然他的风趣很尖刻，但晚饭还是很有趣。奥德丽和怀尔德都忘了戴他们的助听器。饭桌上说的所有话都很大声，而大部分对话都要在这对著名的长期厮守的夫妇之间以不同的音量重复两三次。

晚饭进行到一半时，话题转向了玛丽莲·梦露。怀尔德夫妇不认同她的死有任何阴谋，也不是很相信她一定就是自杀。梦露绝不仅仅是滥用药品这么简单，奥德丽说道。香槟和药品是好莱坞众多女人的致命日常饮食。"你喝着酒，会忘记里面还掺着药。"有一大群人吃得不比梦露少——曾经有一个医生免费给他们开药——但是梦露成了这种行为的代表。怀尔德与梦露的争吵十

---

[1] 美国著名中餐厅，由京剧大师周信芳之子周英华创办。

分有名,时常引人注目,甚至在媒体上也是这样,但是梦露总会用各种潜台词来不断加强一个观念,那就是怀尔德是最知道如何把她呈现在大银幕上的导演。我开始发现了怀尔德好莱坞生活中的一个核心,不管是这件事还是许多其他事,那个调和人际关系的人总是奥德丽·怀尔德。

"我要告诉你我知道的关于玛丽莲·梦露的最好的故事,"奥德丽在晚饭进行到一半时说道,"我们总是能相聊甚欢,甚至是在她生比利的气时,或者在他们争吵时。有一次她从纽约的一个聚会上打电话来,我们聊得很好。这事儿我从没和比利提过。在谈话的最后,她对我说,"此时,奥德丽模仿起梦露来,十分像——"'噢,你能帮我告诉比利一声去他妈的吗?'"奥德丽·怀尔德笑起来。那是一种具有感染力的、开朗的、几乎无声的笑。比利冲他那充满活力的可爱妻子咧嘴笑着。这一刻值得记下来。在晚饭的最后,怀尔德依然想让我知道他对这整个想法的怀疑。当他定下七天之后的下一次采访时,我脑中想的是西西弗斯神话[1]。

上午10点,威尔希尔大道。怀尔德夫妇住在公寓的十二层。在今天访问的前夜,我和史蒂芬·斯皮尔伯格进行了一场关于怀尔德的作品的对话。斯皮尔伯格滔滔不绝地讲述了怀尔德事业的诸多方面,特别是提到了《林白征空记》中的一个场景。仅凭记忆斯皮尔伯格就背出了詹姆斯·斯图尔特在驾驶室中睡着的那一段落的每一个镜头。仪表盘上方镜子的反光一直在驾驶室中转,

---

[1] 希腊神话,西西弗斯因为触怒了众神,被罚将一块巨石推上山顶,但巨石一到山顶就会滚下去,西西弗斯就再次把它推上山。

直到转到了斯图尔特的眼睛上把他叫了起来。这个意外的奇迹拯救了这次飞行和林白的生命。林白在最后一刻调整了尾翼，避免了坠毁。他叙述着这场戏，它也扎根在斯皮尔伯格自己那些神奇的作品中，他开始哼唱弗朗茨·瓦克斯曼为此片所作的华丽而充满个人风格的配乐，甚至注意到了瓦克斯曼在林白飞跃爱尔兰时加入的爱尔兰元素。这是来自这一代最成功的电影人对怀尔德作品的动人引述，而我则要诚惶诚恐地对怀尔德本人进行重述。

今天的访问是我第一次被邀请去他家。奥德丽把我引进门。公寓里放满了各种艺术作品，从含混不清的到热情奔放的，从明确的到微妙的；墙上空着的地方很少。在我去书房见怀尔德的路上，奥德丽向我展示了放在起居室角落柜子里的奥斯卡奖杯。"大部分人都想看一看这些。"奥德丽愉快地说道。我今天上午迟到了几分钟，但是尽管如此，又有谁能拒绝去摸一摸《失去的周末》的奥斯卡奖杯，掂一掂《桃色公寓》的最佳编剧与最佳导演奖呢？反正不是我。

我在怀尔德的书房里见到了他，他穿着白色的毛背心，刚看完《纽约时报》(*New York Times*)。"我读的已经是一周以前的了。"他一面说着，一面把身边的一摞纸拿开好让我坐在他右边。旁边是原始部落的雕刻品，还有放在花瓶里的新鲜玫瑰花。他小心地调整了一下眼镜，然后我们就开始了。他今天更加放松了，我开门见山地讲述了史蒂芬·斯皮尔伯格背诵《林白征空记》里关于仪表盘上方的镜子的出色段落的事，包括了他一个音符一个音符地唱出了瓦克斯曼的配乐。怀尔德听着，完全着迷了。他在予以评价前先好好享受了一下这一时刻。

BW：那很好。我已经忘了那场戏了，但是这很好。那不是部好电影，除非我能讲那个他起飞前夜的女孩的故事。

CC：你有没有问过林白这段插曲？或者有没有提出过用它的要求？

BW：我没问过。我不打算挑战他，或者改变他。我接受他。

CC：关于你和戴蒙德的合作我有一个问题。他是如何说服你放弃一个想法的？他常那么做吗？

BW：我们争论什么事都不会太久。因为争论太费时间，你知道。如果我的主意非常好，我就会做个这种表情（他满意而微妙地点了下头）。当我们在写作时，我们从来没有做过什么"我跟你说"的争论。如果是很重要的东西，我会坚持它。而如果他有什么非常重要的东西的话，我也会保护它，我会说"这很好"。而当他喜欢什么东西时，他会用一句很好的说辞，他总会说（轻轻耸下肩）："干吗不呢？"

CC：我最近访问了一些从前认识戴蒙德先生的人，他们说他看上去很忧郁。

BW：忧郁，是的。真正的幽默艺术家都是忧郁的。你会发现真的好笑的人是不会为他们自己的笑话笑的。他们会由它去。

CC：对我来说，整个过程中最难的部分是重写。吉姆·布鲁克斯（Jim Brooks）[1]曾对我说过："他用写作来避免写作。"我痛恨重写。对我来说，新写个更容易一些。你有办法能够坚持写一个想法不放弃吗？

BW：有——丰富它，挖得更深一点。有时我们一次就扔掉十页八页。你知道有时我们会说"这个和主题无关"，有时它并不会融入情节，你加入一个笑话，继而扔掉一个笑话——电影不需要它。如果电影不需要它，它就不好。你没发现吗？然后你就会发现——你是自己独立写作，那么这种情况可能会出现得更频繁——你在重复你自己。你把同一件事说了三遍。

刘别谦的主意是先说一个二，再说一个二，然后顿一下……观众就能自己算出四来了。一加一加一加一等于四，或者一加三等于四。我们总是重复我们自己——他这么对我说；他只说了这个。所以是的。有时我们一天写十页，有时我们一周什么都写不出来，因为我们卡壳了，有什么东西不对味儿。所以有个审查者是好事，但是必须得是好的审查者。有个合作者是件很好的事。

CC：是的，听你说你的合作者使我觉得自己很孤单，独自写作。

BW：但是是你坚持要自己写的。

CC：我还没有找到完美的合作者。

---

[1] 詹姆斯·L·布鲁克斯（1940— ），美国电影导演、制片人与编剧，代表作有《母女情深》《尽善尽美》等，担任过卡梅伦·克罗多部电影的制片人。

BW：如果你找到了，告诉我一声。不管你什么时候看到一部我的电影，上面我的合作者是一个新的名字，那一定是一部我不喜欢的电影，并且我也不会再和那个人合作第二次。我曾经和两个理想的人合作过：戴蒙德，当然，还有布拉克特。我和布拉克特吵了很多次，但都是艰难的、有建设性的争吵。我把他们换了，你知道——曾经有一段时间我有六个合作者。他们现在要么死了，谢天谢地，要么……是，每当我和人开始新的合作，我就会一直坚持到最后，我会保护他们。但是之后当我不再和他们合作了，那就意味着我在和他们的合作中没得到成果，或者没得到足够多的成果。如果他们问我为什么只合作一部电影，我会说："噢，我得和这个新来的合作——他是带着投资来找我的。"

CC：在布拉克特之后你找到了戴蒙德。你是怎么使I. A. L.戴蒙德成为你的合作伙伴的？

BW：（怀尔德对这个话题立刻来了兴趣，然后带着真感情进行了下面的叙述。）我在《编剧工会》(*Screenwriters Guild*)杂志上读了一些他写的有趣的东西。只是一些小幽默、小梗概，但是里面有些东西。他十分用功，总是会在里面多加点东西。我见了他，在和他聊过天之后，我就爱上他了！他开朗、聪明，而且他才刚开始他的事业。我当时正在准备我的下一个片子。我看过他之前的一部电影，但那一点也不重要。他当时的工作无法让他发挥他的水平，而他也已经准备好做更多了。我在下一部电影里试用了他，那是《黄昏之恋》。没错，这是次很好的结合。

CC：是不是每部电影都有一个主题？比如，当你在写像《桃色公寓》这样的电影的过程中迷失了的时候，你和伊西是不是总能对对方说，比如"这是部关于一个小人物在一个大公司里的电影"或者"这是一个窝囊废变成了皮条客又变成了一个男人的故事……"？

BW：是的，我们会这么做。我们知道我们的主题。如果没有个具体的主题，我们甚至不会开始写作。如果你找到了一个很好的开头，以及一个比较像是结尾的还不错的东西，却没有能够支撑起中段内容的必要的矛盾，那就将是一件很艰难的事情，然后我们就会花一两周的时间来谈论它。然后我们会说："嗯，这不是很好，它不起效。"

CC：《桃色公寓》的起源是什么？

BW：《桃色公寓》是我之前十年就有了的想法。只是单纯的想法，没有细节，但是那时候有审查——那之前十年是一九四几年，然后1950年……然后到了1960年，这事变得稍微容易了一点，然后我们就拍了。但还是有人找到我说"你拍了一个肮脏的童话故事"——现实中不会发生这种事。（笑）不存在？这种事在哪里都可能存在。

CC：关于这个电影的起源有一些相互矛盾的说法。有些人说这个故事是一个叫西德尼·斯科尔斯基（Sidney Skolsky）的记者送你的。

BW：不不，斯科尔斯基？不是。

CC：而伊西·戴蒙德曾经提过它是受了詹宁斯·朗（Jennings Lang）事件的启发。［在1951年，知名好莱坞经纪人詹宁斯·朗被制片人沃尔特·万格（Walter Wanger）开枪打伤，因为他和万格之妻，女演员琼·贝内特（Joan Bennett）有染，据称朗的幽会地点恰巧就是一个下属的公寓。］

BW：不。《桃色公寓》的来源是我看了大卫·里恩（David Lean）的优秀作品《相见恨晚》（*Brief Encounter*, 1945），它讲的是一个男的爱上了一个已婚女人，他乘火车来到伦敦。他们去了他朋友的一个公寓。我看了后说："那个不得不爬上还带着体温的床的家伙会怎样……？"那是个有趣的人物。然后我就把它记了下来，后来又在笔记本上记了些别的东西。这个故事的主角是那个必须忍受这一切的人，那个每次都要忍受别人的谎言的人。他公司的一个人对他说自己需要换衣服，然后就用了这个公寓……接着就这么下来了。

我之所以挑这个故事是因为我和莱蒙刚合作完《热情如火》，而我太爱他了。我们第一次合作就是《热情如火》，我说："就是这个人。就找这个人演男主角。"有一点窝囊，就像我们之前说的，你会对他报以同情。但是《桃色公寓》的想法已经在我脑子里转了很多年了。"那个在情人们离开后爬上床的人会是什么感受？"这就是它真正的起源。我想："它肯定通不过审查。"但是我留着这个想法，然后当［审查标准］有一点松动了，我们就拍了。我对那个保险员C. C. 巴克斯特的形象有概念。而我要说莱蒙是个天真的人，他的上司——那个经营公司的人——想去看歌剧，于是想用一间公寓来换衣服。莱蒙说："你可以用我的！"

就这一句话使他成了老板的仆人,那个保险公司的董事长后来给他安排了更好的工作。他得为靠这事来换到工作而感到一点羞愧。这是个很重要的问题,我们必须得解决这个问题——我们必须要找到能解决问题的最好道路。他做这些事要完全是出于天真。

CC:而你处理得非常聪明,当莱蒙在麦克默里面前为自己辩护时,他没意识到面前这个人正在向他索要公寓。

BW:是的,是的,我们就是这么做的。但尽管如此,还是有些人说这是个肮脏的童话,它不可信。而我要说:"哪里不可信?"它非常可信。它可能发生在世界上的任何地方,除了一处——莫斯科。为什么不会发生在莫斯科?因为那个家伙得给同住在那个公寓的六户人家安排地方。(笑)它当然是可信的,因为每个人都想和人上床,而当他结婚了,他就借另一个人的公寓,而不是汽车旅馆。或者如果他找不到这么个人来借,他也只需要十分秘密地租个公寓就行了。

但是这很容易就能写出来。《热情如火》也一样,一旦我们有了把它放到1927年那个时代的想法,它也就变得很容易了。因为我们有黑帮,我们有情人节,它就这样出来了。阿尔·卡彭(Al Capone)先生把他们处决了[1],我们说:"我们在电影里搞一次。"当然我也同意那些黑帮有点荒谬。

---

[1] 情人节大屠杀,1929年2月14日,美国芝加哥发生了一起黑帮火并,一伙匪徒假扮成警察在一个停车场抢杀了一个由"臭虫"莫兰为首的帮派的七个主要首领,莫兰帮派从此覆灭,莫兰本人虽然逃过一劫,但也从此一蹶不振。后来警方抓住一个叫伯克的人,认定他是凶手。但民间普遍认为当时芝加哥的黑帮老大阿尔·卡彭才是幕后指使者。怀尔德的《热情如火》把这件事作为故事发生的背景。

5

毕加索与弗洛伊德

"让它真实,让它可信"

领衔演员

被某种只在银幕上出现的东西击中了

《黄昏之恋》

"我从不在拍第二条或者第三条时提高嗓门"

特写镜头

《控方证人》

查尔斯·劳顿

迪恩·马丁

《热情如火》

你永远不知道玛丽莲会怎么做

《玉女风流》

卡格尼

"总体来说,我认为观众比他们被认为的聪明多了"

CC：你是一位众所周知的艺术品收藏家。你是否和毕加索有过交往？

BW：没有。我们那时在戛纳，他在瓦洛里[1]，那个地方在山顶上。我说："咱们去看毕加索吧。"我们有一些共同的朋友。奥德丽和我就去了瓦洛里，开车大约一小时。广场中央有一座很普通的牧羊人提着灯的雕像。我走向那栋房子，正要按门铃时又把手停了下来。我说："我不能这么做。我只是个路人。"我原本想向毕加索解释我有一些朋友有些非常好的收藏品，他们会和他谈得来的，而且他们还会送他一顶牛仔帽——他对美国牛仔很着迷，但是我在开口之前就已经慌了神了。别去理他了，管他的。于是我们掉头回去了。

CC：他当时没有在等你？

BW：没有，完全没有。我怎么给他打电话？我怎么能拿到

---

1 法国南部小镇，毕加索曾前后在那里住了近八年。

他的电话号码？我只说了句，好吧，去他的。

CC：你年轻时在柏林[1]当记者时，曾采访过弗洛伊德 (Sigmund Freud)。在他身边是什么感觉？

BW：我没有采访他。他在我开口前就把我扔出去了。我去了贝格巷——贝格巷19号。他住在那里，芒廷街，这是个中产阶级街区。我到了那，身上唯一的武器是我的预约牌：《时时刻刻》(*Die Stunde*) 的记者。我是为了一篇圣诞节特稿去的——"你对意大利最近的政治运动怎么看？"墨索里尼（Benito Mussolini）当时是个新人，那是在1925或1926年。我之前从没听过，所以我专门研究了一番。弗洛伊德讨厌记者，他就是不喜欢他们，他们总是开他的玩笑。

我那时从没见过一个接受过精神分析的奥地利人，也从没见过任何一个接受过精神分析的人。那事对我来说很神秘。我摁了门铃，一个女佣开了门，她说："教授，教授先生正在吃午饭。"我说："我等着。"于是我就坐在那里。现在在欧洲，在中欧，医生们都在自己的公寓里办公。他们和医院有合作，在医院里有自己的办公室。但是对这个教授来说，他家的客厅就是会客室，从他书房的门里，我看到了那个沙发。那是个很小的东西，大约也就是这么大（他指了指一个小长凳），铺着土耳其地毯，铺满了土耳其地毯，一层盖着一层。那时候，在1925或者1926年，他收集了很多非洲及哥伦布发现北美以前的北美艺术品。我那时对那个沙发之小很感兴趣。（停顿了一下）他的所有理论都是根据

---

[1] 怀尔德采访弗洛伊德是在维也纳。

对非常短的人的分析得出来的。(怀尔德满意地看着我:很流畅地抛出了一个笑话,得到了热情的笑声。)

他就坐在椅子上。他的椅子就在沙发头的位置再靠后一点。我一路看上去,就看到了弗洛伊德,一个小个子的人。他[脖子上]系着餐巾,那个白的东西,他打断了午餐,说:"记者?"我说:"是的,我有几个问题。"他说:"门在那里。"他把我赶了出去。

这是我事业的一个高点。因为人们总是不断问我这事,他们从远处跑来问我每一个细节,让我告诉他们到底发生了些什么事。但是全部的经过就是这样。只是"门在那里"。然后我说:"谢谢。"(耸肩)不管怎样,这也总比被指派和萨达姆·侯赛因(Saddam Hussein)共进晚餐强。

CC:他冲你摆手了吗?

BW:没有。

CC:什么都没有,只是——出去。

BW:只是看了一眼[我向他出示的]预约牌。"这位就是怀尔德先生?《时时刻刻》来的?"我说:"是的。"他说:"门在那里。"

CC:读那些写你的书是件很有趣的事。那些书充满了像威廉·霍尔登那样的评论:"比利·怀尔德满脑子都是刀片。"你一直被认为是个伟大的愤世者,一个传奇的批判者。

BW:是的。

CC：你是否认为你的愤世被过度渲染了？

BW：我的愤世？是的，我没有那么愤世，被过度渲染的原因可能是我不理那些不重要的、糟糕的东西，对那些东西我从来都是一句话带过。我从没有嘲笑挖苦过我的朋友，我不知道他们从哪里得到的想法，说我是个愤世者。

CC：也许是因为你常讽刺？

BW：讽刺，也许，是的。在我的电影里你知道……里面没有愤世，也许《倒扣的王牌》算一个，那是我认为那部电影应该走的方向。那是对一个被纽约的报纸解雇，然后又因为一个困在洞里的人而到了电影里那种境况的记者的讽刺。可笑的是他想利用这件事，最终他付出了代价。他让那个人在洞里待太久了，所以他要付出代价。他原本可以把那人救出来的，而他却在洞外搞了个马戏团。

但是就在我们试映这部电影的那天，我当时在威尔希尔大道，那里发生了一场事故。有一个女人，我猜，她没看到红绿灯，被一辆车撞了。他们把她抬了出来。忽然我看到一个摄影师，他正在那里拍照，我说："谁去打个电话给警察，叫辆救护车来。"那个摄影师说："别找我，我得在这里拍照呢！"这就是讽刺。

CC：伊西·戴蒙德对你的作品有个很好的描述。他叫它"甜和酸"的混合物，基本上和生活一样。

BW：是的，就像生活一样，一点错也没有。我不是个老好人，有时候我对人和善，有时候我会尖刻起来……

电话响了。在一阵短暂的谈话过后，怀尔德注意到网球比赛就要开始了。他挂了电话。他急切地想看年轻的新星玛蒂娜·辛吉斯（Martina Hingis）的比赛。怀尔德时刻注意着消了音的电视，同时要我继续提问。

CC：**我觉得很有趣，当我第一次向你阐述这个计划时，你问"这书给谁看?""它会卖得出去吗?""谁是你的读者?"，你拍电影也是这样吗？你是否常常问自己"这电影是拍给谁看的?"。**

BW：不会。每次几乎都是同一批观众，大差不差。也许只有林白的那个电影例外。我只会不断想："我喜欢它吗?"如果我喜欢，也许其他人也就会来看并且喜欢它。也许它会得到一些好的评价，也许他们会来看。但我从不……从不跟风，你知道。现在的潮流是灾难片，对吧？洪水、汽车、大巴。哗啦啦。它绝对——就是没有对话。（敲桌子）其中有些很不错，像比如《虎胆龙威》(*Die Hard*, 1988)。那是部好电影，我喜欢。但我只是觉得，一部电影应该有些新东西，得有些不是每天都能见到，但人们还能认为它真实的东西。

CC：**所以真实——真实是关键。**

BW：让它真实，让它可信。即使是在《热情如火》这样的闹剧里，都不要去搞那些不真实的东西。我先想象出来像奥斯古德·费尔柴尔德那样的白痴，然后现实生活中有那样的老笨蛋，跟着我就继续往下编了。

怀尔德注意到比赛开始了，他打开了声音。电视在他的书房里声音很大。他把脸从电视机前转向我，准备回答下一个问题，热情地应对着来自两方面的信息。

CC：听说你无法说服制片厂拍《丽人劫》，是真的吗？

BW：什么？

CC：（大声说）听说你无法说服制片厂拍《丽人劫》，是真的吗？

BW：是的。我想我们从德国人那里得到了一些帮助……我其实不是很清楚，我不知道。我只知道我们得到了资金，然后我让那些钱打水漂了。

CC：如果一部电影没有表现得像你预期的那么好，你会怎么样？有什么人或者什么事会让你感觉好一些？

BW：我的想法我自己做主，"这是好的……这是坏的"。如果它没有奏效，没人能让我改变这个看法。只是有一次他们阉割了那部电影，我觉得它的反响应该更好一些的，它值得获得些什么的，那就是《倒扣的王牌》。我真的觉得那是不对的，于是我就生气了,但我不会四处诉说我的悲伤。奥德丽会让我开心一点,没错,但我不会提它,我就把它晾在那。(电视声音陡然增大了)继续,我在听。

CC:你有没有写过更个人化一点的角色,那种你觉得他身上有一点比利·怀尔德的影子的角色? 你从没有写过年轻的记者……

BW:年轻记者? 没有,很明显,某种程度上,每一个主要角色,或者有时也包括一些次要角色,他们行事都会像我一样。

我当过记者。我曾经写过一些无聊的东西。但是我经历过很多事,你知道,在我九十年的人生中,当我想一个故事时,脑子里就会有什么东西告诉我"要这么做"或者"不要那么做",那就是我讲故事的方式,那也就是我会投入进去[拍某部电影]的方式。但是在电影里面我个人的成分很少,我只是写一个角色,希望他能有一些深度。生活中自传的成分……那种东西永远不会是好东西,除了在传记片里,只是有时我会写一些我之前在生活里做过的事。(他转头去看辛吉斯的比赛)好了,你还有问题吗?

CC:还有一点,我会在你看的空隙问完的。《黄昏之恋》中野餐的段落安排得像是向雷诺阿致敬,是有这个意思吗?

BW:我是根据马奈(Édouard Manet)的那副裸体的画[1]设计的

---

1 爱德华·马奈(1832—1883),法国画家,印象派绘画的先驱。这里指的是他最著名的作品,1863年的《草地上的午餐》。

那场野餐。

CC：在你所有电影的女主角中，你和哪位心灵上最相通？

BW：我喜欢和奥黛丽·赫本合作……还有虽然我提过那是部很烂的电影（《红唇相吻》），但我十分喜欢金·诺瓦克（Kim Novak）。所有的女主角我都喜欢，也许玛丽莲·梦露除外，而且那也是在她让我干等了一整天，或者有时三整天之后。（停顿）但是她能十分平滑地表演出一段长对话，并且不犯一个错。我比较喜欢她那种抑扬顿挫的方法。我喜欢她，我愿意隐藏起我的尊严去等她。

CC：那你感觉最亲近的人物是……？

BW：我喜欢《战地军魂》里的威廉·霍尔登，很完美。我喜欢和那种人待在一起。我可能会想成为《热情如火》里的托尼·柯蒂斯。（笑）诺尔玛·德斯蒙德，我非常喜欢，还有萨布里纳。（停顿）我喜欢那部电影，和别的片子比起来，《龙凤配》是部非常非常柔和的电影。

CC：从什么方面讲？

BW：从那些爱情戏讲，你知道，我没想让她经历一长串性史，她是奥黛丽·赫本小姐。现在我们知道她有一些爱情故事、秘密约会地点之类的东西。我不知道，我在拍电影时没有任何欲望去和任何女人发生感情，因为我完全被电影本身迷住了，它不给我一点空闲时间，但有时你的幻想会变化。我被斯旺森吸引，我被芭芭拉·斯坦威克吸引。是的，那些东西就在那里，但它们都在银幕上。吸引你的东西是在银幕上，而这正说明你做得很好。

CC：所以对于你而言这些人物确实存在，你创造的这些……

BW：是的。

CC：但他们是在电影里，仅此而已。你不会对他们做过分浪漫化的幻想。

BW：不，从不。比如，奥黛丽·赫本，她是《罗马假日》(*Roman Holiday*, 1953)里的公主……或者是司机的女儿。我十分小心地不在电影里做任何庸俗的设计。我只会说："她就是这个样子，这就是她表演的方式。"没有人能像奥黛丽·赫本一样演出，没有人。

CC：但她在《黄昏之恋》里面十分风流，在里面她离家去和加里·库柏幽会。

BW：是的，但她没有和任何其他人有过关系。

CC：是的，你用她炫耀那些情史来遮掩了这一点，但我们知道那些事是不会发生的。

BW：绝不会发生的，她是从父亲的文件里读到的那些故事。

CC：《黄昏之恋》中有很多值得一提的桥段。一个是奥黛丽·赫本在走廊上和她的大提琴跳舞，这一段教给了每个当代导演如何展现私人时刻。另一个是加里·库柏的私人弦乐四重奏乐团，那些杰出的匈牙利吉卜赛音乐家，他喝醉的那场戏是我最喜欢的电影段落之一。大部分编剧只会简单地把他安排在酒吧吧台前和酒保聊天，但是你把他放在了酒店套间里，听着赫本情人名单的录音，他和弦乐四重奏乐团在两个房间之间把放酒的推车推来推去，酒杯里的酒不断溢出来，音乐在继续。就是在这一刻他发现自己爱上了她。

BW：（自豪地）是的，他在等着那些女孩，但那对瑞典双胞胎没有来，于是他借酒消愁。现在他有吉卜赛人陪他喝酒，同时在隔壁演奏。让吉卜赛人出场是个好主意，甚至让他们出现在土耳其浴室里！他们是真的音乐家，一个真的匈牙利乐队，他们伴随着水蒸气的上升演奏。非常好。

CC：**这是你少有的几个视觉特效之一。**

BW：没有视觉特效……我们把杯子固定在桌子上，然后让车滑来滑去，我叫了六个人用吸管把香槟喝掉。

CC：**你在电影中很少提到加里·库柏与奥黛丽·赫本之间的年龄差距。这件事使你担心吗？库柏经常在阴影里……**

BW：是的，当然，年龄差距问题。是的，我很担心这件事。我努力让他尽量显得年轻，我希望能够起效。他那时候五十多岁，他六十多岁就去世了,就在那之后不是很久。

CC:库柏自己担心年龄差距问题吗?

BW:不担心,他可以睡任何他想睡的人,他就是那样的人。我在《龙凤配》里同样担心过汉弗莱·鲍嘉的年龄,使用年轻女主角时总会有这个问题。在《黄昏之恋》里我之所以更担心一些,是因为奥黛丽·赫本太纯洁了。或许这个问题很引人注目,但是希望故事本身能让你在看的过程中忘掉这一点。

CC:在你年轻的时候,英语在你眼中有多难?

BW:非常普通。但是写起来手生,有些难。比如"尽管"(though)和"坚强的"(tough),你知道,很麻烦。说起来容易,写起来难。

CC:创造美国英雄是不是件很让人为难的事?

BW:完全不。我只会说:"这是我们的男主角,他会这样行事。"自然[在开始时]我需要借助我的话去解释,因为这是一门完全不同的语言。但是当我进入了英语的节奏之后,它就变得很容易了。但是我是指说而不是指写,写很难。

(电视上出现了一个电动剃须刀的广告。)只有Norelco[1]的最好用。你用吗?

---

1 飞利浦公司的电动剃须刀品牌。

CC：不，我用普通刀片。

BW：我也是。你住在哪里？

CC：（被问到个人问题使我有点惊讶，我快速答道）**西雅图和洛杉矶……当一个演员在拍摄过程中进入不了状态，你会怎么对他？所有人都站在那里等着……**

BW：如果演员进不了状态？就那么一直僵着？大部分时候场面都是很温柔安静的。我很安静，会对他很好，我从不在拍第二条或者第三条时提高嗓门。但是如果到了第五十条……（他做了个鬼脸。）

我有个关于这事儿的故事。普雷明格正在拍一部电影［《犯错的余地》(*Margin for Error*，1943）］，有一个演员是个德国难民，一个老人。他想好好表现，只有两段对话。但他就是做不到，演不出来。普雷明格嗓门开始变大了，那个人开始流汗，最后普雷明格冲到他面前大叫："放松！"那个人就晕倒了。他冲他大喊"放松"，后来他觉得对不起那个人，又把这场戏拍了。拍得很好。但是这也是应对这种问题的一种方法。天花板都差点震下来！

CC：**你会自己亲自挑临时演员吗？**

BW：是的，但是我会用这种方法挑：假设我在二楼的一个办公室里。我对我的助理导演说："你下楼去，叫他们贴墙站成一排。"他们不知道我在看着。

CC：好主意。

BW：是的，因为如果你站在那里，他们就会在你面前装模作样，哀求你给他工作。我不会因为某个人在饿着肚子就让步的。不，不会。我只是要拍电影，然后……我会自己拿钱给他们的。

CC：你认识弗兰克·辛纳特拉（Frank Sinatra）[1]吗？

BW：是的。

CC：你从没和他合作过。

BW：没有，他不是个演员。我喜欢作为歌手的他，尽管对我而言平·克罗斯比最具个人风格。克罗斯比是艺术家，尽管他在今天已经被人淡忘了，但他是一流的。

CC：我听说在辛纳特拉的时代，他喜欢自己一走上台就能听到"开拍"。他不愿意等。

BW：他没兴趣听到人们走上前来说："我们的进度推迟了一点。"他星期四必须到拉斯维加斯，他们问："那我们应该怎么办？"他说："很简单。"然后把剧本上还没拍的那些戏一把撕下来。你遇到这样的演员会怎么样？

---

[1] 弗兰克·辛纳特拉（1915—1998），美国歌手和演员，获得过十三项格莱美奖及一项奥斯卡最佳男配角奖，出演过《乱世忠魂》《十一罗汉》等片。

CC：你已故的朋友理查德·科恩说辛纳特拉送过你一幅毕加索的画。

BW：他给过我一幅毕加索的画，没错。

CC：所以你们曾一度是朋友。

BW：我帮忙给他的一部电影做过编剧，是部喜剧，他们希望能拍得像《热情如火》那样，那部《十一罗汉》(*Ocean's Eleven*, 1960)。

CC：然后他送了你一幅毕加索的画做礼物。

BW：是的，很小的一幅画，但是是毕加索的。

CC：今天最后一个问题。关于《日落大道》结尾的镜头，当诺尔玛·德斯蒙德走入她最后的特写镜头……

BW：我想我是在白天拍的。那是场好戏，因为她已经疯了，对吧？这是世界上最容易的事情了——让一个人发疯。为什么这人要这么做？因为他疯了！但是你能够明白诺尔玛·德斯蒙德为什么要这么做，她已经半疯了。而且这是一个给影片结尾的极佳理由，她疯了，这就是结局。

我当时就感觉如果在结尾的镜头引入一个特写会很棒，施特罗海姆先生来导演——"我们已经准备好拍特写了。"然后她走下来。她错把施特罗海姆先生当成戴米尔（Cecil B. DeMille）[1]先生了。她以为她在摄影棚里，她以为现场的一切都是真的。人们围着她……他们知道这都是施特罗海姆先生安排的，我们没有表现安排的过程。她打扮好，然后她打算出演这一场大戏。"稍等一下，戴米尔先生。我想说几句话。"她的声音变大，她说，"……你们这些活在阴影里的好人……"

CC：而在镜头的最后，当她走入镜头，画面变模糊……

BW：是的，用了点小技巧，因为她的戏是假的，她不知道自己在哪。然后——为了最终能把问题解决，就是她以为自己在摄影棚的问题——我们用了"我准备好拍特写了，戴米尔先生"这句台词，接下来她走入了特写镜头。

CC：她越来越走近摄影机的镜头是不是一个视觉特效？

BW：调焦员把焦点调虚了，我让摄影机一直转着，我不知道该从哪剪。

上午11点。当我和卡伦·勒纳到达时，怀尔德的情绪很欢乐。他正坐在他里外两间的办公室的秘书坐席上签一些给影迷的照片。他签照片的动作预示了今天的谈话一定会很顺利。桌上旁边放着一堆淡黄色的卡片，他经常把它寄给写信来要照片的影迷。

---

1 塞西尔·B.戴米尔（1881—1959），美国电影导演，代表作有《十诫》《万王之王》《大马戏团》等。

卡片上写得很简单："编剧不签明星照。明星照是为演员准备的。BW。"今天有些幸运儿得到的将不会是那张卡片，而是一张导演签过名的照片。我问他这些影迷来信是怎么回事。

BW：他们问了一堆问题。随着你变老，人们在电视上看了越来越多的老节目，我就在他们中间很有名了，在这些要明星照的人群中很有名。我不知道这些人他妈的想要我说什么——我已经杀了两三个老婆了？我说不出什么新玩意儿来。（他指着录音机）它开了吗？

CC：是的。他们会问很多关于老电影的问题吗？

BW：关于老电影，当然。我是伴着默片长大的，我也不知道和人合写了多少部默片。我是黑户（他对枪手的称呼），我的名字不会出现在银幕上。那时候的剧本只有二十五页，没有对话，全都是动作。二十五页，那就是一个剧本了。你拍一整天，能拍出来比如说五分钟——那就非常棒了。我不会拍过肩镜头，也不会拍特写。

特写镜头，你知道，那是个很奇怪的东西。所有的〔演员〕都想要特写镜头，无论是临时演员、后备演员——所有在电影里出现的人都想要，那些没有台词要说的人也想要特写镜头。于是我就一直拍摄特写镜头，但我摄影机里从不放胶片。然后我会……

CC：你真会张嘴喊"开拍"？然后假装拍一条？

BW：我会喊"开拍"，但我会给摄影师一个眼色，然后会拍一条，因为他们会说："你给了她一个特写，却没有给我！"（他自己做着无赖般的急切表情）"噢，对对，你说得太对了！没错，真是不好意思，咱们也拍个！"

CC：这么多年来你透过镜头安排那些特写镜头时，肯定有那么一两次特别兴奋。

BW：有，但是不多。我没有拍过一个没有效果的特写镜头，它一定得是有机的一部分。有时我在阴影里拍，有时我逆光拍，这根据当时的情绪决定。但是特写也是十分有用的东西，你可以用它讲很多事，如果你能说得出来的话。如果演员无法把东西说出来，我就不会拍特写。

CC：我昨晚在看《控方证人》，从里面看到了一个默片拍摄方法的极好的例子。在电影画面的中心，沃莱（泰隆·鲍华）站在窗外，赞美着那个即将被谋杀的老妇人的帽子。这是一个绝佳的默片片段。

BW：就是那个他出于他的目的要钓一个老妇人的默片段落对吧？那是个很优雅的时刻。我让玻璃上有点汽车的反光，而且我喜欢让他用当她的时尚顾问的方法钓那个老妇人。"这个不好。"他说。（他表演了那个片段，对那个帽子做着难看的表情）"非常感谢你，年轻人。你叫什么？"于是他就勾搭上了她。

CC：那时候，我猜，制片体系一定十分急切地想让你把默片段落拿出去。"快拿出去！拿出去！让电影剧情发展速度再快点!"能看到默片戏剧非常好,默片的荣耀在你电影中延续着。

BW:是的,而且一般那种时候背景总会有一点音乐。是的,这个钓女人的段落很简单。我们必须得有一个有钱和拥有一些非洲艺术品的老寡妇,这个最对他的味。泰隆·鲍华十分喜欢表演默片的演员,你知道,因为他的父亲和祖父,他们也是演员,你知道,他希望能做好。

CC:你拍摄《控方证人》的方法十分简单,这会让人产生误解。你十分狡猾,你把查尔斯·劳顿自己放在聚光灯下,填满了画框。

BW:而且,上帝啊,他做得到!他可以做得非常好。

CC:是的,而其他人,你就让他们在镜头里一群群地出现,或者你就用从头到尾的全景。但是劳顿会站出来,表现得十分明显。这里面有多少是你和你的摄影师计划的?

BW:没有多少。我手上只有剧本,而且还没有完全写完。我们还在写最后一场,我们一贯这样。我们知道要有一个惩罚——她用上交给法庭的匕首杀了他。我告诉过你,当我们第二天要有一场大戏要拍时,劳顿就会来我房间,然后他要表演那场戏,他记得住每句台词。然后他会换种方法再演一次,然后再换种方法,换了二十次。他会一次比一次好,(他摇着头,还在为这位演员的才华而赞叹)我只需要做选择。

CC：那你会拍二十遍吗？

BW：（马上）不。我们会在前一天彩排，那时候我们会比较喜欢比如说第二十个版本。然后他第二天来到摄影棚，说他想用完全不同的方式来表演压轴台词"……还是你其实在说谎？！"他知道保持安静，加强效果。于是我们就拍了，我们会合并第二十个和第二十一个。整个台词我们就用一个特写镜头完成。你会看见这整个表演过程，这位演员达到的高度……

（怀尔德停了一下。在将近四十年后，劳顿的表演还会让他非常愉悦。劳顿似乎是怀尔德心中的演员典范——有力、专业、不刻意的创造力、总是用一种轻喜剧的方法来处理人物。这位导演正在寻找能够表达他的高度赞许的方法。他最后决定带着强烈的尊敬轻描淡写地说四个字。）

他非常好。

然后是他的妻子［爱尔莎·兰切斯特（Elsa Lanchester）］，她扮演护士。他们现在都去世了，很不幸。（停顿）我拍这部电影得到了他妈的太多乐趣了。在某种程度上它很简单，只拍了四十天。

CC：有趣的是，当他从保温瓶里喝白兰地时，你好像特别在他的眼睛里打了主光，使它更加闪烁，他看上去好像真的开始醉了。

BW：我拍那个用光了？没有。只不过是他知道主光在哪里而已。他是个非常非常好的倾听者与非常非常好的创造者，非常非常好。他从没得过奖，虽然［因为本片］得到过提名。

CC：但是在这部电影里，人们一定很喜欢他。

BW：是的，他们喜欢这部电影。但是很奇怪，因为他们说："你他妈的打算怎么拍？你打算在老贝利就把整部电影都拍完了？"我说（因为知道劳顿的实力而狡猾地一笑）："不，我只打算在那里拍一点，那是第三幕的戏。"

CC：如果不介意的话，我想问一点关于《红唇相吻》的问题。

BW：我介意，但是你问吧。

CC：（笑）马丁·斯科塞斯（Martin Scorsese）打算拍一部迪恩·马丁（Dean Martin）[1]的传记片，根据尼克·托斯凯斯（Nick Tosches）的传记《迪诺》（*Dino*）改编。迪恩·马丁该以什么形象重现？他曾是鼠帮[2]的核心成员，还有辛纳特拉。

BW：是的，没错，而且他是最幽默的一个，对我而言。迪诺是一等的演员，一流的天才。那不是部好电影，但他是他那个级别中最好的。他和杰瑞·刘易斯（Jerry Lewis）搭档后就变得很糟糕了，刘易斯是双轮马车的第三个轮子。迪恩·马丁是个很有趣的人。我记得他——这事发生在午餐后，我们在午餐后总是

---

[1] 迪恩·马丁（1917—1995），美国歌手、电影电视演员与舞台喜剧演员，《红唇相吻》的主演。

[2] 20世纪60年代的一个演员团体，主要领导者是辛纳特拉、马丁和萨米·戴维斯，他们经常集体出现在舞台上与电影里，比如《十一罗汉》（1960）。

会有游客,因为他们要去食堂吃午饭,游客们就会围拢在那里——他站在那里,靠得游客很近,手放在口袋里,在他裤子口袋里摸索着,然后他忽然会说:"梅子?我从哪拿到的梅子?"(他站起来演示这个笑话——马丁在他裤子的胯部大肆摸索着。)这就是他的标准笑话——"梅子在哪里"。

CC:在《迪诺》那本书里,雷·沃尔斯顿(Ray Walston)[1]在一次采访中讨论了《红唇相吻》的拍摄。他说:"就像怀尔德和戴蒙德一贯做的那样,这部电影开始拍摄时没有明确的结尾……"

BW:是的。

CC:"现场总是充斥着争吵喊叫,但大部分时候迪诺总是可以让怀尔德笑。"

BW:是的,这是事实,我总是会笑,但是成为最好笑的人只占了他潜力的百分之十而已。是的,我对迪诺很着迷,我觉得他是好莱坞最好玩的人。

CC:沃尔斯顿还说了一件事:"怀尔德找到我说:'有事要发生了,超乎你想象的事情,一些你从没想过会在银幕上发生的事……未来的电影要变了。'"当然你是正确的,但是沃尔斯顿说他不确定你和戴蒙德预料到了《红唇相吻》所引起的这些喧嚣。

---

[1] 本片男主角。

BW：天主教会卑鄙地说如果我剪掉一场戏，他们就给这部电影放行。那是从前的事了，电影的半古稀时代。他们已经谋划好了反对计划。我做了删减，但教会还是继续反对这部电影。他们叫我［完全］剪了那场戏。那是场［迪恩·马丁和菲利西亚·法尔］复杂的爱情戏，就是那场戏。

我一向诚实地和审查官周旋。我的电影里有性，但它要么是戏剧化的，要么就是很滑稽。比如玛丽莲·梦露和托尼·柯蒂斯在船上的那场戏，那场戏笑话一个接着一个。那一次审查官原谅了我，因为它滑稽。我有次看了部电影，它在一开始——他们就是这么审查电影的——那个人说："你这个婊子养的。"这是通不过的，但是你可以说："但愿你有一位母亲，她曾经沿街叫卖过。"当你在里面放点幽默的东西，它就能通过。我对那个……那个审查委员会十分十分小心。我对他们很公平，他们也对我很公平，除了一两次特例，比如《红唇相吻》。

CC：是因为你错误地替换了塞勒斯的缘故，还是因为这部电影一直没有被人理解？

BW：它不是很好，我想。它原来是一出意大利的古装戏，很成功。它原本有个很棒的关于自大狂的创意，那是穿古装演的，我想它应该就那么演。它应该就是部意大利戏剧，故事发生在古代。

CC：你的意思是一出古代戏？

BW：是的。（不动感情地）我一直不是很喜欢那部电影。即使是彼得·塞勒斯演我也不会更喜欢，因为他太英国了。但是我当时可以找他，而我又在找戏拍，于是就拍了。所以换句话说，就是给这部电影一次机会。

CC：(向前弯腰)**在这部电影的开始部分有一个美妙的元素，沃尔斯顿教的钢琴课的旋律成了电影的旋律。**

BW：是的，那个很好，很不错。

CC：**那就是你和塞勒斯拍的那场吧，那场钢琴课的戏？**

BW：(轻快地)是的，那就是我和塞勒斯拍的那场戏，然后他周一就再没出现了。他之前找我借了些钱，因为他想带孩子去迪士尼乐园，那时他就在迪士尼乐园。那是我最后一次见到他，给了他钱，有两三百美元，那不重要。然后他就不见了，接着就是心脏病，那是个错误，我换了个英国演员。那出戏在意大利很受欢迎，那是出意大利语戏剧，不是英语的。

CC：**金·诺瓦克的表演是不是模仿了梦露？**

BW：不，一次也没有。我根本不知道"像梦露一样演"是什么样的，我根本不知道。我从不知道梦露会怎么做，她会怎么处理一场戏。我必须得和她说清楚，或者我把台词划下来，说"这个非常好"或者"照这个演"，但我从来不认识什么人……会使我期待看到她站在那里裙子被吹起来……我不懂她为什么会这么流行，我从来都不明白。她其实……(简单地)她是个明星。

每次你看到她,她就是那个样。甚至当她生气时,她也是个引人注目的人。一个引人注目的人,尤其是当她在银幕上时。她在银幕上比她在银幕下好多了。

CC:你有没有觉得其他演员不把她当回事?

BW:他们不把她当回事?(他做了一个明显反对的表情)是啊,但那是梦露,她会令人窒息。不管他们之后会怎么说,但那一刻他们只会想:"我和梦露在一起,我就站在她旁边。"

CC:谁说不是呢。你从照片里看,不管是谁和她站在一起,那些人都像是被车头灯照到的小鹿:我和玛丽莲·梦露站在一起。而他们旁边的就是玛丽莲,照片永远呈现的都是她。

BW:不管她演了些什么东西,我们都把它洗出来,然后就很好了,非常非常好。只要她抓住了那个人物,而那个人物,最终总是同一个人。她就希望这个样子。

CC:我读过汉弗莱·鲍嘉的儿子写的他父亲的传记。上面引用了鲍嘉说的关于奥黛丽·赫本的原话:"是的,她很棒,只要你能让她拍二十六条。"

BW:(惊讶)二十六条?奥黛丽·赫本?二十六,不。那是玛丽莲·梦露。在我们没能理顺台词的时候,只有一点台词会这样,比如"波旁酒在哪",她就是抓不到感觉。这个镜头是拍了八十条还是多少。你要知道,当一个人把台词说错了,他们就一遍遍试，不行就换掉这个人，因为他的角色没那么重要。玛丽莲是明星，她之所以拍是因为那最终会出现在电影里。

CC：在完成的电影里，那句"波旁酒在哪"的台词是在玛丽莲·梦露背对镜头时说出来的，是不是你最后还是没有抓住那句台词？

BW：（怀尔德因这个问题之细而笑了）可能我们用了两种方法去拍。我只记得我们多拍了五十多条，花了一下午去搞这个，因为她每条之后都要哭，因为她抓不到，然后她就得再化次妆。而同时我们浪费了上午的时间，因为她没出现。我们浪费了下午，因为她记不住台词，而我又必须得在那个地方拍这句台词，因为否则[后面要拍的]一个特写镜头会像一根疼痛的手指一样突兀。而之后，比如，她在一场戏里和穿着蓝上装戴着帽子的托尼·柯蒂斯在海滩上，他是壳牌石油的主人，那里她有一场三页对话的戏，她必须快点演完，因为海平面十分钟后就要下降了——她第一条就演完了，只用了三分钟我们就拍完了。她几乎要昏倒了。

CC：但通常你不会花那么多时间在像"波旁酒在哪"这样的台词上，如果你知道这句话会让她背着身演的话。

BW：也许我就是犯傻了，也许我就是被那东西（台词）给迷住了，或者完全相信我必须让她正脸说出来，或者是她自己觉得她必须得说"波旁酒在哪"，我不是很清楚，但你也不必弄清楚，因为这也不是她在这两部电影里唯一失手的台词。我们也为了得到"是我，甜甜"费了不少条。我把台词印在门上：是我，甜甜。"开机"一喊,她就会说:"是甜甜,我!"在差不多五十次之后,我把她叫到一边,说:"别放在心上。"而她说:"别把什么放在心上?"(摇头)那是第五十条,然后是第五十一条,然后是五十二……但那又怎样,我在维也纳有一个老姨妈,她能把每句台词都说得非常完美,但是谁会看那样的电影。(笑)她说错了好多[台词,但是],当我给她一个三页的对话时——砰!

CC:有个故事说的是关于你得知她去世的消息的。你当时在从纽约到欧洲的飞机上,记者们在你下飞机时告诉了你这个消息——

BW:——在巴黎。我们下了飞机,接着就有多得让人惊讶的记者跳到我面前问我关于她的事。我心里想:"他们他妈的为什么会在机场,什么事这么急?"然后,在从机场去酒店——兰开斯特酒店——的路上,我才从下午的报纸上看到了这个消息。我看见"号外!玛丽莲·梦露去世!",我说:"上帝啊,那些垃圾,怎么就不好心告诉我这事儿?!"这很荒谬,你知道,因为你开诚布公,你会说一些如果他们告诉你她死了的话你就不会说的事。梦露不是很坏。我说:"这回她做了什么?"他们说:"她什么都没做。"但他们没跟我说她死了……

真是很奇怪,你知道,她在她生命中最嘈杂的时刻死去了。这事和肯尼迪联系在了一起,她和肯尼迪有一腿……她和什么人都有一腿。她到纽约去,然后她用她的表现方法唱《生日快乐》[1]……斯特拉斯伯格表现方法[2]的《生日快乐》。(怀尔德天真地

---

1 1962年5月19日,梦露在肯尼迪45岁生日会上演唱了《生日快乐》。
2 即方法派表演法。

向想象中的聚光灯眨着眼睛,模仿玛丽莲唱着《生日快乐》的样子。)然后她就自杀了。

在她去世三十五年之后,现在十分清楚的是,所有在怀尔德电影中贡献了标志性表演的演员中,梦露为塑造怀尔德自己的传奇贡献了最多的力量。怀尔德对她的记忆有时点缀着哀伤,但永远会表现出带着迷惑的尊敬,好像这些事是像被闪电击中两次那样不可思议的事情一样。

CC:《热情如火》的起源是什么?

BW:这个想法的起源是一部十分低成本、十分三流的德国电影[《爱情迎宾曲》(*Fanfares of Love*, 1932)],里面两个人要化妆成黑人进入一个乐队……他们也化妆混进一个女性乐队。但是除此之外就再没有任何东西是来自那部可怕的电影的了。我想我们关键要找到他们为什么要进入那个乐队及使他们留在里面的原因。如果那些追他们的黑帮只看到他们打扮成女人的样子,只是女人的样子,那么……一旦他们作为男人被看到了,他们就死了,这是生死大事,他们不能出现在大庭广众之下。这是生和死的问题,这一点决定了一切。于是我们就开始做这部电影了。但那部德国电影绝对太糟糕了,十分糟糕,烂到家了。

CC:你有没有对这个基调产生恐惧?

BW:其实没有。塞尔兹尼克问我在干什么,我说正在做一个20世纪20年代禁酒令时期的喜剧,围绕情人节大屠杀展开。

他说:"上帝啊,你要搞个讲谋杀的喜剧片?他们会痛骂你的。他们会成群结队地冒出来!这事儿会变得难以收拾。"我告诉他:"我要试一试。"我们会处理得小心又微妙的,但是……那部电影就是那样。它是根据那场大屠杀改编的,它只能是那个样子。我们在开头做了一点喜剧,然后是情人节,那场大屠杀,然后他们就不得不接受它了,因为他们已经和我一起干了这么久了。那两个人,莱蒙和柯蒂斯,在台上演奏那些乐器……这给我们定了基调,允许我们能够洒点血。

我们很确定它会成为一部好喜剧,我们不知道的是它会成为一部伟大的喜剧,这一点我们不知道。但那真的就是起源,我们想拍部关于情人节大屠杀的喜剧片,然后是玛丽莲的问题。我们只是想随便找个女孩儿,因为那不是个大角色。我们脑子里想的是米基·盖纳(Mitzi Gaynor)。然后有消息说玛丽莲想要这个角色,于是我们就不得不找玛丽莲来演。我们向玛丽莲敞开了所有的大门,然后我们就得到了她。

CC:《热情如火》的早期试拍是什么样的?你是否必须贴近莱蒙和柯蒂斯作为女人的外表?

BW:没有很必要。早期试拍……我们拍了一两天,只要他们能让人接受、看起来像女人就够了。我们主要是在两个女人的不同上下工夫,这样他们才有不同的个性。

CC:你给杰克·莱蒙和托尼·柯蒂斯的异装很出名。你自己是否异装过呢?

BW：（不可思议）从没有过。

CC：即使为了向你的演员展示合适的技巧时也没有？

BW：从没有！我告诉他们怎么做，然后他们就做。

CC：《热情如火》这个名字你是怎么想出来的？

BW：凭空想出来的，这是戴蒙德想出来的。他说："但是，你知道，这个名字已经被一部派拉蒙电影用过了，《热情如火》，鲍勃·霍普（Bob Hope）1939年拍的。"他又说，"好吧，我们要为派拉蒙拍这部电影，那么我们就叫它《热情如火》。"这听上去很好。听上去不错，对吧？然后，我们就编了句台词，让我们能用它当片名。托尼·柯蒂斯说："嗯，你知道这事是怎么回事，它热情如火。"

CC：《热情如火》中那场船上接吻的戏拍得顺利吗？

BW：拍得非常非常顺利。我们就没有拍过两条或者三条——那很好，拍得很扎实。但其他戏，就没有这么好了。因为，我不知道，她被什么堵住了……或者这个戏让她想起了什么东西。她没法控制自己的思维器官，所以我们就拍了非常非常多条，永远是过他们（莱蒙和柯蒂斯）的肩，他们就必须得穿着那些高跟鞋。如果你没有习惯那个东西的话，那真的很疼。

CC：玛丽莲·梦露拍摄外景时，总是被影迷包围着。当你拍《七年之痒》中地铁通风口的镜头时有多少影迷在那里？

BW：几千吧。几千人，而且有一个十分微妙的情况，因为沃尔特·温切尔（Walter Winchell）[1] 带着乔·迪马乔（Joe Dimaggio）[2] 在那里，就在人群里。我都能看见乔·迪马乔的脸，你知道，这段婚姻错得多离谱。我知道这次婚姻不会成功，很清楚，从一开始就知道，但是在那场影院外的戏里看得最清楚。每次她的裙子被吹起来，他的脸就转过去。我们在有声舞台上完成了这场戏，包括一个她单人的大特写，以及一点对话。我们没法在莱克星顿大道拍。那里太吵了。

CC：你有没有和迪马乔说过这场戏？

BW：不，我们不谈这事，我们谈棒球。

CC：乔·迪马乔曾公开表达过他对这场戏的不满。但玛丽莲怎么看？

BW：她很兴奋，她兴奋极了。这场戏很安静对吧？他们从电影院走出来，我记得，但是接着就去了那个东西那里，那个冷风吹出来的地方。但那完全是假造的。真正吹出来的气是热的，要热得多，完全是假的，但人们相信它，没人在乎。但是它变成了某种更重要的东西，它决定了一切……它成了这部电影的卖点。

但是玛丽莲通常会用她想的方法来演，然后我叫她放弃那种

---

1 沃尔特·温切尔（1897—1972），美国记者与电台评论员。
2 乔·迪马乔（1914—1999），意大利裔美国棒球运动员，梦露的第二任丈夫。

演法。我们排练,把这场戏变成该有的样子,你知道,当你的女明星乱讲台词时你通常都会那么做。"没关系,你再来一次。我们有的是胶片。"但是当前三四次没成功时,你知道,玛丽莲就开始哭,那么就又得完全重新化妆一遍。然后我们突然就到了第四十条了,包括化妆之类的事情。然后她就会对自己生气。是的,她太引人注目了。但是到了《热情如火》里的女孩角色,焦点角色是那两个打扮成女人的男人,我们指望的是他们。但接着多了这么件事:"玛丽莲·梦露病好了,她已经准备好出演那个角色了。"然后我们就得到了梦露。我就知道我会常常发疯的,确实有那种时候,大约五六次。但你总是会告诉你自己:"我不会娶她对吧?"(笑)然后你回家,你不吃晚饭,你吃上一片安眠药,然后早晨起床继续开始。

CC:在《热情如火》里和梦露合作是不是比在《七年之痒》里容易一些?

BW:她经历得更多了,她更容易相处了。但是没有那么容易,你知道。问题是,你如何引导她进入情绪?而不是让她在心里建围墙,你不是要去突破那堵墙。

她身上有一种优雅的粗俗,我认为这一点非常重要,而她又自然而然地知道笑话在什么地方,她不会去讨论这个。她第一次彩排就能做得绝对完美,只要她记住了台词。她可以非常完美地演完三页对话,然后又被"是我,甜甜"这种台词卡住。但我有一点生气——不是一点,是对她的不出现非常生气。我等着她,我压抑我的尊严。但只要她出现了,她到场了,就算是要演八十条,我也接受,因为第八十一条会非常好。

CC：我在你早前的访谈中看到一个有趣的评价，你提到梦露对摄影机有恐惧。

BW：她既爱摄影机，又害怕摄影机。有恐惧，她怕摄影机，我猜这就是她为什么会说错台词，天知道这有多常见。她同时也爱摄影机，不管她做什么，不管她站在哪里，那个东西总会流露出来。甚至她自己都意识不到这一点。

CC：谈一下《热情如火》中的音乐段落吧，《我想与你相爱》(*I Wanna Be Loved by You*)。

BW：那个管弦乐队，是的，那个进行得很顺利。那首歌她就唱了几句，玛丽莲，那些女孩儿……那是20年代的音乐。

CC：玛丽莲看上去在那些乐手面前很放松，看着不像是你需要拍90条来完成的戏。

BW：不不不，只要有了旋律她就有了引导。不是她领着旋律，而是旋律领着她。她在那里不会说错台词，但她是跟着录音唱的，她只是对口型。

CC：今天关于梦露的最后一件事：有些人说电影中她脸上的微光——"肌肤影响"，你是这么叫它的——

BW：是的。

CC：——是面部毛发的一层闪光层，一种软毛发，那个东西发的光。

BW：可能是，我不知道，我从没去过她化妆间看她化妆。摄影机和她之间有一种暧昧，而她将其突显了出来。

CC：她知道这一点？

BW：她知道。[《热情如火》里]曾经还有个淡黄色头发的女孩。但她对我说："不要其他淡黄色头发，我得是唯一一个。"

CC：《玉女风流》在你的喜剧里是独一无二的，片中笑料没有停过。

BW：是的。我们知道我们要拍部喜剧，我们不要停下来等待笑声。但我们得拉上卡格尼一道，因为卡格尼就是这部电影。他真的具备那种节奏，这非常好。它并不好笑，但它在用好笑的节奏前进，卡格尼把电影的节奏做得非常好。我们总的想法就是，做世界上最快的喜剧，把工作交给演员，让它看上去很快，那些较慢的戏也是如此，但那非常好。我想它是那种偶然出现的好电影。但总的来看，它有优势。在德国尤其如此，在柏林墙倒了之后，它造成了轰动，你知道。多年以来，他们总是重新放映这部电影。

CC：这部电影很有眼光，可口可乐帮助人们推翻了柏林墙。一切都过去了，就像你在电影中预言的那样。我还想问问你那些大量的关于欧洲，或者关于欧洲人，以及关于铁幕下的生活的笑话的问题。我想象你和卡格尼在舞台上，以极快的速度工作着，在那些笑话中穿梭："快点，快点！"

BW：是的，我们把剧本写得很快。而且是的，我们没有去等那些笑声，一次也没有。我们从头到尾都伴着大笑。许多台词是需要契机的，而我们直接就越过了那些契机。我们就那么做了——说说说说。我们就这么做的，九十页一气呵成，而他一次也没失手，没犯一个错误。

CC：所以卡格尼控制了影片的节奏。

BW：他天生就适合这个角色。他们在德国演原著话剧时有一个很好的演员。那出话剧完全不同，里面演卡格尼同一角色的演员可以说是德国历史上最伟大的演员。他叫马克思·帕伦贝格（Max Pallenberg），他赛马很糟。他有次飞去布拉格赛马——那时候还是和平时期——死于空难。他曾轰动一时，如果他会说英语——当然，如果他没死——他会非同凡响。那是部好电影，很好。可以打七分半，或者差半分八分。

CC：《玉女风流》中的经典台词之一是卡格尼向苏联人介绍他自己时所说的："我和那些乡下笨蛋不一样。"[1]这句台词好像把他自己也划进去了一样。这里是有什么特别的用意吗？

---

1 这句话可以被理解成是在嘲笑住在城市郊外的中产阶级。

BW：没有，那就是句台词。就是卡格尼在谈论自己，这就是它的本意。那不是部城郊喜剧。

CC：你有没有对卡格尼说过他在喊叫？因为他有时声音太大了。

BW：我什么都没跟他说。我们把一场戏彩排一遍,然后他说："好，咱们什么时候开始？"如果有很长的台词，我会说："这可能要耗一天，一天半，两天。"他说："不，何必呢？别跟我说那有多长，台词都在我脑子里。咱们开始吧。"然后他就演了。它就像是爱德华·G.罗宾逊在《双重赔偿》里的台词一样，就是他描述在火车上自杀的可能性那场。我们就那么拍了。

CC：但是电影中有时卡格尼就是在喊叫。你几乎都能看见口水从他嘴里喷出来，他声音太大了。

BW：我不知道……他真的很大声吗？还是你的放映员的问题？

CC：（笑）也许吧。《玉女风流》里还有很多关于电影的笑话——关于普雷明格、《甜蜜的生活》、辛纳特拉、《战舰波将金号》，甚至还有卡格尼拿柚子[1]。事实上你在电影中贯穿了对现代电影的影射。你从没担心过……

---

[1] 典出卡格尼在1931年出演的《国民公敌》，他在里面饰演残暴的黑帮头子卡格尼，电影里他把一个柚子砸到了女朋友的头上。

BW：……有人会告我？

CC：**比起我要问的问题来这或许是个更好的问题。但是你是否会疑虑这些电影影射会给你的电影标定了年代？**

BW：不会。那些电影都是尽人皆知并且难以忘记的，那些都是可能会发生在角色身上的事情。人们不会因此去讨论那些相关的导演的。

CC：**《玉女风流》的开头有一个关于气球的美妙段落。我看的时候在想："这很浪漫。"几乎是个艺术电影的开场，我在想："我从没在怀尔德电影里见过这样的镜头……"**

BW：我们没把它当成是艺术镜头，只是整体中的一部分，也许它现在很突出。

CC：**接着我看到了一个气球上写着：美国佬滚回去。我想：他在做戏。**

BW：戏。

CC：**所以永远都是戏。**

BW：对，而且我并不为此感到多自豪。它太复杂了——你知道，"滚回去，俄国佬"，但如果你了解柏林，如果你了解可口可乐，它就会是部好电影（他指的是这部电影在德国的小海报，上面片名几个字是以可乐瓶的形状写的)。我们永远不能用这个广告,因为那个瓶子的形状是受保护的。

我们在柏林拍摄。我们只在好莱坞拍摄了影片的结尾,在停飞机的机库。我们在那里拍——那花了我两天时间,那是这部电影的结尾。因为[豪斯特·]巴奇霍兹(Horst Buchholz)先生在慕尼黑喝醉酒出了车祸。他在医院里,他可能会死,而我们有最好的手术。我们草草结束了在柏林必须做的所有事,带上所有必需的演员回来。在那里买了保险,然后我们拍了结尾。我们拍的最后一场……是在一座机库里拍的,那是唯一要拍的了。最后一个笑话是,男主角去了一个可乐贩卖机,你知道,突然间,他拿到的瓶子上写的是百事可乐。

CC:**关于《玉女风流》的下一个问题。你写了很多关于摇滚歌手的很好的笑话,电影里的摇滚乐手朱朱是个完全没骨气的笨蛋。(怀尔德点头)你有没有喜欢过任何摇滚乐?**

BW:(马上)没有,我从来记不住一句得过奥斯卡奖的现代歌曲。我根本不知道这些歌是要听什么,那些歌和你曾经可以选择的歌……汉默斯坦(Oscar Hammerstein)[1]或者艾拉·格什温(Ira Gershwin)[2]完全不同……我在说的是乐曲作者。他们绝对完美。

CC:**你看过MTV音乐台吗?**

---

1 奥斯卡·汉默斯坦(1895—1960),美国作家、舞台剧制作人,得过八次托尼奖,以及两次奥斯卡最佳原创歌曲奖。
2 艾拉·格什温(1896—1983),美国音乐家,作曲家乔治·格什温的哥哥与合作者。

BW：没有，从没听过。

CC：**就是你换电视频道时，里面总是有摇滚乐队的那个台。**

BW：我恨那东西。（笑）我恨搞说唱的，我恨所有那些玩意儿。如果你年轻，那还可以。那些东西对我来说不够聪明。

CC：**你在制片厂工作时有没有见过艾尔维斯·普雷斯利 (Elvis Presley)？**

BW：普雷斯利？没有。普雷斯利那时在那里工作，我想是部派拉蒙的电影，但我不喜欢普雷斯利。但是现今，我被迫要记住那些伟大的偶像。（怀尔德先生抛出了一个逆来顺受的幽默表情。）

CC：**我想再把你的一些关于写作的说法拿出来让你评论一下。"观众是易变的。把他们的心提到嗓子眼，然后就这样持续一整部电影。"**

BW：是的，那是我说的。你抓住他们的咽喉，他们的心开始跳，然后你绝不松手，你只能越抓越紧。然后在结尾，当他们只剩最后一口气的时候，你放手，就结束了，血液再次循环。

CC：**"更巧妙更优雅地隐藏你的情节点，这是编剧的高手。"**

BW：是的。我认为你必须非常非常小心，这样才能偷偷放进一个重要的动作或者对话之类的，这样他们才会不知不觉地接受你的假定。所以，你知道，不要预先假定。你在影院里抓住他们，这时你已经得到他们了，现在你要做的就是留住他们。你不会想人们站起来说："我之前见过这个把戏了。"是的，结构非常重要，因为你在第一幕建立起来的所有东西都会在第三幕缠绕着你。如果你写了什么无法在第三幕给你回应的东西，你就失败了。

CC：你在电影上映的前一天会紧张吗？

BW：（马上）不会。

CC：不会吗？

BW：我会在面对一张白纸……或者一份拍摄时间表时紧张。我在试映时紧张，我把我的紧张都留在那些场合。

CC：当你试映影片，把你的电影给那些受试观众看时，你是否觉得下面的话是对的——开始时观众们满心是爱，他们就像是小孩子，他们只想娱乐，他们爱你。他们在开始时给你整个世界，但如果你浪费了这份信任，你就会失去他们。他们有一个转变开关——他们会变得无情，然后什么都不会给你。

BW：是的。我当然经历过这种情况。比如，在放映第一卷胶片时，你可以给他们很多的动作戏。然后电影就变得令人失望，不是他们期望的那样。于是从第二幕开始他们就不喜欢你了，第二幕结束时他们就会站起来走出去。你必须知道如何放置你的情节点。这一段的什么东西会被记住？这一段的什么东西肯定可以把情节带入第三幕？还存在什么他们不是很清楚的东西？那么现在他们就要记住那些了。然后你就可以公开玩你的把戏了，只要你想。因为那就是他们想要的。

CC：你在整个过程中是如何让自己不变得愤世嫉俗的？你好像依然会很兴奋地谈论这些电影，对那些爱你的观众依然很具影响力。你是如何能够让自己不变成那种失去了观众又说"我为我自己拍电影，就是这样。如果没人来我也不在乎"的导演的？

BW：从总体上说，我比较相信观众很聪明。有时他们比较残忍，有时他们又对你太好了。但是一旦你说出"我一点也不会在乎他们来不来，下部电影是什么？"时——就不会有下部电影了。如果你做一个完全刻意的东西出来，那将是不可思议的，也许它在情节设置上很好，但你不会想看"情节"，你想看的是故事发展。总体来说，我认为观众比他们被认为的聪明多了，他们被低估了。

CC：有人说《圣经》是最伟大的故事。仅从讲故事的角度，你怎么看圣经？

BW：《圣经》里有几千个故事。没错——从《圣经》诞生以来，它就被使徒们还有各种东西测试考验过了。你知道吗？他们一直在重写它，一个世纪差不多十次。我不觉得《圣经》是可以责难的，里面有些故事非常好。对于《圣经》，我或者你，我们可以说"我不相信上帝之子，我不相信那一整套说法"，但是如果你把它看成小说，它真是个好东西——好东西。

CC：你关于编剧的另一个说法是："第二幕带动了影片的结尾。"

BW：是的，但不仅是结尾。你最好在第三幕设计另一个转折——就像《控方证人》。它有另一个结尾，你知道？你原本以为都结束了。不，现在结尾才来。在《双重赔偿》里，我让一切都进展得十分符合逻辑。我没设计任何其他可能性。它不是个侦探故事，侦探故事是你跟着侦探前进，他知道了什么你才能知道什么，而我是完全公开的。在《控方证人》里我们做了一个完全不同的转折，对吧？他们喜欢它。

CC：在《控方证人》里，玛琳·黛德丽的角色是个报复者，她好像对此很难过。这是真的吗？还是这只是又一个给她指派的角色而已？

BW：不，她想要那个角色。事实上，这部电影原本是让埃迪·斯莫（Eddie Small）拍的，制片人是阿瑟·霍恩布洛。他们联系她时，她说——我不在公司里，我是自由职业——她说她会接，但他们必须找我拍。为什么？我不知道。所以他们就找了我。当然我认识她，通过《柏林艳史》。那是很久以前了，因为她要演纳粹，她十分害怕，但她做得很好。（耸耸肩，带着典型的低调）她永远都是玛琳，她是个好演员。但确实，你必须得有好演技。然后就是玛丽莲，她是自然而然就做出来的，你知道。

KL：玛琳在《控方证人》中的角色是一个女人能够饰演的最不会被同情的角色——从开头一直到结尾。让一个女演员做这件事肯定花了不少工夫。

BW：是的，是花费了一些，但是她喜欢这个角色。她喜欢扮演杀人凶手，她喜欢任何需要动作的戏。我想，她在演爱情戏时有一点害羞，在涉及隐私时她有点害羞，她会想："我不要这么做。"她的意思可能是"我会做，但不要在众人面前做"。我不知道，她就是这么奇怪。但她用她的方式抓住了观众——比如她穿衣服的方式，她有点像模特，但我不把她看成是很好的演员。还有，我也不觉得嘉宝是个伟大的演员，她只是永远做同样的事情，那种好像半醒不醒的样子，从不生气。她总是这么抱着胳膊（模仿嘉宝），但她是嘉宝。我只是觉得玛琳［这个角色］演得很好而已。

CC：你看不到她饰演的角色在不同情节中有任何转变。

BW：没有。如果那个角色是个美国人，或者换成是另一个演员……（摇头，好像在说："那将会是完全不同的一个故事。"）但那些明星，再也不在了。

CC：而泰隆·鲍华的角色，莱纳德·沃莱，你就会看到他的转变，因为他在电影开始太自命清高了。但你看玛琳的戏依然会震惊。

BW：是的，而且玛琳那个年纪正好，不是很年轻。

CC：你曾说奥黛丽·赫本有一种跃然于银幕之上的特质，但你站在她旁边时不需要去特别感觉它。

BW：是的，你站在任何演员旁边都不需要去感觉它。你很少会感觉到它。除非他是个讨厌鬼，他是个演员，又说起话来像个演员，你知道。那种特质在私生活中完全没有。

CC：有没有谁在试镜……及彩排时……感觉很好，但一旦你开了机，感觉就都没了？

BW：当然。十分之九都是这样。（笑）没错，你犯了错。你上午很兴奋，因为某些原因——我们重新夺回了巴黎之类的——因此你就确定了一个演员。然后拍摄当天你带着那个演员到了现场，你在一个快乐的时刻高估了他。现在你什么都没有了，只有一个帅哥或者美女而已。选演员真的非常非常困难。很难做对，很难抓到你选定他那天的感觉。现在我们没有明星，特别是女明星——我们在没有明星的时代。奥黛丽·赫本之所以特别，是因为她不只是"好看"而已，她是非常美丽，但她不演戏时就很平常。她非常好，她的离世是一大憾事。

CC：你一直和她保持联系吗？

BW：当然，我一直和她联系，一直。我们最后一次谈话时，她已经知道自己得了癌症。她被带上飞机，飞回瑞士。她通过衣服上的什么东西来给自己注射吗啡维持生命。

CC：你向她正式告别了吗？

BW：是的。(怀尔德把她的隐私保护得很好。)

我们开了很多玩笑，她很幽默。她总是用最宽广的眼光来看待好莱坞发生的一切。她只是不知道——她觉得自己是个新手，刚刚开始表演。她很好。

CC：你和奥黛丽·赫本开什么样的玩笑？

BW：和奥黛丽开的玩笑……就是自然想到的那些。(他深思着看了我一眼)我们之间充满欢声笑语。她的笑话有一点轻浮，你知道。她并不总是圣母马利亚那个样子。当笑话从她嘴里说出来时，好笑程度就是原来的两倍。

CC：她和威廉·霍尔登的恋情在《龙凤配》的拍摄中是公开的秘密吗？

BW：我从没听过这事，从没见过任何迹象。我在书上看到这事，我说："什么……？"不可能，绝不可能。一点可能性也没有，她那时和［梅尔·］弗尔（Mel Ferrer）[1]还是夫妻呢。我到现在也不相信，你相信吗？

CC：我从没认真想过这事，随便它是怎么样，直到我看了

---

[1] 梅尔·弗尔（1917—2008），美国电影演员。曾出演《战争与和平》《太阳照常升起》《莉莉·玛莲》等，曾与赫本有过十四年的婚姻。

鲍嘉的传记。据他儿子说，鲍嘉拍《龙凤配》时担心他们的恋情会推动剧组向反对他的方向发展。

BW：绝对疯了，鲍嘉他疯了。他觉得这部电影很臭。但是真够奇怪的，当我知道我上了他的黑名单时……那时他得了癌症，他躺在那里，他变得很温顺，变得非常好。我那时才第一次喜欢上他，因为总的来说，他是个娶了犹太女人的反犹分子。我还能怎样？

CC：你说时间使他变得稳重了。你自己呢？你觉得四十年前和你合作过的人会怎么看待今天的你？

BW：他们都死了。这是个问题，你知道，因为那些黑名单上的人，他们也都死了。如果死后还有世界，我很担心会再跑到那些人中间去。我要见那些黑名单上的人了，他们就在那里！他们会一起坐在咖啡厅里。这是我唯一担忧的事情。我不相信死后的世界……但有时我让自己相信。然后我说："我要对他们说什么？我会说什么？"

CC：你是否觉得时间使你稳重了？

BW：我现在见的人更少了，这是我保持稳重的方式。我见很少的人，我尽量只见我喜欢的人。我不需要去见我在工作时见的男女演员了，我已经不再工作了，我退休了。比如，我不会和经纪人相约吃晚餐。我不和我不需要的人吃晚饭，而且我可以自由安排时间。

CC：你是否允许自己对一个演员或者工作人员很浑蛋？

BW：对演员很浑蛋？是的，有时你必须对一个演员浑蛋，因为人们喜欢被用浑蛋的方法对待，那种事情你会学得很快。所以你得对这个演员和那个演员用不同的方式，对女演员也一样。因为一旦电影结束，这也就结束了。你不用和他们结婚，就像我之前说的。有时我把一个狗娘养的带进剧组，就因为他们是狗娘养的，因为我想让他当狗娘养的。

而且你看，为了找到一个对你的电影有益的演员或者摄影或者任何人，你付出什么都值，反正它会有结束的一天的。但当你和他们工作时，你就要做一些不合适的事，或者你做一些并不诚实的小事——你不断做下去。第二天再来，你会再站在舞台上，你会继续这场戏，或者开始新的一场戏。你得安抚他们的自我，或者你……就算我当时知道鲍嘉先生是个反犹分子——事实我知道——我还是用他，因为我需要他拍这部电影。电影最重要，至少对我是这样。这很困难，但是如果你找了个不高兴的人，或者没有才华的人，那就是场悲剧了。

CC：所以选演员是导演过程中最重要的部分。

BW：它很重要。特别是当这个人物要在三场主要的戏中出现时。他们必须给人留下印象；他们必须得站得住。你事先就得搞清楚他的背景，然后你得给他们信心。你在这场戏开始之前就得找到演员，然后你给他读戏，然后再读一遍——然后当一些疲软的状况出现时，不要对他们大喊"放松！"，你必须十分谨慎地做，你知道。比如，有人喜欢被拍马屁，另一些人喜欢被喊叫。那把导演椅我已经坐了四五十年了——我从没坐在那里面超过三分钟，从没，有时候甚至一次也没有坐过。

CC：你有没有常常后悔你在现场的行为？

BW：是的，有时我过头了一点……我四处大喊大叫。是的，有时，那是我的一种方式。我不可能做什么事都神情自若，你知道。如果必须这样，我会做，把他或者她身上的那个东西拿掉。

CC：你在现场会因为什么事喊叫？

BW：如果现场不安静。在演戏的时候，角落有人丁零当啷的。我听到了，就会变得很粗暴。但是在电影拍摄的末尾，我总是非常好的。我很好是因为它结束了，而我不需要再看见他们了，虽然我经常会再见到他们。每两年三部电影，我们那时候就是这个节奏。

CC：另一个关于写作的问题。你是否相信最好的素材是来自真实的生活？一些你亲眼所见或者亲自经历的事情。

BW：当然，是的。但是有些东西是我看到但无法重现，无法再造的。但没错，我不觉得人们在我电影里的行为会和他们在现实生活里的行为很不一样。

6

国会纵火案后从柏林逃往巴黎

母亲是个好厨师

单片眼镜里的反光

卡普拉"抓住了时代"

亚历山大咖啡厅的普雷斯顿·斯特奇斯

霍华德·霍克斯与《火球》

芭芭拉·斯坦威克跳《鼓乐摇摆》

便签纸上的剧本

为其他导演写作

《倒扣的王牌》的最后一镜

从不在剧本里放多少拍摄指示

马克斯兄弟

火星与时间舱

CC：你在生活里是不是经常陷入爱情？

BW：不，很少有纯粹陷入爱情的时候。我始终知道自己的位置在哪里。换句话说，我是不是从没因为爱忘记过自我？不是，我经常陷入爱河，在我年轻时刚从维也纳到柏林的那时候。在柏林我有两三场对于一个想成功的年轻记者不是很合适的恋情。我经常被解雇，然后我开始写作，然后我成为舞者，并分章节把我的经历写给报纸连载。然后我又做回记者。是的，我是费了些周折才走上正路。

CC：那你会说奥德丽·怀尔德是你一生的挚爱吗？

BW：她很好，她很智慧，我无法对她撒谎。（他露出一个微妙的、赞叹的微笑。）她对我来说……她差不多有……百分之八十。

CC：以好莱坞的标准来说，如果不以普通人的标准的话，你们是很有名的很长久的一对儿。你们在一起……

BW：四十八年了。是的，她很好。她有很多很多一等的素质。她很慷慨，只是稍微有点爱乱花钱。

CC：你写了很多浪漫爱情戏——不是情绪化的那种，而是植根于现实主义的浪漫爱情——我对你自己生活中的爱情很好奇，就是你发现自己爱上了奥德丽·怀尔德的那一刻。

BW：那种感觉在我体内不断成长。我不知道，那一刻就那么发生了。我那时已经离婚了，那一刻就在你说出来"你想结婚吗"时发生了。（停顿）然后她说："让我想想。"不，她没有像你以为的那么说。她要想想，这非常非常好。

CC："我爱你"这句话在太多的电影里出现了，我想，它在很多电影里都被浪费掉了。

BW：是的。

CC：但那在你的电影里不是很常见。"我爱你"都是以更深刻、更有趣的方式说出来的。你在自己的生活中就是如此吗？

BW：是的。我第一次婚姻维持了七年，而且是两三年后就维持不下去了。而现在我对奥德丽的爱还在不断增长。不，她绝对是……绝对是……百分之八十的完美。（笑）至于另外那百分之二十是什么，我不能告诉你。

CC：她会为你付出百分之多少？

BW：我不知道。我从没问过她，但我不是傻子。

CC：你年轻时有没有为了浪漫去做一些很傻的事情？比如说你有没有长时间守候在花园的格子架下？

BW：不，从来没有。没有吉他，没有小夜曲，事情就这么发生了。她修补了我对婚姻的看法，我很高兴我娶了她，特别是我现在91岁了，这很好，这事儿值了。

CC：我必须得问这个问题——你不会回答的——但是你还记得你的第一次性经验吗？

BW：有一些模糊不清的记忆。那是七十年前了，对吧？要么就是七十五年前。我那时很年轻，女孩们在那里乱哄哄地狂舞。我记不太清我第一次成年经验了，但我能清楚记得年轻时遇到的每个女孩。在维也纳，在柏林，在巴黎……我不知道。总的来说，我不相信贞洁这件事。（笑）我做到了哪一步？我不知道。我只是慢慢地在没有老师的情况下摸索，没有一个年长的女性教给我那些事，（自豪地）我完全靠自己做到的。

CC：你自己在柏林的第一栋公寓是在帕里泽街，你爱上了一个你写过评论的舞者，名字叫奥利沃·维多利亚（Olive Victoria），是吗？

BW：她是个舞者。她们需要一个地方一个地方巡演——伦敦、柏林、巴黎，等等。她是叫奥利沃·维多利亚，没错……可怜的女孩，她现在肯定得有八九十岁了。

CC：她怎么看你写的关于她的那篇报道？

BW：我为她写了首诗。我不知道。（耸肩）我就是爱上她了，为此我丢了三四份工作。我没去上班，基本上都在跟踪她。

CC：跟踪她是什么意思？

BW：就是跟着她的意思，她英语说得很好。我想她那时在和埃迪·波罗 [Eddie Polo，一个后来出现在怀尔德写的第一部电影《铤而走险的记者》(*Der Teufelsreporter*, 1929) 中的男演员] 上床，而不是和我。

CC：这就是跟踪的意思。

BW：（微笑）就是跟踪。

CC：你脑中是否常常会闪过你从前遇到的女性的身影，就像《公民凯恩》(*Citizen Kane*, 1941) 里伯恩斯坦说的那个穿白裙子的女孩？

BW：是的，当然，当然，常常想到年轻时的影像。在我逃离柏林时，也就是国会纵火案[1]的第二天，他们解散了国会，曾经有一个这样的瞬间，有一个女孩，我们一起逃去巴黎，我们住在那个酒店里（安索尼亚酒店，那里曾经住满了在新兴的德国电影业中工作过的难民），我们住了好久，差不多八个月左右。然后我来了美国，我给她写了封情书。"为什么你不过来，我们干吗不结婚呢？"然后战争爆发了，她留在了那里，后来她去了集中营。

CC：她在那里遇难？

BW：不，不不。她来了这里，在我结婚十年之后，她是来旅行的，但那之前她是我的爱人，而那时候她就只是个女孩而已了。她的名字叫海拉。

CC：你知道她怎么样了吗？

BW：我最后一次见她是在巴黎，差不多二十年前，后来就没有了。再没见过她，也没听过她的消息。没有任何共同的朋友，我们曾经有过的朋友都已经死了，死了很久了。

CC：海拉是你的挚爱之一吗？

BW：那是一场美好的爱情。海拉……海拉·哈特维希（Hella Hartwig），她是德国人。后来她来拜访我们，看望我和奥德丽。

1　1933年2月27日，希特勒秘密派人焚烧了柏林的国会大厦，并栽赃给德国共产党，以此将德国共产党驱逐出了议会。

她是个好姑娘,她现在还活着。

CC:你能准确说出你决定离开柏林的时间吗?

BW:我可以准确告诉你那个时间,那是在1933年,希特勒已经掌权。我不知道他的权力大到了什么程度,但是之后那个疯子荷兰人就来了,霍尔拜因(Holbein)还是谁的。[希特勒]把他偷偷弄进国会,国会大厦,然后他放了把火就跑了。于是,国会大厦被烧了,显然是共产党干的——还有谁能干出这种事来?所有的党都成非法组织了,只剩下了国家社会主义党。火还在燃烧……就是那时候我到了酒店,收拾了行李,然后和那个名叫海拉的女孩到了火车站。我们去了巴黎,我只能去巴黎,我没有德国护照。我们走了,他们那时已经在火车站安排了党卫军。我就是那时候决定离开柏林的。

CC:你决定走时,海拉和你在一起?

BW:是的。

CC:所以你就是找到她然后对她说:"我们得离开这里。"

BW:是的,就是这句话。"离开这里。"因为那时候,只有一个党——国家社会主义党,它就像共产主义。所以我就说:"我们现在必须走了。这里将会变得很凶险。"

CC:去巴黎的过程浪漫吗? 恐怖吗?

BW：我卖了所有家具——我把所有的钱都装在一个小包里，一些一百美元的支票。我们带了差不多两千美元然后就出发了。我们到了巴黎，就去了大家推荐的酒店蒙帕那斯，在那里可以鸟瞰公墓，我们不是很喜欢那里，在那里待着会和其他人失去联系。第二天我们走遍了整个巴黎，整个该死的巴黎，我们找到了安索尼亚酒店。后来其他难民也去了那个酒店，那里面塞满了人。

CC：然后那里就变成了一个聚会场？

BW：没有聚会。那时候很悲哀，我们很悲哀。巴黎很美，但是夏天就要来了。后来有一天我发现自己成有钱人了，就那个时候而言。我不需要工作了，因为海拉从衣服里拿出了一样东西，一个钱包，里面是金币，那是她爸爸给她的，她爸是法兰克福奥得河那里的一个药剂师。她和我时不时卖一个金币度日。后来我又开始写作，我们一直在写。那里有两三个编剧，我们卖出去了一个故事，后来我又导演了它〔《坏种》（*Mauvaise graine*, 1934）〕，那是在〔亚历山大·〕埃斯威先生的帮助之下导演的，他是个匈牙利人，一个天生的导演。我只是个半吊子导演，但我还是导了它。

CC：那是在《星期天的人们》（*People on Sunday*, 1930）之后对吧？

BW：那时候已经过了很多年了。《星期天的人们》是1929年在柏林拍的，这已经是五年之后了。

CC：你是怎样向你的父母告别的？

BW：向父母告别？他们在维也纳，当我离开维也纳去柏林时，我说："我可能永远不会再回来了，因为柏林才是我想去的。"后来我和他们通信。1928年，我父亲去美国看望我哥哥威利，威利在纽约做着大生意。我父亲在那里待了几个月，然后回来要带上我母亲一起再回美国。他坐船回来，回来的路上他在柏林停下看我。结果他死在了柏林，他死于肠梗塞，死于一个他平常忽视了的问题。他发病的时候我们在一起，医生过来把他整理好抬上担架，他死的时候，我和他一起在救护车的车厢里。他在带我妈去美国之前就死了。

我妈是那种常见的母亲，她做饭很好，我们总是在家里吃，偶尔去次餐厅。我和我母亲一直没有像我和我父亲那么亲近。我从来没见过她那个丈夫，那个继任的丈夫西德利斯克（Siedlisker）先生。他们都死了，1935年我从欧洲回来——我去欧洲看我母亲——没人想到已经掌权的希特勒在想着大清洗、集中营这些主意……他想把犹太人从世界上抹去。

我母亲没能看到我成功，我父亲当然也没看到，他1928年就死了，差不多就是在我们拍摄"Menschen am Sonntag"（《星期天的人们》）的时候。他们没能看到我成功，对此我十分遗憾，因为他们会为我自豪的。我在1935年后再没见过我母亲。

CC：我想父母在我们脑中都会有标准的形象，那是一些进入我们记忆的小瞬间。当我提到你母亲时，你想到了一个什么形象？

BW：那个形象是一个个头很小，看起来只有一点点，发胖的、说德语的女人。她会说的英语很少，［尽管］她在小时候，16或者17岁时到美国来和亲戚们住了一段时间，但后来她回去［维也纳］了，之后就结了婚。但她是个很好的母亲，很好。她会严厉地惩罚我，打我，没错，当我是个8岁或者10岁的小孩时。后来有一天我抓住了她的手，我不知道当时她手里拿着什么棍子，但我抓住她的手看着她，她知道她再也没法打我了。

CC：你记不记得你和她的最后一次谈话？

BW：不是很清楚了。我最后一次见她是1935年在维也纳。那次旅行很短，我没有住在家里，我住在奥地利宫廷酒店。很短的旅行，但是没关系，她无所谓。我从没见过西德利斯克先生，我的继父。她在我走之后结的婚，他们住在维也纳。

CC：战局激变时，维也纳的环境怎么样？

BW：他们生活在恐慌中，你知道——希特勒要做什么？但没人离开。奥地利政府没有要求奥德合并，没有要求让德国和奥地利合并。德国军队开了进来……奥地利共和国就覆灭了。进入奥地利的德国人处在狂欢之中。奥地利人和犹太人混居，而德国军队，他们得把犹太人从奥地利人中分出来。（摇头）而现在奥地利说自己是第一个被德国占领的国家！占领！那时候他们是乞求加入德意志帝国的！那时候是1938年，是的。那之后不久，捷克斯洛伐克也进来了，苏台德区也进来了。奥地利和维也纳在欢呼，就在希特勒来的时候！他是奥地利人，你知道。他们很为他自豪。

CC：你是如何得知你母亲遇难的？

BW：我是从红十字会的信里知道的。没有官方的通知，只是一些认识她的人写的信。他们知道一点消息，就告诉了我，我就是这么得到信儿的。我一封［来自她的］信都没接到过，都是从别人那里接到的。我就是这么知道她去世的，他们告诉我她死在了奥斯威辛。

CC：你的小名是不是真的源于布法罗·比尔（Buffalo Bill）[1]？

BW：我不知道。我母亲只是说这是个家庭笑话。我的名字是有一点像布法罗·比尔……但我是比利，我哥哥叫威利。（怀尔德接了一个妻子打来的电话。）

CC：你之前把《控方证人》描述为一部希区柯克式的电影。你觉得你在里面做了哪些希区柯克没有做过的东西？

BW：我讲我的故事。并不是完全站在希区柯克的位置上，因为他关注的是其他东西。我想希区柯克会耍更多的花招，他做那个做得很好。但我不认为现实的那些部分是希区柯克的强项。

---

1 布法罗·比尔（1846—1917），原名威廉·弗雷德里克·科迪，美国军人、野牛猎人和演员，曾在欧美组织牛仔主题的巡回表演。传言年轻的怀尔德母亲就是因为喜欢比尔，才给自己的儿子取名比利。

CC：我喜欢你在刺杀时使用的全景镜头。而且，劳顿在审判时玩弄药片，把它们排成线，或者喝酒时，这些你都是从二楼的看台拍的，从上往下看。你从不把观众的脸贴向任何东西。

BW：是的，我把那些东西处理得比较柔和，但是结尾必须要强烈。我想要那把刀放在桌子上——就是那把杀了老妇人的刀，它就在桌子上。玛琳在那里，泰隆·鲍华在那里，还有劳顿。当真相大白时，我想让他带上那片单片眼镜，然后镜片上有一点反光。他之前在办公室做过这个反光，就是在玛琳来访时，后来她拉上了窗帘。但是现在，在真相大白的时刻，泰隆·鲍华给大家介绍了那个和他同居的女孩——我想要劳顿用反光指出那把刀，暗示让玛琳用它。但这个想法没有被通过。

CC：为什么？

BW：因为这样的话就成了一个法律人员把一个东西指给了一个凶手，让一个还不是凶手的人，用这个东西去杀她原本应该爱的人。现在电影上的样子比较接近那样，但是很难让人察觉到。

CC：是的，劳顿在低头摆弄他的单片眼镜，那个反光是个意外。（停顿）那是原著戏剧里面的吗？

BW：戏剧里面什么都没有，没有单片眼镜。这算是个花招，但是没有它也无所谓。那么，我们明天再见？

上午10点56分。我提前几分钟到了怀尔德布莱顿街的办公室。他在门口迎接我,穿着一件蓝白相间的衬衫,一条高腰的裤子,头上还有顶白帽子斜戴在一边。"嗨,你好啊?"他说道。就像从前一样,他在桌子后面坐下,拿出了一盒Tic-Tacs。他摆弄着短胡须;这让他看着像个精心打扮过的油漆匠。桌上摆满了来自各地的电影节与电影人的写着不知何种请求的文书。灯光打在他长着胡须的脸上。他已经撕开了一些信封,信纸打开着。他背后,一个染色玻璃制成的小美国徽章挂在窗户上。我看了看他墙上的钟,发现它快了几分钟,这使我以他的标准看来只是刚刚准时而已。怀尔德发起了这个从没提过的话题。今天,他很喜欢争论。

BW:你准时到了。你11点出现在了这里,这是你原本应该到的时间。我们要谈两小时?

CC:我今天想简单一点。我有一堆傻问题。

BW:没问题,很好。没有傻问题,只有傻回答。

CC:多年来,我一直在关注很多大学的调查,关于学生们的理想职业的。有时,被选为第一的是总统,后来是摇滚歌星。今年,第一次,排名第一的理想职业是电影导演。

BW:是的,因为他们基本上只看最后的完成品,他们不知道那之前的辛劳,他们不知道一个导演,在拍摄结束时,他都会得到些什么。你觉得它会是部好电影,但是一旦你被一个烂电影困住了,就会……他们只看到了"导演"这两个字而已。他们以为就是一个人坐在高椅子上一指——"开拍!"奇怪的是很少有导演自己编剧,很少很少出现一个导演决定说:"我还想写剧本。"但是一个编剧想成为导演是合情合理的,因为他已经在纸上导演了,只要照原样做就行了。

但导演是很重要的工作,因为你要为自己承担责任。在拍摄结束的那一天,你或多或少总会需要承担些责任,除非你有上千天的拍摄时间,那样的话你可以把各项事情都做得更好,不是吗?但是作为导演,你要负责,而且你要一个人负责,这不同于戏剧导演,你做了就再也不能改了,什么样就什么样了。你在自己的能力范围内做最好的选择,然后它就在电影里了。是的,但是如果一个年轻人决定要成为导演,那他就是只看到了光鲜的一面。他没看到麻烦、斗争、你需要隐藏的东西,还有狗屎——真是非常非常……(怀尔德做了一个刚刚压抑了自己的刻薄的样子。)

你会觉得自己是个很渺小很渺小的人。

CC:你和特吕弗、戈达尔(Jean-Luc Godard)关系好吗?经常联系吗?

BW:不。我和路易·马勒(Louis Malle)关系很好,我认识特吕弗。那一整帮人,我认识他们。他们觉得自己发现了一些新东西,它其实没有那么新,但是它很好。比如,特吕弗先生的《日以继夜》(*Day for Night*, 1973)。那是部杰作,我想。很有趣,也很好。我是这么告诉他的,就在他去世以前,很幸运。我不知道,那是种拍电影的新方式,但也没有那么新,因为有些电影在他们之前就已经有一些新的雏形了。我不喜欢戈达尔,我觉得在他那老练的面具之下藏着的只是一个半吊子。

CC：**他们是否把你看做"好莱坞的"？**

BW：看成"好莱坞"的，没错。带着对那些投资的尊敬。

CC：**戈达尔的《筋疲力尽》（*Breathless*，1960）怎么样？那是特吕弗写的。**

BW：《筋疲力尽》，那是唯一一个好的。

CC：**我十分崇拜特吕弗，我钟爱他捕捉日常生活中诗意的能力。（怀尔德点头）当然，还有雷诺阿。**

BW：雷诺阿。那个老雷诺阿？不是那个祖父，［皮埃尔·］奥古斯特·雷诺阿（Pierre Auguste Renoir）[1]……

CC：**不是。**

BW：顺便说句，我不喜欢他的画。

---

1 这句话里涉及到了四个雷诺阿：祖父皮埃尔·奥古斯特·雷诺阿（1841—1919），法国印象派画家。他的两个儿子，电影演员皮埃尔·雷诺阿（1885—1952），曾出演《马赛曲》《天堂的孩子》等片，以及电影导演让·雷诺阿（1894—1979），代表作有《大幻影》《游戏规则》等。还有皮埃尔·雷诺阿的儿子，电影摄影师克劳德·雷诺阿（1913—1993），曾参与拍摄他叔叔的影片《河流》及著名的《虎口脱险》等片。

CC：但是你有一幅雷诺阿的画。

BW：那只是一幅他的画而已。但我就是不喜欢他，太粉了。

CC：太粉？

BW：就像巧克力包装盒的封面，不是吗？

CC：**我喜欢他。**（怀尔德耸耸肩：**林子很大**）**还有让·雷诺阿的敏锐，他的作品还有他的演员对我产生了很大的影响。我之所以不断地问你《游戏规则》，是因为它有一种独特的魅力，使我想起你的作品。**

BW：是的，我很喜欢《游戏规则》，没错。还有雷内·克莱尔（Rene Clair），他现在已经被人们忘干净了。他从一开始就非常好，你知道……《巴黎屋檐下》（*Sous les Toits de Paris*，1930）。但是后来他开始，你知道，居高临下地拍电影。有人开始散布不良观念，说只有站得非常非常高的人的作品才能流芳百世。就因为他们在象牙塔里，所以他们就能幸存？胡说八道。

CC：**我想给你读一篇卡伦·勒纳给我的《世界政治杂志》**（*World Policy Journal*）**上的文章。是大卫·基佩**（David Kipen）**写的《美国电影之死》**（*The Death of American Film*）。

BW：（立刻）啊，很好。

CC：它的看法是我们的电影已经丧失了民族特质与文化。作者回顾了过去，讨论了一些伟大的美国电影。他写到了1939年，这一年现在被看成是美国电影的伟大一年。他写道："在好莱坞，贪婪毫不新鲜。他们把投拍《妮诺契卡》和《史密斯先生到华盛顿》(*Mr. Smith Goes to Washington*，1939) 看成商业冒险，他们在那些投资中看到了巨大的回报。但同时，刘别谦、怀尔德和卡普拉正忙于为自己也为世界定义着美国。尽管这些美国喜剧片的典范之作出自三个分别来自柏林、维也纳和西西里岛的人，这些电影有着玩世不恭的乐观主义、极快的速度和对方言的热爱，美式英语是不可能因为受到抵制就会被清除的。他们努力地复制美国，却又恰好帮着创造了它。"

BW：我甚至从没想过这些大词，你知道。"美国电影"这类的词。(他把它赶走，发出扫地的声音) 咻咻……

我只是拍电影，并希望它能是部好电影，希望它能娱乐人们，并给他们看一些他们从前没见过的东西。但是去想"这会是最伟大的黑色电影"或者"最伟大的喜剧片"，或者"以全球的视角来看，最重要的东西是什么？"……这很好，非常好；有人对我们这些老导演……这些退了休的导演，这些再也不会说"开拍"的导演说些这样的话很好，但是你只有在一个东西完成后才能评判它。一个导演不能靠崇高的概念过活，他得拍摄明确的想法……并把它微妙地表现出来，不[像]卡普拉。卡普拉很好，我跟你说，那个时候非常好，但后来他又去关注人们的来世了，这真是……

CC：感伤癖？

BW：感伤癖。非常"感伤癖"。是的，但他很好，是很受欢迎的导演。他拍的那些东西很好。他一下子抓住了时代，[长时间以来]只有卡普拉能做到，在他之前不久有戴米尔，你知道。他们是两个非常受欢迎、非常有实力的导演。今天很少有导演能站在时代顶端——只有斯皮尔伯格。

CC：**普雷斯顿·斯特奇斯**（Preston Sturges）[1]**的作品如何？**

BW：噢，很好。他是第一个从编剧做成导演的人。后来他离开了，和霍华德·休斯（Howard Hughes）[2]合开了家公司，就在派拉蒙的马路对面，罗利影片公司。那之后的事我就不知道了，他再没拍过有意义的东西。（他看上去有些迷惑）后来他离开了这个国家。他能双语工作，他法语说得非常好，因为他小时候是在法国被一个法国护士养大的。

我最后一次见普雷斯顿·斯特奇斯时，他在富凯酒店[3]对面的咖啡厅。法国人在每个街角都有咖啡厅，但他待在这一家——亚历山大咖啡厅。当时他在等人来，那是在乔治五世大道，美国人都住在乔治五世酒店。他们总是会顺道走进来，而他就会向他们讨一杯白兰地喝，你知道。这很糟，真的很糟糕。他是有第一辆也是唯一一辆劳斯莱斯休旅车的人。我不知道他是怎么得到的。他一直都在喝白兰地，死得很早。但他在高峰期时，真的非常好。

---

1 普雷斯顿·斯特奇斯（1898—1959），美国电影编剧、导演，代表作有《苏利文的旅行》《淑女伊芙》等。
2 霍华德·休斯（1905—1976），美国电影导演、制片人、飞行员、工程师。
3 位于巴黎。

CC：其他导演有没有对你的作品做出过比较好的评价呢？比如你的朋友费里尼评价过《热情如火》吗？

BW：他很善良，他叫我"大师"。他是75岁左右去世的，我却是他的"大师"。但是《甜蜜的生活》完美无瑕！如果我是大师，我该叫他什么？我从好电影里面学到了些东西，又从坏电影里面学到了些东西。从好电影里面学是很难的，因为好电影、伟大的电影、难忘的电影太少了。[威廉·]惠勒是我的近友，他就很喜欢批评。他会说："我觉得在《黄昏之恋》的结尾，加里·库柏在火车上时，奥黛丽·赫本不会那么跟他说话。"火车就要走了，她还在对他重复那些她幻想出来的情人。惠勒说："让她沉默。"但是我不能，因为她的嘴在动。

CC：如果你可以，你会用沉默来处理这场戏吗？

BW：是的。我会让她开始跟着走，然后他离开了，然后她跟着火车跑，然后他抓住她。但我在这里有太多台词要说了。

CC：我很喜欢她在那里的台词，让人心碎。对我来说，她的台词让这场戏超出了一个单纯的追着火车跑的结尾的范围。

BW：是的，但是她已经对他说了再见了，她就应该闭嘴，然后不断奔跑，然后他抓住她。

CC：再多说点你和惠勒的关系吧。

BW：和惠勒的关系……惠勒是个杰出的人，因为他没读过书。他绝对是什么书都没读过，除了他要拍的电影的剧本。他就像个没写过戏就要导戏的人一样瞎出主意，所以他常常花时间和手下们混在一起。他用非常多的时间打牌，但他是不会拿起任何一本印刷书来读的。（他很诙谐地困惑着）绝对的，什么也没读过。他不需要知道发生了什么事。但同时我必须说，他有杰出的成就。他对城市的感觉非常好，你知道。他有点老套，但非常好。比如《罗马假日》里的奥黛丽·赫本和格利高里·派克（Gregory Peck）——那是部好电影。

CC：所以你不同意那个人的"一个维也纳人用胶片捕捉到了美国"的说法。

BW：不同意，在欧洲拍关于欧洲人的电影给我制造了很多麻烦。虽然我和吉米·卡格尼在柏林拍了部电影，我把那片子做得很真，但是我不喜欢说外语的电影。比如，我就不喜欢《爱玛姑娘》，因为莱蒙没法变成法国警察。（笑）整个片子太美国了，不可信。我不相信……别人也不信。这部电影在法国，在巴黎失败了，但在这里获得了成功。在德国他们会喜欢它，是因为他们觉得自己更能理解法国人。（大笑）

CC：霍华德·霍克斯对你当导演产生过很大的影响吗？

BW：（立刻）没有。霍克斯自己做的东西很好，但他没有影响过我。

CC：谁影响过？

BW：刘别谦。有很多年我都把那句话挂在墙上——"刘别谦会怎么做？"我在写剧本或者计划电影时总会看它。"刘别谦会玩什么花活？他会怎样让这个看上去自然？"刘别谦影响了我当导演。

CC：让我给你读一本彼得·博格丹诺维奇(Peter Bogdanovich)[1]写的书，《摄影机背后的魔鬼》(Who the Devil Made It?)，里面有篇对霍华德·霍克斯的专访，他说："山姆·高德温把我叫进去，布拉克特和比利·怀尔德给我讲了《火球》(Ball of Fire)的故事，然后我说：'好的，我拍。'然后我就和海明威去钓了三星期的鱼。回来后我问：'你们做得怎么样了？'比利说：'我们弄不好。''有什么问题？'我问。'我们不知道它的主题是什么。'比利说。我说：'就是《白雪公主和七个小矮人》。'比利说：'我们两周内就能完成。'当然，布拉克特和怀尔德都是顶级的编剧。他们几乎什么事都能搞定。"

BW：那片子不是很好。它原本是一个我想出来的很幼稚的主意，我在希特勒之前的德国写的。我写了一个很薄的剧本构思，大概二十页。后来我们在派拉蒙工作，派拉蒙和高德温签了个协议。高德温（他后来又和库柏签了合同）要找鲍勃·霍普及布拉克特和怀尔德团队来拍部电影。这样他们就能免费用加里·库

---

[1] 彼得·博格丹诺维奇（1939— ）美国电影研究者、导演、编剧、演员、制片人，电影代表作有《最后一部电影》《纸月亮》等。《摄影机背后的魔鬼》是他对十六位导演的采访录。

柏为派拉蒙出演海明威小说改编的第一部长片《丧钟为谁而鸣》（*For Whom the Bell Tolls*, 1943），所以这就是一个交换，对吧？高德温找鲍勃·霍普拍了部电影［《他们掩护我》（*They Got Me Covered*, 1943）］，那些高德温女郎在里面跳舞，糟透了。

后来高德温又拍了一部库柏的电影，就是《火球》。那时候霍克斯已经成了世界上最会说谎的人。（笑）我记得很清楚，那是在兰斯酒店，就挨着亨利五世酒店。我正和一个住在那里的编剧坐在大厅里，在那里喝着马丁尼之类的，霍华德·霍克斯从电梯里出来，他看上去心情非常好，我们邀请他一起喝一杯。他很快乐地说："今天我把协议都签好了，我现在是梅赛德斯在美国的总代理了！而且，我卖了一些在密西西比的油井，钱刚刚到账，我没法告诉你具体是多少。他喝了马丁尼然后说了再见——然后就走了。我们就坐在那里，看着。服务台的主管过来对我们说："那个灰白头发的家伙是谁？他已经八周没有付账了。"

这就是霍华德·霍克斯。后来我们在写那部电影，《火球》，有一天他十二点一刻来了，手里拿着一个有黄色横格纸的写字板。他说："孩子们，我昨晚睡不着觉。我已经有了整个第二幕和第三幕了。我跟你们说，它非常棒。"然后他把写字板放到桌子上，现在他坐在那里，我们等着他跟我们说说那两幕是什么，上面一个字都没有。然后他说："圣塔·安妮塔跑马场有场比赛，现在正是第一场。我去洗个手，然后我们就去看这第一场。"然后他走了，他洗了手，他和我们两个一起走了，让写字板打开着留在了桌上。我们去看了赛马，后来我们回来，我们在赛马场有车，我们跑上楼看的。什么都没有，写字板上一个字都没有，一个字都没有。（露齿而笑，看上去很迷惑）他什么都没写。

CC：但是你确实看了霍华德·霍克斯拍摄《火球》的过程，这帮你学会了拍电影的技巧，是不是？

BW：一半一半。我只是学到了怎么喊"开机"，怎么喊"停"，怎么说"洗第七条"。

CC：你应该是待在房椽上看了整个电影拍摄的过程吧。

BW：是的，没错，我总是在那里，整部电影都这样。那不是部好电影，我不喜欢它。但是……我见到了加里·库柏。

CC：还有斯坦威克，你后来和他们两人都合作过。

BW：芭芭拉·斯坦威克。没错，我就是这么认识她的。

CC：你不太喜欢《火球》的完成品？

BW：不……（耸肩）它还可以。比它刚出炉时强，就是比它在德国刚被写出来的样子强。这时候我已经对人们需要应对的各种问题看得更深入了。把那些教授放在一个屋子里，让他们一起工作的做法很蠢，每个人写他们自己的东西，历史学或者地理学。它太蠢了，而且做的时候也很懒。我不知道；我就是不喜欢它。它不怎么样。但是我在德国写的它，然后我在那把它卖给了高德温先生。加里·库柏、芭芭拉·斯坦威克演了它。

CC：在剧本里，《鼓乐摇摆》（*Drum Boogie*）是芭芭拉·斯坦威克最重要的一首曲子吗?

BW：我们在这里用它是因为我们有［吉恩·］克鲁帕（Gene Krupa）[1]，那是克鲁帕的曲子。

CC：我们再说说《星期天的人们》吧，那部著名的、你在德国的第二部电影，而且它也是因稀有而著名的。今天它被看作是那个时期柏林的唯一影像资料，人们把它作为历史文献研究。而且，它还是弗雷德·金尼曼（Fred Zinnemann）[2]，还有其他很多人的第一部作品。在彼得·博格丹诺维奇的那本书里还采访了埃德加·乌默（Edgar Ulmer）[3]，他是那部电影的助理导演之一……

BW：乌默，没错。

CC："弗雷德·金尼曼是摄影助理，比利·怀尔德在罗马咖啡厅里用便签纸写成了剧本。"是这样吗?

BW：是的。

CC：你觉得《星期天的人们》属于你吗？你是否把它看作你的一部作品?

---

[1] 吉恩·克鲁帕（1909—1973），美国爵士乐音乐家。
[2] 弗雷德·金尼曼（1907—1997），美国电影导演，代表作有《正午》《乱世忠魂》等。
[3] 埃德加·乌默，即埃德加·G.乌默（1904—1972），美国电影导演，代表作有《绕道》等。

BW：嗯……"我的作品"……那是部默片，二十五页……罗伯特·西奥德梅克（Robert Siodmak）[1]导的它。我们一起导的它，我们一起布光。它是我们所有人的第一部正式的电影，除了摄影师［尤金·许费坦（Eugen Schüfftan）[2]］。它基本上是真实再现的电影，几乎就是纪录片。那是我的名字第一次出现在编剧栏上的电影。我现在找到了那个剧本，你说的这个片子的剧本，是德语的，我打算写信给德国的电影学院，问问他们想不想要，我打算把它寄给他们。那是个无声片，我们拍摄的时候可以说话，我们边拍边告诉他们怎么做。我说的是"我们"——我是编剧，和柯特·西奥德梅克（Curt Siodmak）[3]一起。它来自柯特·西奥德梅克的一个想法，由我把它编成剧本，他也参与了。每个人都在现场，金尼曼也在，我们还管搬运摄影机，我们没有薪水。我们那时候能赚大约——大约一星期一百美元。我们就拍了，我们是出于兴趣拍的。所有的演员都是新人，他们之后也没有再当过演员。（笑）只有摄影师是职业的，他之前曾经拍过电影。我必须得说，摄影师拍得非常非常好，他［后来］在好莱坞拍片，他的名字叫许费坦，他是唯一一个知道摄影机摆哪里及用什么镜头的人。后来，他在1962年凭《江湖浪子》（*The Hustler*，1961）得了奥斯卡奖。我们借的摄影机；我们只能周末用。但是你知道，周末不是指的周六和周日，而是只有周日。那时候还不是"商店周六停止营业"或者"营业到中午"，那时候是一周工作六天。我们拍了大约四五个月。只有在周日我们才能在背景里找来那么多人。

---

[1] 罗伯特·西奥德梅克（1900—1973），美国电影导演，代表作有《杀人者》《绝代艳姬》等。
[2] 尤金·许费坦（1893—1977），德国摄影师，曾拍摄《雾码头》等片。
[3] 柯特·西奥德梅克（1902—2000），美国小说家和电影编剧，主要创作恐怖片与科幻片，代表作有《狼人》《多诺万的脑袋》等。

CC：如果今天能看《星期天的人们》，你会去看吗？

BW：我不会看。我不知道——对我来说，我觉得那是一种拍电影的自由职业经验，它没有做得很深入。但是我们有，比如，人们过周日的方式。那里面有，比如，一个家伙追逐一个女孩的戏，两个男孩和两个女孩穿过树林，然后她绊倒了，他摔在了她身上，然后他们开始干那事。

那怎么拍他们办事呢？我们拍了职业网球锦标赛，人们在观众席里，几千人待在那里——有五千人。我们就这么直接拍，人们看着球，我们看到几百个脑袋［随着球转来转去］，我们把这个镜头和那对树林里的男女的镜头穿插起来。（怀尔德现在还对这一手法自豪）只用切，很多人们做那事的镜头，在水上自行车上，在湖上，人们骑水上自行车，我们得到了很多乐趣。人们见面，人们做那事，人们发疯似的吃东西、做运动，你想做什么都行。然后大部分人，他们说了再见就结束了。这就是它想说的，我觉得这就是你在柏林可能会看到的。

CC：你是否认为自己在《星期天的人们》中捕捉到了年轻时的柏林？

BW：是的，我把它放在了电影中。因为我们有挤满人的湖边的场景——柏林周边有好多湖，我想有上千个。我们集中在一个湖边，然后人们来了、走了、开车、做爱，随他们做什么，然后我们总是把镜头切回到莱比锡大街，柏林的主路，Bourse（股票交易所）就在那里，完全是空的，一只猫可以旁若无人地直接穿过。所有人都在湖边，你知道他们在周一又会被扔回到拥挤的街道上。那里非常拥挤，一个四百万人的城市，没有很多车。但是我们度过了美好的时光——从这个视角来看这是部好电影。你现在看它就像是新闻纪录片。

CC：柏林的夜生活什么样？

BW：很放荡、很疯狂，当时有一轮吸毒热。柏林在20世纪20年代是欧洲之城。

CC："毒品"指的是大麻吗？

BW：大麻和鸦片，所有你听说过的毒品，海洛因和吗啡。后来好像收敛了一点，转入了地下。但是有很多的毒品吸食事件。在咖啡厅里，比如像Romanisches Café——罗马咖啡厅，那里是总部。

CC：罗马咖啡厅里是什么样的？

BW：那里是收容所。我们住在那里，特别是单身汉们。那里有在写的作家、记者、下象棋的、玩扑克牌的。如果外面下雨或者太晒，你就躲在那里。我们待在那里的时间比待在家里的时间都长，那是第二个家，其实是首要的家。

CC：只有年轻人吗？

BW：不，非常有教养的和很老的人也在。冬天那里很暖和，柏林的冬天很长。我们在那里聚在一起，那个地方发生的事情太多了。我当时想拍部关于它的电影，但后来被别的事绊住了，那种感觉从来没有被拍入过胶片。它是我们的家。

CC：**你什么时候想拍的这部电影？**

BW：噢，1930或1931年的时候。

CC：**没有拍成你是不是很遗憾？**

BW：当然遗憾，但那会是部纪录片。后来有声片出现了，它的出现粉碎了我们的计划。

CC：**《歌厅》[*Cabaret*，鲍勃·福斯 (Bob Fosse)[1]，1972] 是否比较接近那个时候的感觉？**

BW：我得说《歌厅》是非常好的电影。他们来找我，希望我拍。而那个时候我不想做任何关于德国、关于纳粹的东西，我不想去那边。他们也没去，他们在这里拍的，但拍得很好。根据［克里斯托弗·］艾什伍德先生（Christopher Isherwood）[2]的小说改编的。那是本好书，［但是］剧本更好。这部电影是由一个美国人

---

[1] 鲍勃·福斯（1927—1987），美国舞蹈家与电影导演，曾凭借编舞获得八次托尼奖，舞台代表作有《芝加哥》等，他还凭借影片《歌厅》击败科波拉的《教父》获得当年奥斯卡最佳导演奖。
[2] 克里斯托弗·艾什伍德（1904—1986），美国小说家，《歌厅》改编自他的小说《柏林故事》。

拍的，我对此致以敬意。鲍勃·福斯是个很好的导演，他走得太早了。我十分钦佩福斯，他的离开是巨大的损失。

CC：**如果你来拍它会有什么不同？**

BW：我会拍得更像新闻。

CC：**所以早年在柏林，你是不是也是过着这种自由生活的一员，你吸不吸大麻……？**

BW：不，我没有吸。不，我那时候太年轻了……［我到柏林时］大概19或20岁，我没钱去搞那个。我可能怎么都不会吸的，我不相信毒品。它很愚蠢，是绝对的白痴，我也不需要它。

CC：**你从前很少提到你早期的剧本，那些在你当导演前在德国和美国写的。《铤而走险的记者》（*The Daredevil Reporter*，1929）是你的第一个剧本，讲的是一个把自己灵魂卖给魔鬼的记者的故事。恩斯特·莱姆勒（Ernst Laemmle）导演的这部电影。**

BW：《铤而走险的记者》，那是部烂片。

CC：**你还有它的拷贝吗？**

BW：没有，而且我也不会想再看它。那只是我的一个想法，然后我把它编成了剧本。

CC：写作它的时候有没有用一些你自己当记者的经历？

BW：（立刻）没有。

CC：你第一个在美国拍摄的剧本《天籁》(*Music in the Air*, 1934)有没有为你挣来很多钱？

BW：完全没有，那时是刚开始。不过我在那里面记住了〔葛洛丽亚·〕斯旺森，后来我找她演了《日落大道》。

CC：关于《蓝胡子的第八任妻子》呢？

BW：是的，那是为刘别谦写的，那是布拉克特和我第一次为刘别谦写作，非常非常有趣。它在刘别谦的作品中很一般，但在我的作品里是佳作。

CC：这部电影创造了一个伟大的"巧遇"，加里·库柏和克劳黛·考尔白(Claudette Colbert)合买了一身睡衣。她拿了上身，他拿了下身[1]，然后你会假想，在众人之中，他们各穿半身会是什么样子。

BW：是的，没错。

CC：你开始写作你的剧本时会在脑中有一些骨架戏吗——

1　片中其实是他拿了上身，她拿了下身。

247

男孩遇到女孩,男孩失去女孩之类的?

BW:《蓝胡子的第八任妻子》一开始就有一个故事框架了。我们知道相遇的戏必须得有效,而且整个结构要隐藏在一出出精彩的、滑稽的戏背后。我们总是知道我们要往哪去,否则片子就会没有重点。不是每个故事都有第三幕,但我们有第一幕、第二幕、第三幕,然后我们改进它。把一些东西扔掉,把一些东西加进来。但原本的故事本身并没有改动。我们只知道我们要做这部电影,但怎么做我们还不知道。

CC:**男女相遇的元素通常在你的电影中都是一个充满魔力的东西。**

BW:是的,没错。他们相遇的时刻,或者他们看清对方的时刻。

CC:**这两个演员后来都继续出演了你写的电影,考尔白演了《午夜》(Midnight, 1939)和《时代儿女》(Arise, My Love, 1940),库柏演了《火球》,以及你自己的电影《黄昏之恋》。回头看看那些你写了但是没有导演的电影,好像你是在研究你的队员,做记录,想:"好的,加里·库柏,他演我的东西很好——以后我导演的时候要找他。"**

BW:是的,但是那个时候我写作时并没有想自己有一天会成为导演。那只是在后来,在我们为派拉蒙写合同期内的最后一部电影时[《良宵苦短》(Hold Back the Dawn, 1941),米切尔·莱森导演],才想到这件事。只有在导演搞砸了剧本时,我才对自己拍片产生了浓厚兴趣。

在那之前,我从没想过我会当导演。导演来检查剧本时——就在我们完成了一半或者四分之三时——你知道,你总是得尊敬他。直到后来,当我发现我将要当导演时,我才允许自己对米切尔·莱森不那么尊敬一点。

CC:你的作品中,米切尔·莱森导演得最好的是哪部?

BW:《午夜》,那是部好电影。而且,男主角是唐·阿米契(Don Ameche),不管你信不信,他们在[美国]电影学院给我开那个宴会时,请来了所有在我电影里出演过角色的人,唐·阿米契也在。他说:"我来到这里是因为怀尔德先生,但我从来没见过他。"他不知道自己为什么被邀请!所以在晚宴进行中时,我走过去说:"我们见过,在拍摄莱森导演那部叫《午夜》的电影时,你和约翰·巴里摩尔(John Barrymore)先生一起见过我。"他不太相信。"我如果拍过那部电影我应该会记得的!"但我记得非常非常清楚,制片人是霍恩布洛,那次他和布拉克特还有我在那坐着……巴里摩尔走进来检查服装还是什么的,霍恩布洛说:"巴里摩尔先生,你认识唐·阿米契先生吗?"巴里摩尔说:"当然,他认识我,我们现在一起睡!"这是巴里摩尔开的一个小玩笑,阿米契不记得了,而我必须得说他在那部电影里演得很好。我三四年前看过它,这部电影做得非常非常好。因为巴里摩尔醉得太厉害,没法自己写自己的戏。(笑)莱森是个很好的导演,但他不希望编剧保护自己写出来的东西。《午夜》之后,我再下去片场时,他们就不让我进了。有个警察在那站着。

CC：莱森的《时代儿女》如何？

BW：我们被叫进去告知："你看，这个电影是关于一个飞行员的，他在监狱里，我们想让你们照着考尔白来写，因为她要出演。"就是这样。我们只是把它[作为一个合同规定的工作]写完。莱森的很多电影都留了下来；它们都很好，但《午夜》是部不折不扣的杰作。我现在还经常被问起这部电影。

CC：你如何评价克劳黛·考尔白对你作品的诠释？

BW：我只作为编剧和她合作过，《蓝胡子的第八任妻子》也是。她是个好演员，她得到这个角色一点也不兴奋，她没得到也不会兴奋。她是个优秀的、有趣的演员，专业到没有说错过一句台词——但另一方面，她也没给人过惊喜。梦露总是让人惊喜，你永远不知道她会做出什么来。梦露有一种天生的感觉，"这样会有趣"或者"我该从这里开始哭"，这一点她做得很完美。即使这要耗费很多条，但你知道一定会有惊喜的。

CC：你那时候有没有像这样赞美过梦露？（怀尔德停下来仔细思索这个问题。）

BW：没有。她总是在哭。

CC：你有没有被怂恿过和约翰·韦恩（John Wayne）合作？

BW：没有。不要拍有马的戏，我怕马。[1]

CC：你写过很多精彩的美国英雄。有污点的英雄、苦乐参半的喜剧英雄……都非常美国。你觉得美国在多大程度上激发了你的灵感？你觉得如果你没有来过这个国家，你的电影还会一样深刻吗？

BW：我认为会的。到了美国大概两三年后，我的语言就学到了能编织一些对话的程度了，然后越学越多。但我一直没法纠正我的口音。如果你是小时候从欧洲来到这里，进入这里的学校学习，你还能改掉你的口音，但是28岁就太晚了，刘别谦也是这样，他是从1923年开始在这里工作的。他在这里开始时还要再老一点，他那时30岁。

CC：经常有人写到或者说起你母亲对美国的迷恋，而作为一个欧洲人，你观察美国的能力使你能够比许多美国作家看得更清楚。

BW：（开朗地）就让他们这么想吧，这很好。

CC：你自己怎么看？

BW：这是潜意识里的问题。我不知道。美国电影的背景和情节设计，和我写的德国电影不一样。德国电影……更加富于

---

1 约翰·韦恩主要出演西部片。

情感，但它不是我的电影，它只是我写的电影，因为他们喜欢我们讲的故事。但你知道，你会自然而然地在你的系统里吸收养料，你会自然而然地变成一个美国人。所以我不知道，我不相信会有人指出一场戏说"这个很好，看看，这是怀尔德在批评美国"或者"这是怀尔德在谄媚美国"。不，不会。我只是一个生活在美国的人。

CC：《河上的节奏》(*Rhythm on the River*, 1940) 里，平·克罗斯比和玛丽·马丁 (Mary Martin) 饰演两个匿名写手，给巴兹尔·雷斯伯恩 (Basil Rathbone) 饰演的作曲家写作。你和雅克·泰里 (Jacques Thery) 一起写的这个戏。

BW：那与其说是个剧本，不如说更像个剧情梗概（大纲），它是我来美国之前在柏林写的。那是个好故事，我把它卖了，但后来他们只用了其中的一点细节。就是这样。

原本完整的故事是关于一个在纽约的、科尔·波特 (Cole Porter)[1] 式的人。他又作词又作曲，是全国最好的。然后我们看到，后楼梯上来了个年轻人，手里拿着作品。他是曲子的枪手。然后我们看到一个稍后到的女孩，她不认识那个年轻人。她给他带来了歌词。也就是说，这个科尔·波特式的人物有两个为他写作的人，因为他正在创作瓶颈期。男孩和女孩发现他们在为同一个人写歌。（怀尔德吃了片薄荷糖）但现在，现在他们认识了彼此，他们要一起创作、出名："再见了，波特先生。"后来他们结婚了，她怀了孕，而他们都找不到工作——因为他们是尽责的枪手，对自

---

[1] 科尔·波特（1891—1964），美国作曲家，曾创作过《五千万法国人》《吻我，凯特》等音乐剧。

己之前写的东西闭口不谈。然后他们一无所获,不管他们写的东西如何。他们一首都卖不出去,他们的歌太像"科尔·波特"的了!

然后第三幕是——这一幕他们没有用——一个好作曲家,一个欧文·伯林(Irving Berlin)[1]式的人找到了他们。这两个人——丈夫和妻子,他们作曲和作词,但穷困潦倒。伯林脱掉外套坐下来,变成了这两个人的枪手,故事就是这样。他们最后写出了《河上的节奏》。

CC:你愿用黑白胶片还是彩色胶片?

BW:彩色胶片有一个时期太像冰激凌了。一点覆盆子汁加上一点柠檬汁——非常可怕,你知道。因为我们在"用彩色"拍电影而不是拍电影,为彩色而彩色,而其实不知道怎么用彩色。我说:"别用它了,就用黑色或者白色。"我就是反对用彩色。

用黑白胶片拍摄很难,你知道,因为你得创造带有你自己特色的阴影效果。你得创造某种东西,这个东西得能回报给你什么。而用彩色的话,你就可以把摄影机架在那里拍,这样很自然,不要浓重的颜色。你是不是没有拍过黑白片?

CC:我有过兴趣。它有种很棒的特质,好像颜色自己就能引导故事。

BW:是的。但如果我的某部电影应该是[真实的]彩色的,那应该是《热情如火》。我觉得它应该用彩色胶片拍,没错。但

---

[1] 欧文·伯林(1888—1989),美国作曲家,代表作有《天佑美国》《白色圣诞》等。

当时没有真实色彩,工艺达不到。只能把颜色插进去,不怎么复杂。

CC:真有趣。我觉得那部电影应该用黑白胶片。

BW:那时候说服他们让你用黑白胶片拍电影是很难的。他们为了能在电视上播放,所以不想要黑白片。但如果你能投入一些努力,还是很不错的。

CC:说说摄影师查尔斯·朗(Charles Lang)[1]吧,他和你合作了《龙凤配》等许多部电影。

BW:查尔斯·朗很棒。查尔斯·朗——"二世",他甚至比我还大两三岁!他现在还很健壮,他是个很好的人。他总是走来走去,脸上带着不变的神情:斜视着,充满了思索,好像他随时都在注视着世界,脑子想的不仅仅是电影而已,他想着:"这个东西的曝光是多少,这个世界的曝光是多少?"他是最高等的摄影师,和拉绍一样。他很准时,是一个很好的合作者,我爱他。

CC:你对今天拍黑白电影的人有什么忠告?

BW:给自己找一个年长的好摄影师。

CC:你最伟大的镜头之一,你所有作品中最大胆的一个镜头,是《倒扣的王牌》的最后一镜。柯克·道格拉斯身上插着一把剪

---

[1] 查尔斯·朗(1902—1998),美国电影摄影师,曾和怀尔德合作过《柏林艳史》《倒扣的王牌》《龙凤配》《热情如火》几部影片。

刀，倒地而亡，这个动作使他从全景变成一个近景。斯派克·李在《黑潮》(*Malcolm X*, 1992)里效仿了这个镜头，他想问你是怎么想出那个镜头来的。

BW：（微笑）我喜欢斯派克·李。他很好，是个精力充沛的电影人。那个镜头总是出现在我脑子里，但它不是剧本的一部分。我从不在剧本里放入多少镜头设计。我们挖个洞把摄影机放在那里。我们知道他最后会把戏终止在那个洞那里，他们知道他会死。他要怎么死——这一点是写剧本时要想的。我们在写剧本时就想到这个镜头了。摄影机被放低，因为有事要发生了，这样做会起效的，然后柯克·道格拉斯摔入镜头变成特写。我想要一些有力的东西，而它就是我少有的几次大胆拍摄的镜头之一。我需要它，但我从不围绕着一个镜头构建一场戏，没有一个过度的镜头。因为那是很古怪的，我从来不吓唬人。它是符合逻辑的，而不是——他在一个长镜头中倒地，然后切入一个特写，不，我不想那样。

CC：你是否很了解镜头？知道什么戏要用什么镜头？

BW：是的……是的。我总是用三十五到四十毫米的焦距。我就说"给我个宽的镜头"，因为我要拍个长镜头。我没有很多镜头，我也没有蓝色滤镜片。（有一点轻蔑地）这些我都没有，我不要。这些不会使我成一个更好的导演。

CC：类似的，你在拍宽银幕电影时是怎么想的？《飞来福》和《桃色公寓》这些电影都是宽银幕的。

BW：那不是他们那时候能拍出来的最宽的画幅。两条腊肠狗的爱情，那是它唯一擅长讲述的故事……但它是个好东西。拥有它的是福斯——新艺综合体——它将掀起全国性的革新。而我说："它什么都革新不了。"因为除非你总是需要拍看台上观看比赛的观众的全景，否则画面里面就会有很多空白。当你拍特写时又不能总把被摄物放在中间，里面什么都没有。它就像是你发明三角形银幕，或者香味电影……那东西，完全是垃圾。

CC：一个关于喜剧的问题。为什么你认为喜剧作为一种艺术类型依然被低估了？为什么你会觉得一部过分夸张的正剧也总是能比最伟大的喜剧得到更认真的看待？

BW：对喜剧，人们觉得它是演员们到舞台上虚构了一些不疼不痒的笑话。对严肃的东西，你知道，当然，他们报以敬仰之情。有些喜剧得到了一些肯定，比如《一夜风流》，它的成功超出了一般的概念。刘别谦从没得过［奥斯卡］奖；他得过一个荣誉奖，就因为严肃电影更值钱吗？

CC：你有没有想过自己的题材要激进，要讨论一些必须要改革的事情，还是你就接受现状？

BW：我接受它。我的题材已经全变了，你知道，一直都在变，因为我总是想做些新东西。《倒扣的王牌》里的新东西是展现记者们的勾当，他们得到一个故事后，就会把它独占起来。但当我拍喜剧时，我只是单纯在追求喜剧本身。对我来说坐在观众中听他们的笑声是更好的回报。

CC：你和戴蒙德曾经（大约在1960到1961年）策划的关于"马克斯兄弟在联合国"（Marx Brothers at the U.N.）**的马克斯兄弟喜剧剧本还在吗？**

BW：没有。我们从没有过剧本，那只是个想法。我们有过一个把马克斯兄弟的电影设置在联合国背景下的想法，他们是某共和国的四个代表。这个想法很好，因为马克斯兄弟在庄严豪华的背景中表现得最好。他们在《歌声俪影》里很好就是因为歌剧是很豪华的东西。他们在赛马场也很好，在《赌马风波》里。但他们的另外一些东西做得不好，就是因为他们没什么东西可取笑。我想找马克斯兄弟拍部电影，但后来契科（Chico Marx）死了，哈波（Harpo Marx）的情况也很不稳定。但格劳乔（Groucho Marx）是个天才，非常棒。他们那时候在大都会。那部电影应该集合了在60年代早期，至少六个最顶级的明星，泽伯（Zeppo Marx）是主角，泽伯当主角绝对是很惊人的。你去看《歌声俪影》，绝对不会失望。萨尔伯格非常聪明，你知道，因为他把它当成严肃电影来拍。

CC：你有什么关于人们在电影里对笑话的反应的规矩吗？也就是说，哪些笑话是剧中人物意识到的，哪些笑话是只有观众意识到的？

BW：剧中人大部分时候都不应该意识到笑话。有时候你会让他们抖一个包袱，当演员没有在移动时，你可以把笑话延长或者缩短。但不要让你的演员在一个长镜头里做事，这才是聪明的做法，你必须能够剪切。但是如果你认定一个笑话会招来潮水般持久的笑声，于是你就把它放在了那里，那么上帝保佑你……到了下一个影院，它就只会得到一场很短暂的笑声，因为那里只有一百个观众。我把握住了该如何做的窍门，其实就是计时与剪辑。但演员对笑话的反应很重要，哪怕只是个双人镜头：他们会如何反应？

CC：还有很多你的电影没有做成视频发行。你有没有和制片厂或者档案馆讨论过重修它们？好让以后的人还能看到你的电影。你会考虑这个问题吗？

BW：不会。他们一个劲地重做，这样他们就能防止人们看到［它们本来的样子］了。（笑）比如《双重赔偿》就被重做了五六次，每次都打着不同的旗号，但从来没有做得更好过。我觉得既然一部电影已经有五十年的历史了，那么那些主角——斯坦威克、罗宾逊、麦克默里——对年轻观众来说和对中年观众来说，感觉不会是一样的。对年轻观众而言，他们不会比只在我电影里演过一个小角色的演员意味着更多东西。

五十年，这是很久的一段时间了。但另一方面说，会有五十年前、四十年前、三十年前、二十年前出生的人，愿意看或者重看这部电影的。但重新上映老电影？经纪人会反对的，因为这不会给他们创造收入。

CC：但是还有电视。上次我们在这里时，你正在给那些写信给你的人签名——那些人都是在电视上看的你的作品。

BW：他们确实知道并且很喜欢我的电影，也许他们还会一星期看一次……所有这些废话都会[在重做电影时]被重复一遍。我该做什么？什么都不做。我就坐在这里等着。我很好奇这一切什么时候才会结束。

CC：有没有哪部电影是来自你的梦的？

BW：电影的话还没有。到100岁时，我就会做一个好梦了。

CC：很多导演都超出了界线。他们拍摄他们梦想的电影，然后失败了。然后他们慢慢妥协，他们追逐票房成功……有很多条路都会让一个导演软化，特别是当你试图在好莱坞的体系下获得成功时。
或者你可以放弃——"我不会一味抗争的"——然后去寻求独立制片。

BW：是的。但是那种资助已经用光了。

CC：你是如何保持犀利的？

BW:91岁时,我很犀利,但90岁时,我就不那么犀利了。（笑）是的,我总是有意识想担负起导演的工作来。那工作就是,上帝啊,拍摄第一天就很难熬,而你还要这么干七个星期!（停顿）但是没有人来找我问我愿不愿意再拍一部新电影。
我在80岁时得到了一个在联艺公司的工作。[杰瑞·]温特劳布（Jerry Weintraub）[1]先生雇我审查他购买的剧本。但我完全没有意识到的是——如果他有一筐剧本，每个都很烂怎么办？他已经为它们投了钱了，二十五万、五十万。我除了说"对不起，我处理不了它"以外还能做什么？如果他是在买这些剧本之前就先来找我，我会说："让我看看。"我可能会误判，但总的来说我是对的。我会直截了当地说："这没法拍，不会有人看的。"但已经太晚了。他拿给我的剧本里没有一个能让我说"这是部电影"的。全都糟糕透了。

一天，[首席执行官柯克·]克科里安（Kirk Kerkorian）[2]和我坐同一个电梯下楼，他对我说："你能在这个公司里真的是太好了……祝你好运。"然后我说："这是我在公司的最后一天了，我要走了。我已经在这里两个月了，很差劲。"唯一一部好的剧本，史翠珊（Barbra Streisand）导演了它——《潮浪王子》（*The Prince of Tides*, 1991）。就是这样，我也做不了什么，但即使是这个剧本也是可以更好的。我在那里就是当个见证人——当一个热心于一个计划或者说"不要买它"的人。但他还是买了，他把什么都买了。

CC：你为什么要接受这个工作？它算是导演工作的一个替代品吗？

BW：我对自己说我会找到些什么的，在他们买的二十个项目里面找出一个来，或者任何什么东西，然后没准我能帮助那个

1　杰瑞·温特劳布（1937—2015），美国电影制片人，曾制作《兵人》、史蒂文·索德伯格的《罗汉系列》等片，曾任联艺公司董事局主席与首席执行官。
2　柯克·克科里安（1917—2015），美国投资商，为拉斯维加斯城的兴起做出过重要贡献，曾在1981到1986年间拥有联艺公司。

编剧，没准我还能集中精力干一件事情。那对我来说，是一段非常糟糕的时期，我难以自处。我只是拿了丰厚的报酬，五千美元一周，让我去说"这个不好""这个很糟""要我就会拍这个"，他们不是非要听我的，但那里面什么都没有，里面出不来一个好电影。事实上，他们拍的电影里面也没有一个是好的。

CC：**我说一下我对喜剧未来的思考，人性及人的个性还是十分神秘、奇特、令人为难和有趣的，只要你足够用功，还是有喜剧可以写得出来的。**

BW：当然，当然。还有你不要想着得奖。

CC：**在91岁的年龄，你是否还是觉得人性很神秘、奇特、有趣和令人为难呢？**

BW：新的创造总是很奇特。我们发现的越来越多，知道的却越来越少。

我问了他当时的头条新闻。

CC：**你对探索者号发回的火星照片感到兴奋吗？**

BW：是的，但是可别让我每天晚上都看它们！（笑）你看到了那些石头，每个石头长得都一样，然后他们鼓掌。但能够把它们拍下来还是件很好的事——几千年来它们一直都在那里。但我想随着我们越挖越深，我们会发现我们知道的东西越来越少。我们什么都不知道,从伽利略、哥白尼说"地球是圆的"以后,我们就没有再知道新东西了。

CC:我想谈谈时间舱的问题。你知道他们把一个舱埋起来,让未来的人看吗?我想三星公司最近把一本叫《幻影英雄》(*The Last Action Hero*)的剧本发射到了外太空……

BW:好让未来的人看看他们到底能把电影拍得多烂?

CC:(笑)这是个困难的问题,但我还是想让它成为我们谈话的一部分,让你对未来的电影人说点什么。一个在我们都去世之后,给读这本书的人的留言。我知道这是个困难的问题。

BW:是的,是个困难的问题。也许我得给你发封电报来回答这个问题。(笑)我不会到了某个观测点就停下来的,你知道。我觉得我们在非常非常重要和有趣的时代。我想我们得习惯新发明,但它们不会像他们应有的样子一样有趣。如果我们聚焦于美国,为了期望永远不再有战争、不再有原子弹、不再有毒气而努力——这〔比登上火星〕重要得多。但我们离一个确定和平的世界还远着呢,而且你总是只有七十年的时间去为此努力,然后就是下一代了。

但是我不知道,我只是很好奇,这是唯一支撑我活下去的东西——好奇心。

7

电影配乐

在科罗拉多酒店拍摄

奥黛丽·赫本的纪梵希

《热情如火》里的异装

"我们已经把自己出卖给了做特效的人"

在柏林和维也纳当记者

电影枪手

金格尔·罗杰斯

《两代情》

"我永远都需要情节"

柏林的爵士乐

"我写作时会想着摄影机,但不会想太多。"

CC：一部电影的配乐该是什么样的？

BW：它应该不被察觉，当然，有时不是这样。在《2001太空漫游》(*2001: A Space Odyssey*, 1968)的开场，理查德·施特劳斯（Richard Strauss）[1]的配乐伴随着猿猴和棍棒出现，那绝对是令人激动的。太棒了，很伟大。但是我想音乐也可以是具有煽动性的，它煽动了一种情绪，一种爱，一种恨，一种兴奋感，这种兴奋感通常比镜头里拍出来的东西还要强烈。配乐是非常非常重要的。你需要获得一切能获得的帮助。我有我最喜欢的作曲家，他们是［弗朗茨·］瓦克斯曼和［米克罗斯·］罗兹萨（Miklos Rozsa）[2]……有时候，我用［安德鲁·］普列文。但是瓦克斯曼和罗兹萨，这两个欧洲人，给我提供了最棒的乐曲。他们懂得我的作品，凭直觉就懂得。

---

1 理查德·施特劳斯（1864—1949），德国作曲家、指挥家，《2001：太空漫游》中使用了他的名曲《查拉图斯特拉如是说》。
2 米克罗斯·罗兹萨（1907—1995），匈牙利裔美国作曲家，曾为一百多部电影配乐，如《爱德华大夫》《宾虚》等，曾和怀尔德合作过《五墓行动》《双重赔偿》《失去的周末》和《福尔摩斯秘史》。

CC：1993年，费尔南多·楚巴 (Fernando Trueba) 的《四千金的情人》(*Belle Epoque*, 1992) 获得了奥斯卡最佳外语片，他说："我想感谢上帝，但是我并不信仰上帝，所以我想感谢比利·怀尔德。"这话受到了所有怀尔德粉丝的喜爱。他打电话通知过你吗？

BW：（还在为此陶醉）不不，完全没有。我当时在家看的，因为我只有获奖或者颁奖的时候才会去奥斯卡，要么给，要么得。如果我在家，我一般都会看的。那个家伙到了台上，说："我不信仰上帝，我信仰比利·怀尔德。"我那时正在调一杯马丁尼，然后我放下那个细长的杯子，心想："我听错了吗？这家伙是疯了还是怎么的？"后来我和他谈过。他来拜访了我。

很不错的人，他给了我一个惊喜。

晚上7点50分，周先生餐厅，贝弗利山。我和妻子提前到了，我们来参加一场激动人心的会面——与奥德丽和比利·怀尔德共进晚餐，并确定下这本书的基调。

"我可以帮你吗？"女侍者问。

"是的。"我说道，带着几分开朗的声调，"我们提前到了，要和怀尔德夫妇共进晚餐。"

"噢，很好，"她说，"他们已经到了。"奥德丽和比利·怀尔德正坐在吧台边的凳子上——怀尔德穿着一件礼服套装，奥德丽穿着一身香奈儿。

"我们早到了十五分钟，"他解释道，"于是就这么自得其乐了一会儿。"

我介绍了我的太太，然后我们移到了桌子边共进晚餐。

那个侍者非常喜欢怀尔德,他先让怀尔德坐在了这位导演最喜欢的一个普通桌的座位上。这是一个毫不拖沓难熬的夜晚,谈话也一样。比利的谈话很迷人,令我们新加入的晚餐客人全情投入地听着。他今晚的情绪就像他最棒的作品一样生机勃勃、令人愉快。

我们讨论了他的档案,大部分都在一场先前的办公室火灾中幸存了下来,他的文章和剧本都没事,包括著名的《妮诺契卡》试映卡片:"我笑得太凶了,都尿在了女朋友的手上。"

"那事发在我认识你之前。"他对奥德丽说。

"我那时在上高中。"奥德丽回答道。

"拜托,"比利说,"我们对这事不需要知道太多。"

就像往常那样,他询问了这时在英格兰的汤姆·克鲁斯与库布里克一起拍摄《大开眼界》的现场经历。他对库布里克最新电影的每个细节都感兴趣。"他从没有拍过烂电影,"怀尔德说,"每一次都是一个比一个强。"

我提起现在是猫王逝世二十周年,新闻报道里充满了哀悼和崇敬之情。怀尔德耸了耸肩。"我没看过。"他充满敬意地、几乎是像做科学研究一样地说,"但是他死在了一个恰当的时候。他还能够再到达什么更高的地位吗?如今他就是神。"只有在被逼到一定分上时,怀尔德才会承认他有点喜欢披头士。"他们有一种团体的个性。至于别的音乐……没什么值得记住的。"他扬起眉毛,微微耸了耸肩,"什么是摇滚乐?"他目不转睛地看着我问道。

这并不是个随口一问的问题,他正等待着回答。

我笑着点了点头,这可能会成为我给他上的一课,作为一名前摇滚乐记者,我尽量简短地向怀尔德分享了摇滚乐的历史。

我从罗伯特·约翰逊（Robert Johnson）[1]和蓝调音乐开始，然后说到猫王、不列颠入侵[2]、英国硬摇滚的兴起、美国流行音乐、朋克的到来，最后停在正在隔壁房间播放的埃里克·克莱普顿（Eric Clapton）[3]不插电版本的《蕾拉》（layla），这使话题在短短两分钟之内又回到了罗伯特·约翰逊身上。

怀尔德思索了一会儿，思量了一下这些概念。"我没它也能活。"他耸耸肩愉快地说。

这样的小幽默贯穿了整个晚餐。我问奥德丽的兄弟好不好。"他很好，我今天还和他一起吃了午饭。"她说道。"我都不确定她是不是真有一个兄弟。"怀尔德在一边幽默地说。他喝了一口啤酒。他的扑克脸是无价之宝。

我向他询问他电影中的那些人物形象。"金格尔·罗杰斯棒极了。"他模仿着她的样子，"最棒的演员知道该怎么做。"他做了一个惊讶的表情，"或者好奇"，他又做了一个好奇的表情，然后就是主菜：一个顽皮的笨蛋的表情。每一个表情都可以成为镜头的焦点所在，而这每一个令人信服的喜剧表演都出自一个说自己不是演员的人。然后怀尔德又做了另一个表情，一个迷人的表情。萨布里纳会感到骄傲的。他又把注意力转回了自己的面条。

奥德丽和比利评估了这顿饭好一会儿，他们并没有张扬他们对它的喜爱，但他们的感情就像大学化学课本一样清晰。奥德丽说怀尔德好像是在安静地研究他的最后一顿晚餐，还假装只有一点儿兴趣的样子。他从来没有在给她的情书或者便条上签过名，

---

1 罗伯特·约翰逊（1911—1938），美国吉他乐手，以高超的演奏技巧著称，蓝调音乐代表人物。
2 指1964到1966年间一批在美国流行起来的、来自英国的摇滚乐与流行乐手。
3 埃里克·克莱普顿（1945— ），英国吉他手、歌手和作曲家。

奥德丽说道："他总是用假名,比如约翰逊上校什么的,从来不用真名。"

怀尔德忽然抬起头来："我不想留下痕迹!"

"我只在结婚协议上看见过他签名。"她冷淡地指出。

然后,怀尔德用他自己的方式在场上变得耀眼起来。他眼睛睁得大大的,转向她,她的评语中的一些内容让他感到非常有意思。他做出了一个表示惊奇的令人意外的表情,然后,我意识到那是什么——那是比利·怀尔德的大笑。

我们的夫人离开了吧台,自行聊天去了,留下我们单独在一起。怀尔德问我的下一个计划,急切地想讨论我正在处理的麻烦。"你有第三幕了吗?"他一针见血地问道,剧本结构,他说,从来都不容易,"这件事总是要花我很多时间。对我来说,一年就一个剧本。"

话题转向了我们的访谈。"你想怎么做就怎么做。"他平静地说道。他找到了低调地自我推销的艺术,要我知道这一点看起来对他而言很重要。"无论你做什么……杂志或者图书出版,做你想做的。"我猜我是受到了赞美。"你想怎么做就怎么做。"他又说了回来,"要么你就自己留着它,别给别人看。"

第二天早晨,采访在怀尔德的办公室继续。门半开着,我发现他坐在桌子后,翻着邮件。百叶窗在他的身后开打着,卡车隆隆地驶过小巷。

"你睡得好吗?"他问。

"是,很好,你呢?"

"好,我睡了。"他答道,"我睡了。我每隔一会儿就要醒过来,自己好好想想,我这是在哪儿。"我们继续我们的谈话。

CC：我有一个关于圣地亚哥的科罗拉多酒店的问题。我在圣地亚哥长大，传言说那个酒店是《热情如火》拍摄过程中最神奇的部分，因为玛丽莲·梦露在那儿感到很放松。

BW：是，那很有趣。我们在那过得很愉快，我们很开心。我只想在佛罗里达找一个像酒店的地方，然后他们带我看了这个酒店，然后就是它了，就是那种风格。玛丽莲记住了她的台词，每件事都很好，所有的工作都照计划进行。

CC：所以你对那里印象很好？

BW：是的，非常好。

CC：外景也是在那儿拍摄的，就是在海上，乔·E.布朗从船上走上岸那场？

BW：是，在那里大约拍了两周。

CC：玛丽莲看上去在全情投入地拍那些戏。

BW：是的，她有那种素质。她可以做到那样。

CC:有一个传言说玛丽莲去了《桃色公寓》的试映会，在那里你和她讨论了让她出演《爱玛姑娘》的女主角的事。

BW：是，有那么一次试映会，之后又有一顿晚餐，我们在罗曼诺夫餐厅举行聚会。我想我几乎没听见她说的话，当时的场面很做作。

CC：为什么你最终没有在《爱玛姑娘》里用她呢？

BW：我不记得了。我想当时是按照之前的约定办的。我只是……你知道，当时的创伤还记忆犹新，我需要一个创可贴。所以我拍了《玉女风流》，完全是在柏林和慕尼黑拍的。

CC：**我要给你看一张快照。一张很有名的照片。我相信这是在《热情如火》的现场，她穿着唱《我的爱情结束了》**(*I'm Through with Love*)**时的裙子，上面是你和玛丽莲……**

BW：我不知道。或许我在吻她的耳朵。

CC：**你记得你当时在说什么吗？**

BW："给他们多看点儿，给他们多看到点你的个性"或者"给他们多看点你的胸"——或者"……少给他们看点胸"，我总是和她穿插表演着这些小玩意。也许只是我和她之间做的一些事，和别人无关。

CC：**你曾说玛丽莲喜欢《热情如火》里的科罗拉多酒店段落的原因之一是海滩上有观众在看她。这是真的吗？当时在那儿，也是有很多人排着队，观看着电影的拍摄过程？**

BW：她有观众。她在纽约总是有几千观众，但是在海滩，也只有几百个罢了。是的，她是一个爱炫耀的人。

CC：所以他们欢呼、尖叫还有嚷嚷吗？

BW：尖叫和嚷嚷。但是当我需要安静的时候我会让她说"嘘"，他们听她的。

CC：我想再谈一谈你电影中的服装，服装对于塑造一个角色的重要性。

BW：是，最好的使用服装的例子是《龙凤配》。后来重拍的版本里也用了那些服装，这是毫无意义的，服装也是要取决于演员的。比如，我给了纪梵希一个合适的定位，他为奥黛丽·赫本设计衣服。这些衣服总是同一种风格，你知道。当然她[在《龙凤配》的开头]和父亲一起洗车时没有穿那些衣服，她是赤脚的。于是我就制造了距离感，你知道，她有了变化的空间。所以当她穿着那些她从巴黎带回来的衣服时，纪梵希就得到了所有的赞美。

怀尔德接了他的办公室电话。有人询问他一部老电影的版权。"是啊。"他礼貌并且坚定地说，"但是我并没有它的版权。"来电者仍然坚持，怀尔德放下了礼貌。"是的，但是怀尔德先生没有版权，再见。"

BW：是，纪梵希，他是最棒的。他能感觉到那件衣服之下的女孩的气质，而那就是奥黛丽·赫本。她很简单，但又惊人。

CC：**所以这是个重大的决定。你决定绕过伊迪丝·海德，找别人来设计萨布里纳从巴黎回来后的造型。**

BW：找纪梵希？不是，我知道奥黛丽有一流的品位。我也知道她了解这个人物，于是我就听她的，她也从没让我失望。她和纪梵希相处愉快，他是她的一个好朋友，这很好。他们一起在天上邀游，你知道，我相信他去世之后一定会去看望她的。那就是奥黛丽·赫本，她是天堂的造物。而这显然是来自她的第一部好莱坞电影，《罗马假日》。

CC：**是拍摄了《罗马假日》的威廉·惠勒把你介绍给赫本的吗？**

BW：不，当时有个经纪人带她四处转。我们先看了一些她的试镜，她看起来像个公主，我看了后一下子就被她吸引住了，后来我又一再被她吸引。

怀尔德的电话再一次响起，他接起电话。从他那强装出来的热情里，我立刻感觉到，他让一个给他打电话撞大运的演艺界底层求生者的一天有了目标。一声"你好"之后不久，怀尔德就开始请求挂电话了，但对方不想这么轻易地放过他。我在四英尺外就能从电话里听见那推销员的口气，伟大的怀尔德正在被索要

《日落大道》的重拍权。突然间所有的优雅都不见了，索要者的时间到了。"我没有版权！"怀尔德尖锐地说道，"打电话给派拉蒙！"他挂断了电话，听筒撞到了支架。

BW：（倾诉地）"新版《日落大道》要批判50年代的背景，伊丽莎白·泰勒（Elizabeth Taylor）是不是合适的选择？"我不知道！！但我可以确定她的表现会和在《龙凤配》的重拍版里演奥黛丽·赫本那个角色的女演员一样，没什么区别。

CC：（笑）所以……《龙凤配》有一个很棒的段落，它把人物、服饰、表演和故事统和到了一个镜头里。萨布里纳的司机父亲把她叫作"被代替的人"。后来你把镜头切到了她在莱纳斯·拉腊比的会议室里的转椅上转圈的画面，她完美地融入了那个环境。

BW：是的。

CC：然后你把镜头拉出来，她穿着那件棒极了的黑裙子，像天鹅一样趴倒在桌上。那是……我认为那是正确的服装可以带给你的伟大小礼物之一，那是美妙的……

BW：是的。

CC：……拼图的最后一块。

BW：服饰对她来说非常重要，你知道的，她总是倾向于纪梵希。纪梵希，比如，他们在林肯中心向她致敬的那晚,他在那里。

当时我们都在那儿。我在那儿，斯坦利·多南（Stanley Donen）[1]在那儿……惠勒没法在那儿了，因为他那时已经死了，我想，每个人都做了简短的发言。格利高里·派克在那儿，因为他是她的第一个男主角，合作了《罗马假日》。是的，那晚上很有趣，你知道，因为当时那里绝没有一个人提高嗓门说话。

CC：你会很大程度地参与到服装设计中吗？他们会提前给你过目每一件礼服吗？

BW：当然，他们会把礼服拿给我看。我一直热爱［纪梵希制作的］一切，而且我每一次都会惊讶于它们都能起效。但是服装设计的署名给了伊迪丝·海德，因为［派拉蒙的每一部电影的署名］都是她。

CC：然后当他们把《热情如火》中玛丽莲·梦露的礼服给你看时，和你合作的是她自己的服装设计师吗？

BW：她是谁？她是玛丽莲·梦露。不，她对服装完全没有兴趣，她不是一个衣服架子。你可以随意在她身上套上任何东西，只要它有助于表现什么东西，她就会接受它。尽管服装在梦露身上能表现的空间实在太小了。

CC：她在《热情如火》里穿的那件半透明的衣服……

1　斯坦利·多南（1924—2019），美国电影导演与编舞家，代表作有《雨中曲》《七对佳偶》等，曾和奥黛丽·赫本合作过《甜姐儿》《罗马丽人行》等片。

BW：这些是奥里-凯利（Orry-Kelly）[1]设计的（奥利-凯利凭借他在这部电影里的工作赢得了奥斯卡奖）。

CC：**表演《我的爱情结束了》时穿的肉色裙子很惊艳，它几乎看不见，而表演《我想与你相爱》时的裙子也一样，不过是黑色的。**

BW：（他冷静地回应，几乎是拘谨地进行着大量轻描淡写的陈述。）那是条不错的裙子。它和她很搭，她是乐队主唱，同时还要弹四弦琴，我对那条裙子很满意。

CC：**你对《窈窕淑男》（Tootsie，1982）怎么看？**

BW：《纽约时报》有篇对西德尼·波拉克的访谈，他在里面说："我在里面发展出了一种全新的东西。当达斯汀·霍夫曼决定变成一个女人时，我们不想做那些无聊的事情，你知道，借裙子、试着做头发，然后慢慢地他就变成了杜丝。"他说："我就那么把镜头一切，然后杜丝就出现了。"（怀尔德不喜欢这个往自己身上揽功的做法，对那个"一切"反应强烈。他急切地继续说下去。他希望这些话被记下来。）我在《热情如火》里就是那么做的。那可是在他之前好多年了，也就是，托尼·柯蒂斯对着电话说话，这时他已经开始模仿女性的声音了，说他和他的朋友有空去参加那个旅行计划……下一个镜头我们就看见两个人穿成女人的样

---

[1] 奥里-凯利（1897—1964），原名奥里·乔治·凯利，美国电影服装设计师，曾获八次奥斯卡奖，参与过《马耳他之鹰》《卡罗拉布兰卡》《俄克拉荷马》等片，曾和怀尔德合作过《热情如火》和《爱玛姑娘》。

子了。两个家伙决定去参加女子乐团，因为这是他们唯一能找到的工作。他们要变成女人，然后我把镜头一切，他们就是了。不管他们是在哪里搞到的衣服——从忘了把衣服放回去的女朋友那，随便——我们把那些省了。我们就是紧凑地一切，然后就是哄堂大笑，因为我们看见他们两个打扮成女人，沿着火车站台走过来。他们走着，然后我们就会因为那种走路方式笑个不停……我们在米高梅外景地有大概两三节火车车厢，也许它们现在还在那儿。所以我们把镜头一切，然后我们看见这两人在走路，笑声一直持续着。他们越走越近，在画面上越来越大，于是我回过头来拍珠宝、鞋子这些东西，一直都在欺骗观众，因为我们只有三节车厢。

CC：十分现代的剪辑。

BW：就是现代剪辑，因为没用渐隐渐显，什么都没用，就是砰一下——切了。从电话亭里两人的近景，一下子切到他们在站台上走动的腿，没有一句话。它可能会被拍得很蠢的，你知道："咱们看看是不是能去做个头？"没有，我们没有做这些。我们就是切两个家伙跑去电话那边，柯蒂斯先生告诉经纪人他是个女人，你知道，然后问题都解决了。他们变成了女人。

《窈窕淑男》非常棒，但是他们把演员找工作找不到的剧情搞得有点过于严肃了，但无所谓了。

CC：现在有很多电影都被称作"怀尔德风格"。你能在很多导演的采访里读到他们说"我们尝试用比利·怀尔德的调子"。我想——这也许对你来说是一个难以回答的问题——但是你最

近看到的这些电影中，有没有哪部能使你自语道："这家伙做到了，这就是我和伊西·戴蒙德从前做的那种东西。"

BW：（停顿）其实有很多电影都是我想去做的——一些非常棒的电影。一些是严肃的电影，一些是有趣的电影。比如，我就很想自己去拍《陆军野战医院》[*M*A*S*H*，罗伯特·阿尔特曼（Robert Altman），1970]，那是一流的电影，现在都已经被淡忘了，它是我们的那种电影。那故事，那演员——棒极了。

CC：很遗憾，制片厂没能在80年代支持你和戴蒙德拍更多的电影。有太多的东西可写了——里根的兴起、贪婪的时代。

BW：——导演重要性的丧失。你根本就不认识什么导演，或者就是很少很少的几个。它被明星的力量灭绝了。[拿] 一千万，一千五百万片酬……真是肆无忌惮。还有制片人——一部电影有六个制片人！电影已经不再是属于导演的媒介了。你只需要两个或者三个或者四个手指就能把那些非常有名的导演数完，导演们失去了他们的力量。这会再变回来的，它总是会再变回来。一开始是导演，然后是制片人……甚至可能编剧都会变得重要起来。编剧在剧场里就一直很重要。

CC：光影艺术的消失还体现在，如今太多的电影是专门为全球观众设计的，每样东西都被这杆大锤改造。

BW：这事，我想，是因为我们被电视灌输了太多无用的东西了。我们过于 [满足了] ……我们不再想要那种晚宴了，因为我们已经吃过晚宴了。我们从周一到周日都是吃那样的晚宴。

CC：**我很好奇，那么多年来，你的电影中有那么多的流行文化，在那么长的时间里，你一直和流行文化保持着紧密的联系。**

BW：是的。

CC：**有爵士，有嬉皮式的对话，都十分应时……我想知道你是什么时候开始觉得流行文化是你的一个合作伙伴的？**

BW：是在爵士乐终结的时候。我永远是一个试图和尽可能多的人进行对话的人，我不是那种写惊爆内幕的人，也不是写《等待多戈》(*Waiting for Godot*)那样的剧本的人，那种东西不吸引我，吸引我的是那种能提高普通大众品位的东西，只提高那么一点儿我就满意了。很多电影，人们离开了电影院就忘记了它们。如果人们看完一部我的电影，然后去家附近的药房坐一坐，或者去喝个咖啡，就它谈论个十五分钟，这就是非常好的回报了，我想，这样对我就足够了。

CC：**十五分钟对你就足够了吗？**

BW：（停顿，思考）至少十五分钟吧。

CC：**（笑）但是你是否记得你开始和流行文化失去了联系的一个时刻？**

BW：是，是有那么一个时刻，你知道，当我看见那种电影不断出现，里面全都是动作场面，你就必须得有动作，你得让电影里面的人不断移动之类的，但是那些电影都该冲进马桶。有一些拍得很好的动作片，比如我就很喜欢《大白鲨》（Jaws，1975）。

CC：**我们现在是在讨论70年代，对吧？《教父》**（*The Godfather*，1972）**的上映……电影中暴力的不断增加。**

BW：不，《教父》是一流的电影，是有史以来最棒的电影之一，我喜欢它。我现在有一个观点，我们已经把自己出卖给了做特效的人。这件事情已经使我远离了九成的电影。它一开始发展得很慢，然后忽然一个半季度之后，所有的东西都是特效了。汽车掉进河里的高度越来越高，一开始是二十五层楼那么高，后来他们又把它做成了五十层楼那么高。这就是……我知道后面会发生什么，它实在是太多了。然后漫画植入进来——他们也不懂得那些，他们开始拍漫画，把城市沉在水里，你知道，把纽约沉在水里？

CC：**你一直很赞赏肯尼迪**（Kennedy）**家族，你对肯尼迪遇刺案的看法如何？**

BW：我觉得事实没有人们想的那么复杂，就只是因为一个人。我非常遗憾［奥斯瓦尔德（Oswald）］被警察带走了。被枪杀了[1]，那真的……很糟糕。我还觉得肯尼迪那个时候正在变成一个

---

1 奥斯瓦尔德是警方认定的刺杀肯尼迪的真凶，但他在被警方审讯后的第三天被人刺杀，这一事件导致民间怀疑肯尼迪遇刺案另有隐情，奥斯瓦尔德只是替罪羊而已。

很重要的总统，拉什莫尔山[1]上应该有他的一个位置的。

CC：你还记得你和约翰·肯尼迪的会面吗？

BW：记不清了。我只见过他两三次，有一次是在他的妹妹嫁给彼得·劳福德（Peter Lawford）[2]的婚礼上。那时候他刚脱掉网球运动服，正在换衣服。这时候奥德表现得非常好，他那时候是总统[3]，那是在星期天，我们在海边，《纽约时报》刚刚送到，于是她就去一边做上面的填字游戏了，（着迷地，他觉得这是史上最酷的举动）她什么都不需要说，我和他交谈……不是那种礼节性的，我们谈得很亲切。

CC：他知道你的电影？

BW：他知道。（实际上）我和玛丽莲·梦露拍过片，所以他应该看过才对。我有一个假想的电影，他待在世纪城的酒店里——他在那里有一个套间——一架直升机从空军一号那边飞过来，把他接走……然后姑娘们看着那个人快要着陆了，你知道，每个人就都坐到了浴盆里，拨弄着盆里的水——你知道，所有人都准备好接受他的挑选。

CC：（笑）你不记得你和他讨论了你的哪部电影了？

---

[1] 即著名的刻有四位美国总统头像的山。
[2] 彼得·劳福德（1923—1984），美国影视演员，也是前面提过的"鼠帮"的成员之一。曾参演过《十一罗汉》《最长的一日》等片。1954年，约翰·F.肯尼迪的妹妹帕特丽夏·肯尼迪嫁给了他，两人后来在1966年离婚。
[3] 这里怀尔德记错了，肯尼迪是1961年当上的总统，1954年他是参议员。

BW：没有，我们没有讨论电影。我们讨论了马利布[1]，那里的人更有权势，不管我是不是更喜欢长岛[2]，我们就是谈的些废话。但是我和罗伯特·肯尼迪（Robert Kennedy）[3]有过一次关于政治的更有趣的对话，那是在厄尼·科瓦茨（Ernie Kovacs）[4]的别墅里，他是去那里吃晚餐的。他很开朗，也充满智慧。他嘴里只有政治。

话题转到了我最新的电影。我告诉他我在写一个有些自传性质的剧本——这可能将会成为我的下一部电影[5]，这一点怀尔德可能已经从我问他的电影有多么个人的那个问题中猜到了。他鼓励地点点头，然后马上就询问了剧本的结构。这是种很需要技巧的电影，他说，他自己会避开这种电影，因为"它只会使我的父母感兴趣而已"。我们讨论了其他人的自传电影。

CC：**路易·马勒的《好奇心》（*Murmur of the Heart*，1971），还有特吕弗的《四百击》（*The 400 Blows*，1959）都是最伟大的自传电影，它们都是导演自己的写照。如果你拍一部关于你童年的电影，会是什么样子？**

BW：（他用故事编辑的方式快速检视了生活的种种细节）会是一个乱七八糟的人进入了一个预科学校——高中那样的——不知道自己会成为什么样子，也不知道自己要做什么的电影。

---

1 位于加州的富人区。
2 位于纽约的富人区。
3 罗伯特·肯尼迪（1925—1968），肯尼迪总统的弟弟，曾任美国司法部长。
4 厄尼·科瓦茨（1919—1962），美国喜剧演员。
5 即2000年的《几近成名》。

CC：为什么是"乱七八糟"的？

BW：我之所以会乱七八糟是因为我把自己的精力放在了错误的事情上。我完全不知道自己在高中里要变成什么样。我只是沿着我父亲的意志努力成为一个律师。我不想当律师，我救了自己，成为一个报人，一个记者，薪水很低的记者。然后跟［乐队指挥］保罗·怀特曼去柏林报道一场音乐会，我紧跟着他，只是去报道一场他的音乐会。我是个维也纳的记者，现在我来柏林报道音乐会。但我被困住了，我租了间房，成了一个混沌度日的单身汉。

我父亲对我无所帮助，我母亲对我无所帮助。比我大两岁的哥哥，很多年前离家去了伦敦，后来去了美国。我不知道自己要做什么，我只知道自己会有些成就的。我父亲希望我成为一名律师，但因为我自己的原因没有如愿。

我开始玩填字游戏，然后在上面签名。后来我毕业了，我本来可以去上大学的，但我没有。

CC：有很多出版的文章说你是从大学退学去当的记者。

BW：不，我从来就没去过。我有权利去上大学，因为我参加了预科学校的毕业测验——它叫Matura——我通过了。然后就是一场我和我父亲的对话，我说不，我不要去上大学当律师，我只说："我要当个记者。"然后我就当上了，赶上了一个很走运的机会。我从没去过大学。但是人们都顺着从前的采访说，可那些是他们编出来的。不，我从没去过大学。我踏进了一家中午出版报纸的报社的大门，一份午报（《时时刻刻》）。后来我开始评论足球和电影，都是一些小东西。

后来怀特曼来维也纳访问。他不了解欧洲，于是他来参观维也纳。他在伦敦、巴黎、柏林和阿姆斯特丹开音乐会。我做了一个他的访谈。在维也纳我采访他的那个酒店房间里，他雇了个黑人专门只负责关上胜利牌唱片机。（对着那个画面微笑）我用我的破英语告诉他自己十分急切地想看他的表演。怀特曼告诉我："如果你急切地想听我的演出，听大乐团的演出，你可以和我一起去柏林……"他为我的旅行付了账，去那里一星期之类的。我接受了。我收拾起行李，再也没有回到维也纳。我为维也纳的报纸写了篇关于怀特曼的报道，后来我成了柏林报纸的记者［《柏林晚报》(*the Berliner Nachtausgabe*)］。

我是个很疯的记者，因为我和三四个姑娘谈恋爱，从不上班。我被解雇了，然后再被另一家报社录用。但我后来走上了电影编剧的路，我当了枪手。那时候非常艰难，很多个晚上，我都是睡在火车站的候车室里的。我把我的衣服交给租我房子的女房东洗，租金大约是二十五美元一个月，没有洗衣房，什么都没有。我和一个朋友合住了一段时间，我都想放弃了。我是"写作黑户"——没有署名的。那时候一个剧本二十五页，没有对话，什么都没有。我努力让自己高兴，不让这事令我沮丧。后来我又得到了［记者］工作，我又自己租了个房间。但现在我在那样的环境里一周都受不了。

CC：据说你的幽默感部分是来自你喜欢逗你母亲笑的习惯。你父亲呢？

BW：我父亲更容易被逗乐，我父亲有一种日常的幽默感。比如他能够"构造"一个笑话。他从洗手间出来，我会对他说："爸爸，你忘了系扣子了。"——那个时候我们是系扣子的——而他看着我说："我没有，有一个规矩是你不知道的，我的儿子，'哪里有尸体，那里的窗户就一定会开着'。"

CC：（笑）你的童年痛苦吗？

BW：我被体罚过。时不时地，我会被母亲用鞭子抽几次。我哥哥在战后立刻就离开了，他去投奔我们在伦敦的一些亲戚，后来他去投奔了一些在美国的亲戚，所以我很少见到他。我过得不错，基本上是个独子。

CC：你有没有无缘无故被打过？

BW：我因为一些"合理"的原因被打过，比如我一周没去上学，我踢足球去了。

CC：你叛逆吗？

BW：是的，而且我会还嘴，你知道，当我被指责一些我没有做的事情，或者我做了却拒绝承认的时候。但我遭了报应。那时候没有"不能打孩子"之类的话。我家中有过一些痛苦，也有过欢乐。当然我希望我父亲能看到我在电影上成功，但我没有什么高潮戏能构成［一部自传电影］，这不是个欧·亨利式的家庭。

CC：你记忆中父亲的典型形象是什么？

BW：我父亲和我有一些心照不宣的秘密约定，我们从没把它告诉对方。比如有一天我从学校回家，客厅里有封信，我看到一张完全可以用来控告我父亲的明信片。[上面]写着："您是否愿意来参加令郎的毕业典礼……他将升入预科学校。"[那绝对不是指的威利或者我]而我也没有第三个兄弟，于是我知道了他有个私生子。他的名字叫胡贝特（Hubert）。我抓起那张明信片，这时我对情况已经有足够的了解了，我把它放进了口袋里，当我和父亲独处时，我说："给你。它肯定是寄给别人的。"

CC：他接了那张明信片吗？

BW：他接过去放到自己口袋里。

CC：你有没有见过胡贝特？

BW：没有。我没有他的住址，什么都没有。

CC：但我敢打赌你肯定记得你父亲当时的表情，就是你给他明信片的那天。

BW：我给他明信片的那天？当然。

CC：你的秘密会是什么？有什么事情是你做了而别人都不知道的呢？在商店行窃？

BW：不偷商店。我偷过我的一个朋友，他那时候总是和我在一起。他有一些邮票，一本集邮册，我想："我要把它拿走，干吗不呢？"而那个人抓住了我，那是我最后一次盗窃，没有叫警察。

（思索地）在美国，我不知道我的兴趣是什么，我经历过马克·吐温写的所有事情。我在德国跟随海明威和斯科特·菲茨杰拉德的脚步，我那时候读过他们的作品，这使我学会了英语。我跟随一个叫卡尔·梅（Karl May）的人学习，1900年前后他在德国是个知名的作家，他从没来过美国，但他写了在美国的人物，比如一个去了美国的老牛仔——当然他是德国人，他是一个系列的主角，系列有二十本，［梅］给他取名为老沙特汉德。他还有个叫温尼托的朋友，温尼托是个印第安人，一个美国印第安人，他们在西部冒险。每个人都有一套卡尔·梅，但卡尔·梅从没去过美国。卡尔·梅，我在他身上学到了很多。

CC：你觉得你的父母爱你吗？

BW：我觉得我父母爱着我，但那时候可是完全不一样的。那是九十年前了，你知道，小孩子是在街上长大的。如果我能有辆自行车，我会兴奋极了。但我觉得我没法从他们那里得到。我从一个朋友那里得到辆二手的。我买了一些酒，把酒倒了，用空瓶子换了些钱。可惜了那些德国好酒啊！我用这些钱，还有一些我忘了从什么地方得来的钱，买了这辆自行车。我从我祖母那里得到了一个玫瑰花蕾雪橇，她会给我些礼物，但是你看，这是老派的养育之道，你知道。有时候他们会对我好一点，而有时候他们会把我打个半死。他们打我。

CC：打你？

BW：当然,当我得到坏评价时,当我得低分时,他们就会打我一顿。如果想要钱花,我父亲那关就会很难过。但我很狡猾,我会,比如,有一次我下第一节课就从学校回家了,我在路上踢一块石头,[它]撞上了街上一块不规则的沥青或者其他什么东西,弹了起来打破了商店的一扇窗户。我试图逃跑,但他们抓住了我,我就说我会赔偿的。[但]我只有一点零用钱,我得拿出三年的零用钱才能赔偿。那我该如何搞到钱?我不会把这件不幸的事告诉父母,因为他们会打我或者说"你自己解决"。

我想到一个伎俩,你知道。我对我父亲说我要去学速记,那样的话我就会学习很好,我就能够听懂老师在讲什么。我把拿到的[交学费的]钱去赔了打碎的窗户,直到有一天,一个星期天,我正在那里读书,我父亲来找我:"你学了速记了是吧?来帮我,我要口述一封信。"那时候我就被"抓"了。我得说,他听后应该笑翻了才对。

CC：你对来自你母亲的爱的感觉，是不是比来自你父亲的要更深切一些？

BW：嗯,不过我和我父亲比和我母亲更亲近一些。这不是个紧密连在一起的家庭,你知道。我爱我母亲,但她是坚强的那一个;而我父亲,我在明信片那件事情上帮过他,你知道,我有他的把柄,但我没有母亲的任何把柄。

CC：你直到晚年才提到明信片的事。

BW：是的，我之前没提过，因为我知道这个可能会落到别有用心的人手上。他们会借题发挥——他们会……从里面得出某些结论。

CC：那这件事对你意义重大吗？

BW：那个时候肯定是。

CC：于是你因为明信片和你父亲达成了默契，而某种程度上你母亲和你稍稍疏远一点。

BW：是的，我母亲，她管理着这个家，她负责做饭。她以为我父亲拥有的财富比他实际上拥有的要多一点。

话题很快又回到了电影上。

CC：与《福尔摩斯秘史》这部电影的悲剧相关的资料很少，没人公开讨论过它，但显然曾经有过一个灾难性的试映……

BW：是的，那个试映，进行得很糟糕，而我……我也破罐子破摔了，我对让这部电影完美上映已经没兴趣了。当时情况很差，那是我唯一一次放弃了自己的电影。它是在伦敦拍的，我没法回去补救重拍，我只能往前走进行下一部电影。

CC：你当时去拍哪部电影了？我猜你什么也没拍。

BW：我记得我去拍了《两代情》。要么就是别的在欧洲有外景的电影。我［把《福尔摩斯秘史》］交给了我的剪辑师和我的哥们米里施兄弟，而他们谋杀了它。剪辑工作是一个英国剪辑师［欧内斯特·沃尔特（Ernest Walter）］做的——我必须得找个英国人。

CC：这部电影的摄影很精致，它是部很难拍的电影吗？

BW：难拍的电影，很难，而且还有回忆段落，永远不要拍有回忆段落的电影，因为它们中很多都可以剪掉，回忆段落不好。你知道，有大概二十分钟的内容可以剪掉，而［剪辑师和制片人］想剪掉的部分还和我想剪掉的部分不一样。我不知道，我们那段日子过得很艰难。哈罗德［·米里施］（Harold Mirisch）[1]在我们开拍之前就去世了——真可惜。我爱这部电影，它被糟蹋了。

CC：你和雪莉·麦克雷恩合作的电影总是很棒。对我而言，她是《甜心先生》里芮妮·齐薇格那个人物的真正原型。后来雪莉·麦克雷恩去了我们的一场试映会，我见到了她，她表示了支持。我不断和她谈论《桃色公寓》，最后她笑起来说："亲爱的，那是三辈子以前的事了。咱们还是谈谈你的电影吧。"

---

1 米里施公司的三兄弟之一。

BW：她是个好演员，专业演员。她能演喜剧，也能演一些正剧。(倾诉)我就是没法想象，我就是想象不出来莱蒙和雪莉·麦克雷恩是一对儿。对我，你知道，对我而言这两个人之间是不会有什么真正的爱情的。但是谁知道呢？她很好看，观众们又相信她，而且她还是个好演员。

CC：雪莉·麦克雷恩是你拍《桃色公寓》的第一人选吗？

BW：是的，她那时刚和[文森特·]明奈利拍了一部电影……《魂断情天》(*Some Came Running*, 1958)。玛丽莲·梦露肯定是不行的，我觉得把她设计成电梯小姐有点过了，那样的话每个人都会想睡她的，包括对莱蒙先生的公寓有特殊权利的那三个家伙。

CC：下面是关于《大人与小孩》的一点问题。听说每当你拍到了一条好镜头，你就会说"每人一杯香槟"，这是真的吗？

BW：是的，但只在拍第一部电影时这么干过。在拍摄间隙，我就站起来说："每人一杯香槟。"

CC：在你拍第一部电影之前，刘别谦也给了你一些安慰……

BW：是的，没错。我去找刘别谦。我说："你看，你已经拍了五十部电影了，我一部都没拍过。这将会是我的第一部，你有什么要告诉我的?"刘别谦说："我能告诉你的只有，即使是拍了六十部电影，我在开拍第一天还是会紧张得拉裤子。"

CC：那么让我们把这部算作你的第一部美国电影，《大人与小孩》，我想谈谈你的第一个镜头。你作为拍摄美国电影的导演拍摄的第一个镜头，是金格尔·罗杰斯饰演的苏珊·阿普尔盖特走在纽约的街道上，经过东四十七街和中央公园。这个镜头有什么重大意义吗？你有没有意识到这是你拍的第一部制片厂电影的第一个制片厂镜头？

BW：是的。我会在银幕上看到它，这令我非常非常兴奋。而且她演得非常好，我有了那种……"这棒极了"的感觉，然后她走啊走啊走啊走啊，我们用了其中的一部分，那个很好。这对我来说非常好，因为她刚凭《女人万岁》(*Kitty Foyle*, 1940) 拿了奥斯卡奖。就在那之后，她演了我的电影，演了《大人与小孩》。

CC：是不是雷·米兰德的角色，也就是科比少校，最初是想找加里·格兰特演的？

BW：永远都是先想找他，每个角色都是。

CC：你在写剧本时脑子里就想着他了？

BW：当然，但是米兰德先生是派拉蒙的签约演员，后来他也拍了《失去的周末》。他在《失去的周末》中演得很好，他身上没有喜剧细胞，这对这个角色是好事。米兰德身上没有笑点。

夏天的上午，贝弗利山。怀尔德打开了办公室的门，他向我表示欢迎,他拖着鞋穿过房间走回办公桌前。他戴着一顶软呢帽,裤子背带扎在蓝色衬衫上。

CC：上午过得怎么样?

BW：令人绝望。(叹气)面对新的一天,外面那么热,真可怕。好吧,请坐,你想从哪里开始?

CC：我记得《两代情》第一次上映时,我跟着父母去看那部电影。而即使是那个时候,我记得我那时14岁,我都被那场太平间里意大利官员处理莱蒙父亲的后事的戏感动了,饰演那个官员的,是你伟大的演员皮波·佛朗哥(Pippo Franco)。

BW：(来了精神)是啊,那个疯狂的意大利官僚。

CC：他的所有印章和办公用品都在口袋里,他把它们以极度精密的方式抽出来。我昨晚又看了一遍这部电影,它历久弥新。我看着你的飞机落地的镜头,忽然感到这些镜头很熟悉。然后我想起来了——我在一家电影资料馆买了那些飞机起落架的镜头,其中之一用在了《甜心先生》的开头。所以不管你喜不喜欢,你都在我的电影里。

BW：我给你的电影起了装饰作用。

CC：那么,现在我们都是《两代情》创作的参与者了,你介不介意谈一下这部电影?

BW：不介意。我不喜欢这部电影，但我可以谈。我这部电影真正想拍的——好像我心里对每一部电影总有一个好得多的版本似的——是莱蒙的父亲，没错，他死在了意大利对吧？

CC：是的。

BW：他在那里去世，和那女孩的母亲一起。而我真正想拍的是，那个父亲是个同性恋，和他一起死的是一个侍者。（怀尔德自豪地微笑）这才是我最初想到的，这不是很有趣吗，一个老人每年去泡温泉，其实是去和侍者幽会？但他们劝我别这么干。

CC："他们"是谁？

BW：派拉蒙的人，米里施的人。他们劝我放弃了这个想法。

CC：但是你肯定在米里施的人面前有相当大的权威才对。我是说，他们应该同意你这么做的啊，他们本质上是给你打工的。

BW：是的，没错，但我自己也不是很确定。这不是很安全，一个有了成年儿子的人，而且连儿子都结婚了，他自己是个同性恋，且只在欧洲幽会——只在欧洲，约会四个星期。（活泼地）但是其实无妨。

CC：你那部电影是和［费尔迪南多·］斯卡尔菲奥蒂

(Ferdinando Scarfiotti)[1]合作的，他是世界级的制作设计师之一。

BW：是的，斯卡尔菲奥蒂。

CC：你和他关系好吗？

BW：不好，他不是个［真正的］设计师。他现在死了，死于艾滋病，但他不是个设计师。他寻找各种地方，然后就［原样奉上］……他做的每样东西——不管是在这部电影里的，还是在我看过的他参与的其他电影里的——都是找出来的东西，他什么鬼东西都造不出来。他还有两个小助手，其实一点也不小，他们都是成年人。你想要个酒店，他就得先找到一个，然后的问题是怎么找，然后是在哪里布灯，而到了第三天，酒店的人就会把你扔出去了，但是……这就是"斯卡尔菲奥蒂"。

CC：但他找到的太平间的景非常漂亮。

BW：是的，那是在伊斯基亚找到的，在伊斯基亚岛。

CC：这部电影里你还用了一个你只合作了这一次的摄影师［路易奇·库韦利勒（Luigi Kuveiller）］，我觉得他拍得非常好。比如太平间的布光，有一种优美的维米尔（Johannes Vermeer）[2]的质感。

---

1 费尔迪南多·斯卡尔菲奥蒂（1940—1994），意大利电影制作设计师，曾参与拍摄《巴黎最后的探戈》《疤面煞星》《末代皇帝》等。
2 约翰内斯·维米尔（1632—1675），荷兰画家，主要描绘生活场景、人像和城市风光，善于使用光线的来源，使画面产生一种流动、优雅的气氛，因而被称为光影大师，代表作有《戴珍珠耳环的少女》《倒牛奶的女人》等。

BW：好的质感，是的，那是因为你就在那个环境里，你知道。你不需要做什么，只要拍摄，让它看起来和真的一样就行了。因为通常你对一个拍摄地做的事情就是让它看起来像真的；但是他们已经把它做得像真的了，为此他们已经花了三四百年的时间。那个很棒。

CC：你在这部电影的布光上花了多少工夫？

BW：我总是要关注这个，总是，但我从来没有让［摄影师］觉得我在控制他们，我只会说一些像"我觉得应该让光看着像快黄昏时的样子"，然后我就走了，第二天就做好了。

CC：这部电影有一种浪漫的忧郁感。我十分喜欢你让莱蒙所做的演出。

BW：是的，莱蒙演得很好，但他不是正确的人选，他应该自己经历一些感情生活。他演那个，你知道，理解了父亲的私情的人。而现在是时候给他自己也找一个女朋友了。是的，莱蒙不错，但他其实不是莱蒙该有的角色。

CC：你曾说莱蒙是你的万能药，但他唯一不能演的就是情人。

BW：是的，除非是演成喜剧。

CC：但是你在《两代情》里还是拍了，而且也成功了。

BW：(十分喜欢这个片名) Avanti! Avanti! 是的，它成功了。整部电影不是很好，但我们尽力让他表现得浪漫。它不是个爱情故事，但它表现得像个爱情故事。那就是我们的策略——让他尽量表现得浪漫。

CC：看上去你和戴蒙德在C. C. 巴克斯特之后，还是在尽力把莱蒙的角色向巴克斯特的方向靠拢。

BW：是的，我们是这么做的，我们为莱蒙这么做的。我们知道这个角色会是莱蒙的。然后我们找一个胖女孩——非常非常胖——而我们找不到一个同时还足够吸引人，能让我们觉得和这个女孩可能发生些什么的人。

CC：为什么她必须得胖？

BW：她得有一些缺点，我不想让她是瘸子；就是一个如果她想，就能减掉二十磅的女孩。朱丽叶·米尔斯（Juliet Mills）肌肉有点发达，但绝对可能实现这个角色。她不断地吃，但没法再长肉了。她是个好演员，这是她在最近二三十年中饰演的唯一一个角色。我想让她真的胖，这样当他最后回到妻子身边时你就不会感到遗憾了。

CC：《两代情》还会让人联想到《黄昏之恋》，就是莱蒙对着录音机说话的那段，他在准备父亲的祭文——他回到那里，重游酒店房间。看这一段时，我想这是你总是喜欢使用的一个装

置——利用口述留声机、录音机还有备忘录来表现人物的转变。这棒极了。

BW：你觉得它棒，是因为你在这部电影中看出的东西比我看出的还多。（笑）我尽快让它过去。我不会执意表现它，但它还是有一些特质的。它会让人觉得这是在意大利拍的。

CC：你在影片里开了一点心理医生的玩笑，那些笑话贯穿了《两代情》。

BW：（立刻）还有狗也是。

CC：你对心理医生的态度是什么？你有心理医生朋友吗？

BW：没有多少，除了把我轰出房间的弗洛伊德先生，同时我还访问了理查德·施特劳斯，[剧作家阿图尔·]施尼茨勒（Arthur Schnitzler）[1]，还有其他记者去采访其他人。

CC：你那时候有没有受过采访对象的威胁？

BW：没有，我不会的。我那时候天天都要面对那种事，你知道。因为，比如，我必须得骑着自行车把这些事做了，骑自行车或者乘有轨电车。有轨电车上午7点开始运营，于是我就那时起床去四处转，去按儿子刚因谋杀被捕的女士的门铃，还得要求拍张照

---

[1] 阿图尔·施尼茨勒（1862—1931），奥地利小说家、剧作家，代表作有《轮舞》《古斯特尔少尉》等。

片。因为我们没有专职摄影师，我还要问她有没有她儿子的照片。然后她说："滚出去，你这个浑蛋！"我总是处在那种情况下，不断为报纸搞照片。

CC：但是保罗·怀特曼，你在维也纳的最后一个采访对象，他对你很友好。

BW：是的，保罗·怀特曼很友善。他的黑人男仆是我见过的第一个要么就是第二个黑人。他带我去柏林时，我听了他的音乐会，完全是新东西——格什温（George Gershwin）[1]的《蓝色狂想曲》（*Rhapsody in Blue*），我成长的地方没有管弦乐队。那是在格罗塞施特拉斯剧场，[马克思·]雷哈尔德（Max Reinhardt）[2]的剧院——五千人的剧场。我在柏林向他告别，然后我就待在了柏林。

CC：你有没有自己去看过心理医生？

BW：没有，从来没有。

CC：迈克·尼科尔斯（Mike Nichols）[3]的《猎爱的人》（*Carnal Knowledge*，1971）和《两代情》在同一年上映。你觉得那部电影怎么样？

---

1 乔治·格什温（1898—1937），美国作曲家，他把爵士乐的元素融合进了古典音乐，创造出爵士交响乐，对后世产生深远影响。《蓝色狂想曲》是他在1924年专为保罗·怀特曼的爵士音乐会创作的交响曲，也是他的代表作。
2 马克思·雷哈尔德（1873—1943），奥地利裔美国戏剧与电影导演、演员。
3 迈克·尼科尔斯（1931—2014），德裔美国导演，代表作有《灵欲春宵》《毕业生》《偷心》等。

BW：迈克·尼科尔斯是个很好的导演，我很喜欢他，我怀念大量引进像尼科尔斯这样的导演的年代，你对他们的作品充满期待。《猎爱的人》是部好电影，很诡异的是，尼科尔森在里面扮演一个大学生，后来他又认识了那个疯子、那个半吊子的写歌的人［阿特·加芬克尔（Art Garfunkel）］。《猎爱的人》能成功是因为它是部阴暗的电影，我不知道男主角是怎么离开那人的，然后他又去找了妓女，她和他做爱，然后是个舞者……它就好像是在自说自话，你知道。全都是些奇怪的事情，有趣的事情——但它是部好电影，就是没有情节，没有就没有吧！它就是集合了一些人们会遇到的事情。

CC：看到它的成功，你有没有尝试过拍摄像《猎爱的人》这样没有情节的电影……甚至是部《甜蜜的生活》？

BW：我永远都需要情节。我觉得我需要情节是因为我不喜欢那种只是单纯消耗你一个半小时的电影，它必须得更好。但是我不会肆意幻想，我必须让故事有条理，那个男孩在第二幕的结尾失去了女孩，然后第三幕……不，我从没有有意去想这些事。它完全是自动的，我觉得。

CC：现在大部分的电影都已经丧失了剧作结构，冲击力很强，但是其中大多数都只是停留在表面，像电视一样。

BW：是的，我总是对自己说，要拍那种在人物塑造上充满智慧的电影，而不是只是营造气氛的，要拍得有风格。但我会尽力寻找一个原创性的故事背景，一个原创性的架构，这样我就能知道该把摄影机放在哪里了。我写作时会想着摄影机，但不会想太多。影片成功是因为故事、人物还有演员，我不会去寻找和故事没有关系的原创镜头运动。

但有趣的是我想拍被葛洛丽亚·斯旺森枪杀后的霍尔登，他漂在游泳池里，我要在水里拍他的脸，对吧？很暗，但你还是能看到他，他的眼睛睁着。那个年代你没法在水里拍摄。你得在池底放一面镜子，然后拍摄镜子里的画面。除非你在水面以外，否则你没法拍摄。所以我们就给水池建了个镜面的底，先用一个橡胶鸭子实验了一下，然后拍摄成功。

CC：顺便问下，那是个仿真假人还是霍尔登真人漂在游泳池里？

BW：不是假人，不是，霍尔登是个好演员。事实上，他是一流的演员。他很棒，比如在《龙凤配》里面。有一场戏他看见萨布里纳在通向花园的台阶下面，这时候他已经知道了她是萨布里纳；之前他曾让她搭顺风车回家。现在他看见她在下面，穿着那件美妙的白裙子，在黑夜中光彩熠熠。他喊了声"萨布里纳！"，跳下五级台阶，翻过栅栏。

这时候我像个白痴一样，说："这个很好，比尔，但是你能不能跳得稍微慢一点？"然后他试了，但是没有办法，因为他自己的体重在那里摆着呢。但他总是和我开玩笑："我知道，我知道……你就是想要这个动作，但要慢一点。"

CC：在喜剧感、魅力和演技里，你最看重主演的哪一点素质？

BW：喜剧感。喜剧演员有时可以很严肃，但正剧演员很少能演喜剧。

CC：**我们来说说喜剧的节奏。比如你写出了一段绝妙的台词，很有趣。然后到了拍摄那天，有个演员急匆匆地就把台词说完了——他没有那个节奏，那个永远在你脑子里的喜剧节奏。通常导演最后一次对演员的指导总是会起效的，在这最后一次机会里，你最想说的是什么？**

BW：我要一开始就确定这个人是好笑的，确定他们有这方面的天赋。有一两次我找了个从前不是演员的演员，他就是那种在客厅里就会把人逗乐的人。我在《战地军魂》里找了一个这种人，而在拍了半天之后，我就知道他做不来了，于是我就把他解雇了。对于有些人，你能把他身上的喜剧感激发出来，而有些人就是反幽默的。他们不断地试啊试，用不同方法演，就是不成功。那么最好的选择就是把他开了。而我还找过一个人，绝对棒极了，他们在里面一起跳舞，[罗伯特·]斯特劳斯（Robert Strauss）、"野兽"、另一个是黑头发的小个子——[哈维·]伦贝克（Harvey Lembeck），他绝对完美。我在舞台版的剧组里找了一些人，给他们新的台词，还有一些是电影演员。这部电影没有任何水分，它很好，它不仅仅是一部逃亡电影，还是一部带着笑声的逃亡电影。里面有一些元素很强烈，比如那些德国人——被扔出牢房的德国间谍——他已经知道他们得到命令要枪毙那个家伙，并且他们以为他们枪毙的是要逃跑的人。

里面还有一个大官，是我最喜欢的大官之一。我不知道是不是所有人都看出来了。那段会让人发笑，但不会笑得那么厉害。《战地军魂》里有个上校，他和他的传令官待在自己的办公室里，他不肯穿皮靴，就穿着袜子走来走去。他对传令官说："给我接柏林，接总部……"因为他要炫耀他凭一己之力就抓到了那个他们之前已经抓进来了的德国中尉[1]。然后是上校本人接手下面的戏，他说："打柏林的那个号码，那个得花五分钟才能接到总部的号码！"然后他坐在了桌子的一角上，让传令官给他穿上了靴子！他只在打电话的时候穿上它，他在说完每句话之后都要磕一下鞋跟。然后他挂上了电话，真正的笑话要来了，他又坐回去，同一个地方，叫传令官给他把靴子脱了下来。

CC：莱蒙的父亲萦绕了《两代情》的大部分时间，你有没有觉得拍这部电影让你想起了自己的父亲？

BW：没有，也许下意识里有。因为我有太多事要做了，有太多事要担忧。或许我让那个父亲活在了电影之中。我还拍过一个父亲，[莫里斯·]切瓦力亚先生，在《黄昏之恋》里，我把他设计得和蔼可亲，他去找库柏先生说："她只是一条小鱼，把她扔回水里吧，现在这样不合适。"他恳求他做正确的事。

CC：上次我们谈了你和你父亲的关系。你给我说了那个明信片的故事。

BW：是的。

---

1 这里是怀尔德的口误，影片中是一个美国中尉。

CC：那时候你几岁？

BW：我10岁，9岁或者10岁。

CC：**那件事应该是你生活中的大事件。**

BW：在我生活中？有一个我从没见过的弟弟……

CC：**是的。**

BW：他现在肯定也是个老人了吧？我不知道。我不知道他有没有儿子，当我……

电话铃响了，该死的打岔。怀尔德说了几分钟。然后：

CC：**胡贝特有没有找过你？**

BW：没有，从来没有。我都不知道他的全名，什么都不知道。我只知道有人寄了张明信片，它夹在各种信中间。我把信给他，我们互相看着，然后我们对对方都更了解了。

CC：**你们从来没有谈过这事吗？**

BW：不，没有。

CC：但是你知道你父亲知道你知道了。

BW：而且他还知道我很机灵地决定不说出来。我要问他什么？我又不是我妈的眼线。但我觉得那些事情发生了，她没看见那张明信片是件好事，因为那将会是件令人很不愉快的事情，她可能会离开他。

CC：你父亲有没有担心过你可能会告诉你母亲？

BW：不，从来没有过，因为我说："我想你可能会觉得这很有趣——把它放到你口袋里吧。"他知道我已经10岁了，已经快进预科学校了。

电话又响了。经过一番更长一点的亲切的德语交谈，怀尔德看上去很困惑。

BW：是我在柏林的一个朋友，他打电话给我和我聊天气。

CC：我们刚才在谈你和你父亲之间的那个插曲，你知道，历史学家可能会说这件事是决定了你人生的事件。

BW：只是让我记住了它而已，因为那是八十年前的事了。我在想："他有没有认他？是的，他肯定认了，因为上面写着：'令郎就要毕业了。'"把这事忘了——这是我唯一能做的事。

CC：那时候这件事有没有伤你的心？

BW：没有，绝对没有。（他停下思考了一下）事实上，我嫉妒我父亲。（他跳出了这个话题，给我扔下一个笑话。）

CC：在某天晚上我第一次看了《坏种》。

BW：天哪——我得有六七十年没看过那部电影了！那是我在巴黎拍的，没有背景幻灯片，我们去哪里都带着那些车！那是我导演的第一部电影。我那时候已经飞出了柏林，从那里消失了，就像其他很多人一样。但我还留着那个情节，后来又来了两个人，他们对那部电影也有贡献，让我很高兴的是他们还有一点钱。然后我说："我愿意导演这部电影。"我们是一个很小的团体，几乎整部电影都是在室内拍的，全都在一个车库里拍的，一个大车库，而且……

CC：它有一种活力和新鲜感，你完全采用了外景拍摄，你的拍摄背景就是巴黎。你就在车里，跑遍了整个巴黎。

BW：是的，有协和广场，还有那些林荫大道。女主角［达尼尔·达黎欧（Danielle Darrieux）］，我战争期间在巴黎听说的她，她对德国人很友好。她很迷人，在影片里很年轻。她看上去只有十六七岁。

CC：而且，你还找到了服装设计师，因为她穿的那条裙子

很美妙。

BW：她有一条美妙的裙子，那是她自己的裙子，因为我们请不起设计师。这就好像是你花五千美元在好莱坞拍电影一样。

CC：但是你用这些钱创造了重大的价值。里面贯穿了各种招牌的手法，它是部狂野鲁莽而美妙的处女作。它还十分有趣，因为车库很冷，你都能看见他们嘴里呼出来的气。

BW：是的，我知道。但它是部有声片对吧？对话肯定糟透了对吧？你是怎么找到它的？

CC：如果你稍微找一找，就能找到盗版的。

BW：是吗？我在离开巴黎后就再没看过这部电影了，1934年以后就再没看过了。

CC：你想看看吗？

BW：不。

CC：里面还有一段很棒的段落,你的男主角在走着,你（笑）就用一个脸部特写拍，在他后面，你叠印上了同一段很短的胶片，是一辆车拐过街角，然后又拐过来，又拐过去。

BW：我们只有那些！

CC：但这些起效了，它十分现代，我觉得像是今天独立电影界会使用的东西。

BW：他在法国新浪潮之前是很好。那种新浪潮电影，我告诉你我在拍那部电影时，大多数新浪潮电影还没出现呢。

CC：他们有没有向你评论过那部电影？

BW：从没有过。我认识特吕弗，我和他很熟。不，我不会想提起它的，因为它是狗屎，我觉得，而且它就是。

CC：但是，你办公室的墙上就挂着和《坏种》的车库墙上一样的米其林玩偶。

BW：不，不，那不是同一个，那是我两三年前在巴黎的旧货市场买的。

8

《满城风雨》
宝琳·凯尔
著名的"丢失的段落"
伍迪·艾伦
隐藏情节点
夏特蒙特酒店的室友彼得·洛
《开罗谍报战》
只为上映一周而拍的电影
《失去的周末》
约翰·巴里摩尔
怀尔德的女性们
"我逆着情绪写作时写得最好"
和 I. A. L. 戴蒙德合作
好的感伤

CC：你电影里经常会出现记者的角色，我想探讨下你和媒体的关系。有很多问题是关于《满城风雨》的，因为我又看了一遍这部电影，我不会质问你喜不喜欢某部电影，但是……

BW：（冷淡沉闷地）好的。

CC：**《满城风雨》里对记者生活的表现很真实，而那也是你的背景。**

BW：我努力那么做，但我不知道。那是我唯一一次拍重拍片……人们脑中总会记着他们赞赏的电影，他们会把它认作杰作，把它想得比实际的还好。《犯罪的都市》（1931），也就是最早的那部（没能长久流传下来），然后他们又拍了一次（《女友礼拜五》，1940），用一个女孩替换了原先的男孩，然后我又拍了这个。我希望评论家们看过那部老电影，你说《满城风雨》，然后他们就会说："噢，上帝。"你记得你在老片重播节目上看过那部四十年前的电影，这部电影拍得一次比一次好，或者说我们的更质朴一些——我们的笑点更明显。但它最终就是没能奏效。

而宝琳·凯尔（Pauline Kael）[1]小姐在她的［《纽约客》（*New Yorker*）］评论里说得完全正确，她说得太对了。比如她说，这是永远不会发生的事情。一个马修那样的角色，身为主编，是不会去看那个莱蒙要耍的女孩的。他绝不会那么做；他不会有时间做这事。就算是做也就是打个电话而已。他去［看她］，她还弹钢琴唱歌？这很糟。在那一点上她绝对正确，还有她说的其他十件事。所以她是正确的，她很棒。

CC：所以你认同宝琳·凯尔对你的评价。

BW：噢，是的。我喜欢宝琳·凯尔。她对我的电影从来没句好话，也许……对《日落大道》说过两句。但她对的时候比错的时候多，当她认为电影什么地方不好时，总是会很肯定，然后她就直说了。我从没见过她，但她对《巴黎最后的探戈》（*Last Tango in Paris*，1972）十分疯狂——她说我们这些其他人最好就不要拍电影了！而这部［电影］是全新的东西，她把它和一位处在更高一级水平上的无调性现代音乐钢琴大师及作曲家相提并论，她说它是有史以来最好的电影。（好奇地）今天，贝托鲁奇（Bernardo Bertolucci）自己拍片也已经力不从心了。

CC：60年代有一个时期一些评论家把你的作品贴上"粗制滥造"的标签，好像你衣冠不整，进不了他们心中高修养导演俱乐部的大门。现在他们中的很多人已经收回了这个观点，或者对自己的观点进行了改进；这件事已经过去了。但宝琳·凯尔从来

---

[1] 宝琳·凯尔（1919—2001），美国电影评论家，1968年到1991年间为《纽约客》杂志撰写电影评论。

都不会对你网开一面。她对《玉女风流》的评价是:"怀尔德有力而精准地达到了想要的效果;他是个聪明有活力的导演,但他的作品缺乏感情、激情、优雅、美感及品位。他双眼盯着钱,或者说是盯着成功,盯着会带来金钱的娱乐价值……"那时候读这样的评论是什么感觉?

BW:我不知道。我只知道她永远只写[对我的作品的]坏评论,也许有过一两篇有一点赞扬的。和她一块儿生活肯定很无聊,但读她的评论还是很有趣的。

CC:既然你尊重她,那么你有没有把她的话放在心上过呢?在深夜,两眼盯着天花板时……

BW:是的……那个情境可以成为一个例子。她有很多时候都是对的,绝对正确,但在其他一些事上就不对了。但不管怎么说,如果她什么都不写,也不会对我产生什么好处,只有她写了我才能受益。

CC:她说的是不是真的呢?曾经有一段时间你两眼只有钱?

BW:不,从来没有过。我对钱不感兴趣,虽然我的收入很高。我从没有跟人讨论过钱的问题,都是我的经纪人在做。

CC:《满城风雨》是在《骗中骗》(*The Sting*, 1973)流行的时候拍摄的。你有没有对自己说过,你知道:"我拍莱蒙和马修拍够了,他们很好,我们都是朋友。这样很好,但是请把雷德福(Robert

Redford）和纽曼（Paul Newman）给我使使。"你有没有想过试试年轻的演员？你有能力找他们的。

BW：（有一点不快）不，我很高兴有马修和莱蒙。马修从没犯过错；莱蒙也从没犯过错；是我导错了。但我喜欢他们，我愿意一辈子都和他们一起拍戏，和他们一起工作棒极了。罗伯特·雷德福和保罗·纽曼？我不会得到什么笑声的，他们一直以来也没有创造过什么笑声。

莫里斯·佐洛托夫（Maurice Zolotow）的著作《比利·怀尔德在好莱坞》（*Billy Wilder in Hollywood*）记载了非常多怀尔德的逸事，此书写于20世纪70年代中期。其核心就是对怀尔德不同寻常的机智与观点进行了一番玫瑰花蕾式的探寻[1]。在最后，佐洛托夫断言怀尔德的生活和作品都是被一次年轻时破裂的恋爱决定的，他不知道和他相恋的那个女孩其实是个妓女。

CC：你对莫里斯·佐洛托夫的书，还有他对你为什么多年来写了很多妓女角色的解释怎么看？

BW：那个很蠢。我和一个什么妓女相爱？蠢透了。那是我在《福尔摩斯秘史》里用的一个情节，就是爱上一个不知道是妓女的女孩的桥段。那只是他的蠢货分析。

CC：这事从没有发生在你自己身上？

---

[1] 意思是像电影《公民凯恩》中探寻"玫瑰花蕾"的含义那样，去寻找怀尔德成为后来这个样子的原因。

BW：（难以置信）没有。那本书，有一点点的事实……还有百分之八十的杜撰。他提出的那个结论太白痴了，你知道，说我爱上了一个妓女太白痴了。我见他时，他脸色憔悴得让你想哭。他参加戒酒会，他想把我灌醉。我是绝不会喝超过两杯马丁尼的。我不知道，两周后我就把他踢出了办公室，后来他又出现了。但幸运的是读过这本书的人不多，就算他们读了，他们也不会相信它的，我不喜欢这个。

CC：**他写的那个伊尔塞（Ilse）[1]到底是谁？**

BW：我不知道。

CC：**真的？**

BW：我不知道，完全没有概念。他写说我爱她，后来我发现她是个妓女。没有这件事——没有妓女，没有任何人。有一些女孩——我结婚前有过很多女孩。他是自己陷在里面了，你知道，他觉得自己找到了发现我性格秘密的钥匙。我根本就没有那个所谓的性格！对，没错。就是这样——那本书太蠢了，你知道。他省略了好多有趣的事，然后他把一些事进行重新整合，你知道，我不想让那本书出现在我身边，我恨它。

---

[1] 在佐洛托夫的那本书上，作者说怀尔德大学时期在买爵士乐唱片时认识了一个叫作伊尔塞的女店员，两人开始交往，后来怀尔德意外发现伊尔塞同时还是个妓女，这对他打击很大，并导致他从大学退学。这一事件在他心中留下了阴影，使他变得愤世嫉俗，并且厌恶女性，而《福尔摩斯秘史》的女主角就叫伊尔塞。

CC：我们来谈谈你著名的两个"丢失的段落"吧。在《双重赔偿》里，为什么放弃了你写在剧本里，且让弗雷德·麦克默里和爱德华·G. 罗宾逊拍了的毒气室结尾？

BW：我不需要它，这一点我在拍倒数第二场戏的时候就知道了。这是两个人之间的故事。我知道，尽管我拍了毒气室的戏。我没用的那场戏是这样的：首先是一个罗宾逊的特写镜头和一个麦克默里的特写镜头，两人亮相；他的心脏连着一个仪器，医生站在那里听着心跳声停止。我都拍了，两个人之间的对视，然后麦克默里被毒气淹没。罗宾逊走出来，其他见证人留在那里。罗宾逊要抽根雪茄，拿出雪茄盒，划着一根火柴。它很煽情——但是另一场戏，之前的那一场戏，已经可以很煽情了。你不知道背景里的声音是警察的警笛还是医院派了医生来。我们他妈的干吗要看着他死？对吧？所以我们剪掉了毒气室的那场戏——它花了我们五千美元，因为我们得建造那个东西。那个毒气室是完全仿真的，里面总是有两把椅子——两把椅子是为了给两人协同谋杀犯准备的，这样他们就可以一起被行刑了。所以一把椅子是空的。那是场好戏，但是内容重复了。我们不应该仿造那个东西的。

CC：这是一个大胆的举动，自己放弃了一个令人震撼的结尾，而把结尾留给了一场安静的戏。

BW：它和现在的结尾比起来没有很重大的意义——我们已经把该说的都说了。

CC：这个问题是为世界各地的影迷问的，你干吗不把这一段戏作为第二个结尾放到镭射影碟或者DVD上发行呢？你想过这件事吗？

BW：是的，但我不会去找派拉蒙谈，派拉蒙也不再拥有它的版权了，因为它现在属于环球。他们买了那一堆电影，而我不知道去找谁谈。那些家伙甚至根本就不会知道我在说什么。我在谈的是一部已经丢失了五十、三十、四十年的影片，就像《失去的周末》，我现在甚至不知道它在谁手上。也许是环球，也许是雷电华，后来他们把它卖给了高德温，然后又卖给了……（做了个手势）我没有它们的版权，我没法控制它们；我也不知道谁控制着它们。我甚至没法在这些老电影上赚钱。我会时不时因为《七年之痒》收到一张支票，因为拿着它版权的米高梅又拿它卖了钱。

CC：是的，但如果有一天有人把它整理了出来，你会支持发行这段材料吗？有好多人都想看，还有《红唇相吻》里塞勒斯演的片段也一样。

BW：《红唇相吻》不怎么样，谈它我总是不舒服。（耸肩）塞勒斯没有达到效果，但我之后又做了更坏的选择，找别人演了塞勒斯的角色。塞勒斯不属于那个小镇，他没法藏起自己的英国腔。

CC：那段胶片在哪里？

BW：我不知道。

CC：没有被毁掉吧？

BW：（摇头）我不知道百分之三十的《福尔摩斯秘史》胶片在哪里。因为我离开了，我得去巴黎拍电影，他们自己动手剪了它，他们答应我会剪它。我有剪辑权，但我不想自己亲自剪。等他们剪完，已经太晚了。

CC：如果那些胶片重新露面，如果某一天他们在仓库里找到了它……

BW：他们已经把《福尔摩斯秘史》的胶片丢了。他们已经找了好多年了，没能找到。

CC：但如果他们找到了，你愿意恢复它吗？

BW：（受伤后的矛盾心态）不，我已经把它忘了。我不想自己给自己下套，然后最后它还是不怎么样。它已经被忘了，不要再提它了。你把这事提起来，你做了全面的考虑，这是对的，但是……

CC：你不想成为那个对着重新发现的胶片大喊"我的胶片！我的胶片！"的人吗？

BW：（模仿被折磨的艺术家）"它拍得很好！很好！应该把它放在电影里！"

CC：你现在做的表情很幽默。但我希望有一天，我们能够看到《双重赔偿》原本的结尾。

BW：那个是可以看得到的。还有《福尔摩斯秘史》的结尾，因为他们是一段段分开的段落。你还能看到……我们剪掉了《日落大道》的开场，但你还是能看到。我不知道现在它在谁手上。

你能看到完整的版本。没错，我想他们是有的。我们第一次试映这部电影是在好莱坞之外，因为它是部好莱坞电影——我们不想要好莱坞人。我们一路向东去了波启浦夕[1]试映，那里的人们还没有习惯那些东西。电影以那个开场开始——尸体，看着有一点假，我们做得有一点阴森，因为你是透过帆布看过去的——你知道，就是他们盖在死人身上的床单，对吧？他们躺在那里，在被单下面。我们在上面叠加了一层昏暗的白色的东西。

人们在给别人讲故事，讲那些造成他们死亡的事情。一个人说他65岁退休了，然后他就带着他从鳄梨农场攒下来的钱发心脏病死了。然后有个10岁小男孩的故事，他淹死在了海里，他们找到了他。第三个，我想就是霍尔登。他说："你知道，我在电影界。我是个编剧，我来自德梅因[2]，或者别什么的地方，世界上我最想要的东西就是游泳池。我有了一个游泳池，然后我死在了游泳池里。"当我们用镜头滑过他脚趾头上的标签时观众在笑。人们不知道他们在看的是一出喜剧还是一出正剧。但我在那个影院里，试映卡已经全都发出去了。他们在笑，然后电影开始了。这是部很难看进去的电影，它用死者的独白带入。我觉得这是个

---

1 位于纽约州。
2 位于艾奥瓦州。

好主意,你知道。但是接着人们就起身离开了,我也离开了。我沿着通往卫生间的台阶走了几步,然后抬头看见一位戴着圆边礼帽的六十多岁的女士,她头转向我,说:"你这辈子有见过这种狗屎吗?"我说:"坦白说,没有。"(笑)

那事就那样了。就在我们在波启浦夕和伊利诺斯的埃文斯顿试映期间,我决定把它剪掉,那个开场必须得剪掉。我把它拿掉了,没有拍新的,我就是单纯剪了,电影最开始的五分钟非常重要,我不需要这段。我们在西木区还有一场试映,我们就没再管它了。

CC:有一个著名的关于好莱坞第一次放映《日落大道》的故事。路易斯·B. 梅耶站在楼梯上,责骂道:"这个年轻人,怀尔德,怎么敢这么干,咬给他喂食的手?"当你听到他这么说时,你是怎么对他说的?

BW:"我就是怀尔德先生,还有,你怎么不去死呢。"

CC:那他怎么说的?

BW:他很震惊。他站在那里,身边都是米高梅的大佬们,那些人都是他的手下,就在制片厂里……[埃迪·]曼尼克斯(Eddie Mannix)先生[1]还有[乔·]科恩先生。有人有胆子说"你怎么不去死呢",这把他们吓到了,我这么说是因为我知道我拍了部好电影。

---

1 埃迪·曼尼克斯(1891—1963),曾任米高梅公司副总裁。

CC：你刚看了芭芭拉·斯坦威克在放映时亲吻葛洛丽亚·斯旺森的裙边，所以你那时一定自我感觉相当好。

BW：然后我就走出去了，他们也从放映室走下来，路易斯·B.梅耶身边有一群人跟着他，他正在给他们训话："那个怀尔德！他咬了给他喂食的手……"我说："梅耶先生，我就是怀尔德先生。你怎么不去死呢？"

CC：那之后你的提议就再没有通过了？

BW：没有，但他之后不久就离开了米高梅，一年之后。

CC：《患难之交》这种电影现在已经成了一个类型——杀手喜剧，而它是这一类型最早的作品之一。

BW：（毫无热情地）是啊，也许吧。

怀尔德又挑了《热情如火》当作这种所谓的杀手喜剧类型的例子，他引用了其中情人节大屠杀的次情节。

CC：但是在《患难之交》里，马修的杀手角色是主角。远在《低俗小说》或者甚至是约翰·库萨克的《这个杀手将有难》(*Grosse Pointe Blank*, 1997) 之前，你和I. A. L. 戴蒙德面对着一个十分困难的挑战，围绕着杀手建立起一个喜剧基调。

BW：是的。基调在这种电影里总是个难题。

CC：**你对今天想拍黑色喜剧的导演有什么建议？**

BW：你必须得有这方面的天赋，得有一个好故事。《患难之交》不能算作我的喜剧实验，它不是那种我喜欢的喜剧。我做过一次。但是有个问题，开始观众们笑了，但随后他们会感到愤怒，因为它是消极的。像死尸之类的东西，如果你把这类东西反映得太真实，他们不会喜欢的。他们不想看，我也是这样。我不会特别把《患难之交》叫黑色喜剧，它更像是泛喜剧。

CC：**你在《患难之交》之后还有没有把哪部电影做到了接近开拍的程度？**

BW：我在这部电影拍完时已经有点筋疲力尽了。没什么新东西出现，后来戴蒙德又去世了。我想退休了，我想在80岁的时候退休，最后是在82岁退的休。

CC：**你对伍迪·艾伦（Woody Allen）的《安妮·霍尔》（*Annie Hall*, 1976）怎么看？在我看来，它是当时浪漫喜剧的突破性作品。**

BW：我很喜欢它。它很个人化，很好。我是伍迪·艾伦的大粉丝，当他在他的高峰期的时候。

CC：**现在还是高峰期——很棒。**

BW：是的，但是他拍的不是电影，他拍的有点像小故事。某种程度上他甚至不清楚该怎么剪它们。他让两个人边走边说台词，是有趣的东西，但那是死戏，如果你懂我的意思的话。摄影机尽可能跟着他们走，现在它可以不用必须装在可推动的厚木板上才能走了，他们还是不断地说。是的，他是个十分十分狡猾和有创造力的人，但我不会想成为他。在生活中他是个很棒的有趣的人，但在电影里并不有趣。我不觉得他有趣，你觉得呢？

CC：我觉得有趣。

BW：那我也说他有趣，因为他说了我好多好话。他说《双重赔偿》是美国乃至世界上拍出来的最好的电影！世界最好！我应该谢谢他这么说，对吧？所以我就不说一句反对他的话了。我喜欢《安妮·霍尔》，我喜欢他拍的几乎每部电影。

CC：（笑）还有每部他将要拍的电影。

BW：他一年拍三部。

CC：你还记得你第一次见到你的妻子奥德丽的情形吗？

BW：她当时是派拉蒙的员工，我是导演。他们派她来演一个衣帽间女孩的小角色。我说："站在那里，把他［雷·米兰德］的帽子交给他。"我正在导演《失去的周末》的一场戏，雷·米兰德进了家夜总会喝了个烂醉。然后他看见一个钱包放在他的身边，它属于一位女士，那位女士和一位男士在一起。他从那里面偷了一些钱，因为他没钱，他们发现并抓住了他，他们就是夜总会里的那些大个子保安，你知道。然后我看见衣帽间女孩的胳膊入镜，拿着雷·米兰德的帽子。他们把他扔了出去，然后他们拿起帽子把它也扔了出去。我只能看见那条胳膊，我爱上了那条胳膊。

然后我们开始约会。我那时正在经历我离婚的前期阶段，而且我还有一个女朋友，然后奥德丽出现了。她是个歌手。我们开始一起出去，但她那时要离开去墨西哥城了，去那里的夜总会唱歌。在派拉蒙她是演员，但她是和汤米·多尔西（Tommy Dorsey）[1]一起的歌手。有一次她在墨西哥城，给贝弗利山的我打电话回来，她说："我恨这里，我要离开这里。我需要些钱。"于是我就寄了些钱过去。我告诉我的经理人我要寄些钱——两百美元，是这个数，好让她回来。我的经理人说："上帝啊，你把钱给这个女孩只会让她出城，而不会让她回城。不要这么做。"而我说："嗯，我必须得这么做。"我做了，然后她回来了，然后一个月或者一个半月后，我们结婚了——非常简单。

CC：你对爱情的定义是什么？

BW：噢，这回你问了个大问题！……爱情有很多很多外表、很多形态，男孩的爱情、女人的爱情……如果你在结婚五年后还像新婚那晚一样爱一个女人的话，那这就是真爱。那时候你就已经完成了最艰难的部分，你知道——陷入爱情，维系爱情。她是个很好的女孩，奥德丽，她是个有趣的女孩。

1　汤米·多尔西（1905—1956），美国爵士乐队指挥、作曲家、号手。

上午10点59分：提前了一分钟。会谈在他布莱顿街的办公室进行。

CC：我知道你在几年前又看了一遍《午夜》，剧本写得很优美，而且很有趣。在所有你编剧但没导演的电影里，这部电影感觉最像是你的作品。

BW：是的，也许，也许。我不知道。

CC：这个问题可以探讨。对我而言，克劳黛·考尔白的表演极其出色，在《午夜》唱歌剧的段落里，她滑进椅子的动作比我看到的任何喜剧演员做得都要好，她单在那个椅子上做出的成绩比大部分演员在一整部电影里做出的都好。今天的演员都应该看看克劳黛·考尔白的这一部分演出，看看浪漫喜剧的表演能够达到怎样的高度。

BW：那是她在自己所有电影中最喜欢的一部。她在里面演得很好，还有，首先要提的还是《一夜风流》。她不喜欢《一夜风流》，她最喜欢《午夜》。她懂什么啊？

CC：你从没有作为导演和她合作过。

BW：我喜欢她，我从没和她合作过，我没有找到合适的角色。

CC：她很适合你在《午夜》里写作的调子。

BW：是我们写作的调子。

CC：是的，没错，你和布拉克特。剧本被演绎得十分优雅。它可以成为我们之前谈的事情的一个好例子，如果你把情节点隐藏得足够好，观众们就不会知道自己已经对情节信以为真了。

BW：是的，没错。就是这样，就像是语言的迷药。导演只要说句"把舌头伸出来"，然后把那个小药片放进去，接着你就会咽下去，而且毫不自知。除非导演对游戏的规则进行演示，解释那些其实很清楚但对旁观者而言很难以理解的规则，否则你就不会知道发生了什么；你就不会知道在笑声背后还藏着故事，藏着情节点。

CC：你写的那个帽子——你知道，就是她当帽子戴的湿报纸，它成了克劳黛·考尔白的一个美妙的瞬间。然后她说："我忘了我的帽子。"她寻找那叠报纸。这个细节后面又再次出现，在和唐·阿米契一起时，推动了情节继续发展，他们通过那个帽子相爱。在你和布拉克特还有戴蒙德合作时，那永远都是重点吗？就是"我们得做好他们相爱的那个瞬间"？

BW：情节点越柔和也就越有趣——如果你能把情节点做得够娱乐，他们就会吞下那个药片。但是你得告诉他们这样会很好，告诉他们这比百事可乐还要好。把它放嘴里，咽下去。（笑）你不能连着来这么两三次，那就太多了，他们会注意到的。所以你看,你可以加重它,只要你让他们把它咽下去了,那样你就没问题了。但自然地,你得在药片和药片之间搞点有趣的东西。

CC:里面还有一个顶级技巧的表现,她下火车时说了一句台词。一句台词表现了她的全部背景。她只说了句:"这里就是巴黎啊。从这儿看,它就像是雨天的印第安纳科科莫。"

BW:是的。药片在那里咽得很简单。

CC:所以就一句台词,你就知道她是谁了,她从哪来,要到哪去。电影里去巴黎的火车对你而言是否具有一种诗意?你是坐着午夜列车逃去巴黎的吗?

BW:蓝色列车,那是唯一能去的方法。那时候,也许有些航班,但只有这辆和去蒙古的上海快车能坐。这种事总是很浪漫,想想《上海快车》(*Shanghai Express*,1932)里的玛琳·黛德丽,只有那辆列车上的人才穿晚礼服去吃晚餐。他们穿晚礼服吃晚餐!

CC:拍摄《午夜》的1939年是电影史上重要的一年。

BW:却只有五部电影被提名奥斯卡奖,至少有十部值得提名。

CC:你对同样拍摄于那一年的《乱世佳人》怎么看?

BW:我想现在问我这个问题已经太晚了。它那时候是部惊人的电影,它站在了电影观念的对立面,那时的电影观念是电影必须得有一个大团圆结局。这可能是最重要的电影之一——它有个不快乐的结尾。盖博最后一句台词是什么?

CC:"坦白说,亲爱的,我一点也不在乎。"

BW:这部电影就是这样。看过它的人比看过任何一部电影的人都多,不管《泰坦尼克号》(*Titanic*, 1997)做得有多大也不会改变这一点。我觉得它是部非常好的电影,它站住了脚,尽管事实上他们没有给斯嘉丽这个人物一个结局。斯嘉丽有任何结局吗?没有。她疯了,只是疯了而已,但它里面有一些非常棒的东西。

CC:米切尔·莱森,《午夜》的导演,随着时间的推移,他对你的讨厌有没有到了你讨厌他的程度?

BW:他当然讨厌我了,因为我总是反对他,我会写一些完全不同的东西,而他那时甚至都不会看它一眼。制片人〔阿瑟·〕霍恩布洛有点像中间人,但当船长的永远是导演,你知道,他在开船,他决定拍什么不拍什么。大多数时候米切尔决定不拍,或者拍成完全不同的东西。

CC:但《午夜》十分忠实于你的剧本,不是吗?

BW:是的。

CC:而拍摄的时候你也在那里待了很久?

BW：是的，我在那里。那时候我在和布拉克特写另一部电影，《时代儿女》，后来是《良宵苦短》。在我当了导演之后，莱森开始编造我的事情。[他]从来就没怎么喜欢过我，他说我暗地里向他偷艺，就因为我待在现场看他怎么发展剧情。

CC：我觉得你的写作风格在那部电影中体现得十分强烈。

BW：我现在没法再写那样的东西了。那个情节现在已经站不住脚了。那个想法让巴里摩尔震惊，他要带一个女爵士向自己妻子炫耀，然后还有其他各种事情。人们看的时候会很开心，他们也经常看，这部老电影他们总是拿出来放。

CC：莱森很明显是出身于布景师的人。镜头会忽然在前景突出一个雕塑或者一截楼梯，而演员却在背景里。你会在心里想，他虽然是导演，但终究还只是个布景师。

BW：（纠正道）他是个给橱窗摆衣服的。

CC：但你是否觉得电影会不可避免地带出导演的个人特质？

BW：当然。一个音乐家会跟着他心中从前演绎过的曲子演奏，一个医生会用他从前受训的方法来工作。它当然会带上你的个人特质，不管是莱森还是我，都会带出自己的感受，然后希望人们会买账。（电话响了，怀尔德和对方谈了一会儿。）

CC：你对日落大道是不是有一种亲近感？你的电影绝对把

它捧红了，当你沿着日落大道开车时，你的感觉是什么？

BW：会有各种不同的感觉，因为日落大道上有不同的部分，每个部分都有不同的个性。它是条很长的路，起始于下城区的火车站，那里主要是墨西哥人，那座火车站用得不是很多，因为没有多少火车……然后它穿过了黑人和拉美人的街区……然后它变得更讲究，然后是一些牧场式的住宅，然后是太平洋断崖区，全都不一样。但我们是在战时开始修建日落大道的……那些高楼是在那时候开始建起来的，那里一度是牧场。它一直修修停停的，你可以花几百美元或者一百万美元买座日落大道上的房产。但我不会想起那部电影来，尽管它出现在这里每个人的语言里。

CC：你曾在夏特蒙特[1]住过？

BW：我是住过夏特蒙特，它从1905年就在那里了。

CC：跟我说说彼得·洛，他也是个欧洲难民，你和他在30年代早期还合住过一阵。

BW：我们是朋友,我后来发现他有毒瘾。1935年,我去欧洲,我发现彼得·洛和他老婆也在同一条船上，那时是在战前。我们坐了同一辆火车［去纽约］……我们一起吃晚饭，相谈甚欢……"我明天上午9点在餐桌上等你。"他的妻子9点30分到了桌前说彼得病得很严重。他磕了药，瓶子都打碎了，他现在在四处爬。

---

[1] 夏特蒙特酒店，日落大道边一座著名的城堡式酒店。

我给亚利桑那州的一个镇发了电报，还把处方一起发了过去，这样医生就可以带着药上火车了。他那时候发疯了，完全不正常了……在美国列车上你可是不能开窗户的。医生在图森上车时见了我们，带着医生们常带的那种医药箱。我说："这里，大夫，来这里。"医生说："我不能按处方带药来，你发给我的处方就是纯吗啡。"火车又开了，场面很疯狂。我们又发了一封电报叫一辆救护车来接车，他下车去了阿尔伯克基的一家医院。四天后，船离开了纽约，彼得·洛和他的妻子也在船上，他的情绪变好了；他带了一大瓶那东西。他死得很早。我就是这么发现他是个瘾君子的。我们在夏特蒙特合住过很短的一段时间，一起喝坎贝尔牌的速食汤当晚饭。我们是朋友，但是在那件事之后就再没有走得多近了。

CC：据说《日落大道》给这条街带来了前所未有的荣耀。你同意吗？

BW：是的，因为我只拍了它特定的一部分。我到这里时，日落大道就已经存在了。在我1934年来的时候，它甚至都还没有铺柏油。人们去贝弗利山酒店过周末。范朋克（Douglas Fairbanks）和碧克馥（Mary Pickford）建了别墅，从日落大道上去就是一大片庄园，在山的北边，他们把它当作他们的周末别墅，人们都住在藤蔓街、圣莫妮卡大道和好莱坞大道。

CC：你第一次看安德鲁·洛依德·韦伯爵士的舞台音乐剧《日落大道》时是什么感觉？

BW：我印象深刻。我很高兴它被做成了音乐剧。但如果你想把一部电影改编上舞台，这个片子是最难进行改编的那种，它剪得太碎了。在电影里你可以跟着死人的旁白在任何地方跳跃……银幕上这种东西太多了。但是他尽力了，对于没有看过这部电影的人来说，那部音乐剧很好。

CC：**你对于其他几部讲述演艺圈故事的电影怎么看？约瑟夫·曼凯维奇的《彗星美人》(*All About Eve*, 1950)、亚历山大·麦肯德里克 (Alexander Mackendrick) 的《成功的滋味》(*Sweet Smell of Success*, 1957)，甚至是库克的《一个明星的诞生》(*A Star Is Born*, 1954)？**

BW：很好，棒极了，曼凯维奇很有自己的风格，妙不可言。后来他把自己的公司卖了，那个公司也是为福斯拍片的，叫费加罗制片公司，然后他把自己的生命投入了河中。曼凯维奇是个作家，一开始在柏林时是个记者，和我差不多同时间。西格里德·舒尔茨 (Sigrid Schultz)——《芝加哥论坛报》(*Chicago Tribune*) 驻中欧的首席记者，是他的老板。他从那里起步，然后来了好莱坞。他的兄弟赫尔曼 (Herman J. Mankiewicz)[1]那时候已经在这里了，然后他开始当编剧。他的一个早期剧本，是我在欧洲时看的，是关于奥林匹克的。那是在1932年，差不多就是那样的东西。后来他写了别的电影；然后他成了制片人；然后，最终他说："我现在要当导演了。"他成绩非常好。《彗星美人》是杰作，打败了我们的《日落大道》。

---

1 赫尔曼·J·曼凯维奇(1897—1953)，美国电影编剧与剧评人，曾参与编剧了《绿野仙踪》《公民凯恩》等片。

CC：保罗·施拉德（Paul Schrader）[1]**是位十分老到的编剧和导演，他有个理论。说任何一个剧本里最多只能有五句伟大的台词，否则就会削弱别的台词的力量。**

BW：这是种理论。

CC：曼凯维奇显然违反了这个理论，他的剧本充满了书面语化的妙语佳句……

BW：是的。

CC：……让你到第三幕时，就已经被超负荷的伟大台词搞得头晕眼花了。

BW：是的，你只会想"我的上帝"，因为别的东西都苍白了。你建立起了一种你很难维持的写作基调。

CC：你绝不想要太"书面语"的东西。

BW：没错。它得听起来自然，才能从人物的嘴里自然流淌出来。是的，你必须保持在你能达到的水平上。需要有一种风格，需要有一种声音。

---

1 保罗·施拉德（1946— ），美国电影编剧、导演、影评人，是《出租车司机》《愤怒的公牛》等片的编剧。

CC：结构是最难的。你好像对结构有一种天生的认识，你对它的理解很成熟。

BW：只要学就好了，这会花很长一段时间。不要把同一个东西说三次，不要让人们感到无聊，这是第一条。然后是如何更简练，你必须得非常简练。你知道，现在的电影比从前更长了，电影曾经只有一个小时，现在是两个小时，两个半小时，你知道。人们总是说——我的剧本有一百二十五页。然后他们拍了，然后它们最终总是两小时三分钟，或者一小时五十七分钟。除了，当然，大电影总是不会奏效。《福尔摩斯秘史》——他们觉得它有点长了，于是就精简它。它应该是部三小时的电影——或者变成电视，六集或者八集一个半小时长的电视剧。

CC：你对《意志的胜利》(*Triumph of the Will*, 1935)怎么看？就是那部著名的纳粹宣传电影？

BW：莱妮·里芬斯塔尔（Leni Riefenstahl）的电影。我只看过那部电影的片段，拍摄技巧很棒，群众演员的数量惊人，没错吧？（笑）无数的旗帜和人……上帝啊。那里面的人甚至比《埃及艳后》里的人还多，那里面谁都有。他们在杰克·华纳第一次从埃及回来后给他放《埃及艳后》，他看了后说："如果这部电影里出现过的每个人都去看它，我们也就不会赔本了。"

CC：我们来谈谈《开罗谍报战》吧。就剩这部电影我们还没有谈过太多。那是部紧凑的、充满自信的电影。而且，令人惊奇的是它十分像斯皮尔伯格和乔治·卢卡斯（George Lucas）后来拍摄的《印第安纳·琼斯》(*Indiana Jones*, 1981)[1]。

BW：这点我没注意过，没有。

CC：你的这部动作冒险类型片做得很好，但你后来再没做过。你对拍摄那种电影有什么感觉？

BW：很好。我们就是把它当派拉蒙的一部小制作电影来拍的，它是在战事刚开始时拍摄的。我很高兴可以找到埃里希·冯·施特罗海姆来演，我从高中时期就在崇拜他了。而且你知道，有一个笑话，我那时在沙漠外景地拍摄，当我回去时，他们跟我说施特罗海姆先生到了，他在楼上服装部。于是我冲上楼梯，说："上帝啊！这真像做梦一样，你知道——渺小的我……现在将要导演您了，指导伟大的施特罗海姆！你领先了我们十年——领先了整个行业十年！"然后他看着我说："是二十年。"

CC：（笑）你喜欢"印第安纳·琼斯"系列电影吗？

BW：喜欢，那里面都是些叮叮咣咣的事情。非常好，非常好。

CC：《开罗谍报战》里面有一个很棒的开场：一辆装满死人的幽灵坦克，开在沙漠里。

BW：那人就是在那里掉队的。是的，我们都觉得那个开场

---

[1] 又译《夺宝奇兵》。——编注

很有趣。是的，我也觉得很有趣。我需要找到一种风格，于是我不断地写这个开场。有时我们不会去拍它，或者拍了不放——比如，《日落大道》。

CC：你是否觉得观众会接受电影开始时讲的任何东西？

BW：不，我觉得我们是在和他们对抗。因为他们不知道他们会看到什么，它不是他们已经很熟悉的著名戏剧。大部分时候他们进电影院时不知道自己是要以看喜剧的心态还是看正剧的心态来看这部电影。有些人在开始的几分钟就站起来走人了，所以我们必须得有些吸引人的东西，告诉他们自己将会看到什么，开始的五分钟非常重要。

CC：从前布拉克特曾经评价说《开罗谍报战》不是很成熟。但你今天再看它，我跟你说，它感觉就像是"印第安纳·琼斯"水平的动作冒险片。

BW：听到这话很好，但是这部电影拍出来就是为了放一个星期的，如果我们够走运的话……而两三天后我们就开始不走运了。然后它就下线了，不在了。没有重映，什么都没有。我不知道你是怎么搞到这些电影的，你为了得到它们一定下了大力气。

CC：我希望未来能更容易找到它们。

BW：那样就好了，我希望有那么一天。

CC：虽然是制片厂控制着它们，但你是否觉得它们其实是你的东西？

BW：是的，我是觉得我拥有它们，如果你想听我说的话。但那些差电影就不是我的了。

CC：（笑）而且"Five Graves to Cairo"的名字也起得很好。你会在这上面思索很久吗？在电影的名字上？那些名字总是很时髦。

BW：噢，当然。导演必须认真对待所有一切，统观全局——确切地说它也是广告。我不记得《开罗谍报战》这个片名具体是怎么回事了。我们对每个片名都很用心。

CC：你的第四部电影《失去的周末》试映不是很好，这次你不知道该如何改善。

BW：嗯，我们不知所措。我们第一次的试映是在圣巴巴拉[1]——开始的时候有一千两百五十人，结束的时候只剩五十人了。他们不了解原著小说，他们不知道这是部关于酗酒的电影，也不知道是部正剧。我和布拉克特及制片厂的负责人亨利·金斯伯格（Henry Ginsburg）坐在车里。我说："我们也做不了什么了，我明天就要去华盛顿了。"他问："去干什么？"我受邀加入军队，去再造德国电影的未来，那时候战争还没有完全结束呢。我们知

---

1 位于美国加州。

道我们将打败希特勒先生，那里肯定要建立一些规矩，关于谁能拍电影，谁是纳粹，谁没有问题，还有谁躲在美国或者法国或者别的什么地方。把他们聚集起来，并把纳粹赶出这个行业。所以我离开了，我把电影交给了布拉克特。我说："你也做不了什么了。我要走了。"

CC：你参战时认为你已经失败了？

BW：我以为我已经失败了。然后我就待在了法兰克福，确切地说是巴特洪堡，我在德国制定条例和规章。撰写关于如何发行德语电影的手册——允许谁不允许谁，而且还不断收到看过《失去的周末》的人写来的信，他们喜欢它。人们后来就去看这部电影了，因为它改编自畅销书。但在我们拍摄的时候，那本书才刚出版。

在此之前，醉汉一直是电影里的喜剧人物：他们在酒吧喝醉酒，撞倒东西，戴错帽子，反着戴帽子，然后回家对妻子说："我找不到我的背包了，因为我上午做了个脑手术，什么都记不得了。"醉汉的戏永远都是这些喜剧。我收到了那些信，但我继续写那个手册。后来我在1946年离开军队回来后，这部电影得了奥斯卡奖。人们听说它是部好电影，于是就都来看了。没错，我以为我失败了。但它变成了一部重要的电影。

CC：你对迈克·菲吉斯（Mike Figgis）关于酗酒的《离开拉斯维加斯》（*Leaving Las Vegas*，1995）怎么看？它也让尼古拉斯·凯奇（Nicolas Cage）得了［奥斯卡］奖。

BW：是的，我喜欢那部电影。它很棒，他完全隐藏了自己的风格，你都不知道他们这是在拍电影。他们这部电影成本很低，是在贫困中拍出来的，但它绝对精彩，是很棒的电影。

CC：关于《午夜》的最后一个问题。巴里摩尔在里面的外形很好，他是个优雅的灾星……

BW：是的，非常好。

CC：如果他在喝酒，那也绝对不会影响到他的韵律、他的喜剧表达，特别是当他说像"杰克家靠非常廉价的香槟创造了非常高价的财富"这样的台词时。

BW：（点头，一个遥远的美好记忆）是的……

CC：他把它们演绎得很优美。

BW：……我记得那句台词。

CC：所以他那时候喝酒吗？

BW：是的，总是都在喝。

CC：那时候在拍摄现场，下午是不是有很多酒可以喝？

BW：那里有很多，还有很多非常浪漫的酒：Sweet Sue，还有各种墨西哥名字,某某加上Toad。什么时候你看见一间酒吧,比如圣瑞吉斯,那里就会有上百种酒供应。现在没人再喝了,他们喝伏特加、喝杜松子酒、喝威士忌,就这些了,那时候有一阵他们喝龙舌兰。但那是在……摩托车的挎斗出现以前的事了,这是种酒的名字。

CC:那个时候在午餐时喝酒不会被人瞧不起?在拍电影期间?

BW:我们不会喝很多,我不会喝醉,但我会喝杯马丁尼。(电话响了,怀尔德接了个简短的电话。)

CC:你对你的第一次婚姻的印象如何?

BW:第一次婚姻是个彻头彻尾的错误。她是个结过婚,又主动和丈夫离了婚的女人。她和第一任丈夫有个女儿,后来我们生了对龙凤胎,然后男孩死了,是在大概八个星期大的时候。我不知道,我就觉得我不适合婚姻。但是就像从前说的,我通过第二次婚姻证明了我之前说的是错的,这段婚姻现在已经维持了快五十年了。她是位非常非常好的女士;但她完全不是好莱坞这一型的人。而奥德丽是个好莱坞人,但她是好莱坞这一型人中的好人。

她人很有趣,但,我不知道……就是有地方出错了。而且这也是我加入军队去欧洲的原因之一,因为这样就能彻底一刀两断了,你知道。当我回来时,我没有住回家里。后来我们离婚后,我又搬回了那栋房子,她搬去了另一栋房子里。一切都很简单明了,没有痛苦怨恨,也没有为钱争执之类的事情。那是段长达七年的经历。七年之痒。

CC:她还在世吗?

BW:是的,她还活着,已经八十多了,她又再婚了。她的丈夫死于癌症,她和我女儿一起住,她住在他们旧金山的房子楼上的卧室里。她在每次圣诞节和生日时都会大赚一笔。我很喜欢她,她是个好人,但我们不合适。

CC:你知道有些人总是对会毁掉他们生活的人特别感兴趣……

BW:是的。

CC:……他们偏偏就喜欢挑那种会把他们撕成两半的人,我猜你绝对不会这么干。

BW:完全不会。

CC:一些60年代末的评论认真地责备过你创作的女性人物。现在读起来很有意思。你总把女性写得外表光彩熠熠,有时她们有缺点,或者会控制别人,有时她们是妓女……但她们都是实实在在的现代女性。那时大部分的电影很少这么做,通常女主角都是甜美光明,但无趣。

BW：她们都有个性。对女性角色，我们要让她们真实。什么是现代女性？她怎么动作，怎么穿衣，她实际上是什么样？雪莉·麦克雷恩就很像她扮演的那些女孩，很现代，你喜欢她。他们爱写什么就写什么——因为人们会忘掉的。我一直稍稍超越了一点我的时代，我的电影持续得稍微久一点，但我越老越不在乎那些评论。电影会比那些评论更长久。

CC：你是否觉得你活该被贴上"仇视女性"的标签？

BW：（学者风度地）我不知道我是不是。

AL[1]：（从另一间屋）他是！

BW：我不是！我可不这么认为！

AW：他是！

BW：好吧，那我就是吧。

CC：《桃色公寓》里芙兰·库布利克缺乏自我怜惜的性格，而这正是这个人物身上最可贵的部分。我又看了一遍，觉得如果这个人物对自己感到怜惜了，那该有多糟："噢，我好可怜。"甚至在她服了药之后，她也没有为自己哭过。

---

[1] 即奥德丽·怀尔德。

BW：是的，我不希望有一个泪流满面的忧伤的女孩，你知道，就因为那个男的不会娶她。我不知道实际是怎么回事，但这就是今天的女孩。我想这就是一个女孩会有的行为，不像英国小说里的女孩。（笑）

CC：对我而言，这是这部电影如此持久的原因之一。因为你的女性不是脸谱化的造作的角色，而是真实的、呼吸着的人。

BW：她们是吗？（轻轻微笑）是的，这是一个头脑清楚的作家的描述。你有一个很大的优势，因为你自己就是个作家，你把你自己投入到编写他人生活的工作中去，对吧？但你也是个电影编剧，现在最杰出的，我想这会对拍摄电影很有帮助。你了解一个电影人的考验与苦恼。

CC：如果你在银幕上展现出一个活生生的人，人们就会有反应。你相信这个吗？

BW：绝对的。就算只是照抄的某个人，只是照抄也行，这是件非常重要的事。

CC：现在我要问一个我之前问过的问题，我们这个访谈最重要的优势之一就是揭穿一些流言，因为这些流言，很多人许多年来都累得气喘吁吁的，他们想得到一个答案。但还是有一些我想再次问你的问题。他们说，伟大的作家，倾向于不断重访他们自己生命中的某些特定的地点或者时间。作家们不断地写它，用不同的方法审视它。我猜也许对你就是这样。

BW：你是指地理上的？

CC：**地理上的、哲学上的……创意上的。**

BW：是的，我很好奇如果我再回到维也纳会是什么感觉。那里非常平静，没有我想象的那么嘈杂。我想重访我的学校，但和我上学的那些人都已经死了，一个不剩。都已经过去了，你知道。所有那些重要的事件，你知道，都已经过去了。我十分十分想再看看克恩滕大街，在1918年11月的维也纳那是条十分重要的街道，那时候奥地利变成了一个国家[1]，一个五千六百万人的国家……一夜之间变成了七百万，什么都丢了，捷克斯洛伐克、匈牙利、波兰，现在这些事都过去了。

我知道世界会继续前进。它会前进得很慢，带着我们犯的所有的错误。也许会有另一场战争，但我希望不会，因为只要打一周世界就毁灭了。我甚至不希望我更年轻些，我也不希望我的生命和现在有什么不同。每件事情都会自然地各得其所，你知道。

只能这样，只能这样。

我很想再看看柏林一眼。我在战争刚结束时见过它，我从法兰克福过去那边，我去了柏林一星期，那里已经没有柏林了，但所有一切又都恢复得很好。我的意思是，我失去了父母，我的朋友，我的年纪更小的家人，他们都死了……不是因为癌症就是因为奥斯威辛。但我都忍受了，我悲痛过，也哭过几次，但我还在这里。

---

[1] 1918年11月12日，一战战败的奥匈帝国解体，德意志奥地利共和国成立，1919年改名为奥地利共和国，即奥地利第一共和国。

CC：你作品里伪装的主题，人们通常会假扮成什么人……

BW：这不会发生在我身上。我不会伪装什么，我生活中从没伪装过，我都是光明正大地玩牌。（停顿）你看，你现在在这里问我那些问题，这让我感到十分骄傲。是的，这是个胜利，不管怎么来的，不管过程中发生了什么，我知道一切都会好的，所以这是个胜利。但生活会继续……它会继续的。我希望更好一点。

CC：我还是很惊讶在讨论"比利·怀尔德的伟大才智——伟大的尖酸刻薄的才智"时，"愤世嫉俗"这个词的出现频率如此之高。我如果错了请纠正我，但对我而言你所有的电影，如果你认可所有这些电影的话——你能看出来我看过它们很多遍——它们全都归结为生活本身的乐趣，所有的荒谬、幽默、浪漫与痛苦，都是生活本身的乐趣。

BW：是这样的，我希望是，即使是讲酒鬼的电影……即使是讲战争的电影……即使是在《日落大道》里。那些［电影］是为即将到来的更大的事件所做的测试与预言，而它们被接受了，我希望如此。

CC：总的来说，爱情是写作的最有趣的题材？

BW：是最强大的之一。两个结婚的人的爱情，两个要结婚的人的爱情，或者是爱，父亲的、儿子的或者母亲的——这是一种很强烈的感情，它进入了很多故事之中。但如果你就站出来说："我现在要拍部关于爱的电影。"——这个题目就太大了，你如何把它戏剧化？我曾经拍过没有任何爱情的电影——比如《战地军魂》。还有别的一些——感谢上帝，不是很多——和爱情没有关系的。

CC：我可以和你争论说就算是《战地军魂》也是关于爱的。比如，当霍尔登说："如果我再见到你们，我们就假装……"

BW：（喜欢这句台词）"我们就假装从没见过。"

CC：这是一句伟大的"我爱你"。

BW：是的……男人之间也有爱，当然，是朋友间的，那很重要。但只要电影中有了感情，他们之间有了很好的互动，你就可以不讲爱情故事也能成功。你就可以轻轻舒口气，对自己说："战俘的故事，我做到了。"（笑）但是还是一样，那个穿着内裤的人，他假装自己在和玛丽莲·梦露共舞。他有点醉了，因为他们在那里酿酒，而他以为自己是……这是一点爱情。（笑）没有性也是可能做到的，但有性更好。

CC：（笑）据说戏剧《卫兵》(*The Guardsman*)[1]是最早给你灵感在剧本中使用伪装和扮演的作品。是这样吗？

BW：完全正确。《卫兵》那个伪装一直持续到了最后。你永

---

1 匈牙利戏剧家与小说家费伦茨·莫尔纳（1878—1952）的一个戏剧，曾两次被搬上银幕，讲述了一个丈夫怀疑妻子不忠，就伪装成一个有浓重口音的军官去引诱妻子的故事。怀尔德还曾把莫尔纳的另外一个剧本改编成了电影《玉女风流》。

远不知道那个人到底是丈夫还是别的什么人。这出戏的背后是一个很好的人,[费伦茨·]莫尔纳(Ferenc Molnar),一个匈牙利人,很好的作家。

CC:那些电影是不是就像你那个时候的情感日记?换句话说,你在拍《黄昏之恋》时是不是正处在浪漫的情绪中……拍《倒扣的王牌》时则处在尖锐的情绪里?所有的电影在某种程度上都是自传的这个说法在你这里是否成立?

BW:是的,当然,而且大部分时候我的状态是正相反的。我开始一部电影时,我必须非常幽默,充满活力。你可以想成我是在扮小丑,这时候我是在拍《控方证人》。另一方面,我在拍《日落大道》时就得沉浸在爱之中,正相反。也就是说,在那段特定的时间里,我逆着情绪写作写得最好。

CC:为什么会这样?

BW:我不知道,事情就是这样。我构思滑稽的事情,这样我就能从丧失我爱的人的伤痛中跳出来。

下午两点半,晚了三十秒。自然地,怀尔德看上去注意到了这一点。他已经搬到了大厅另一边阳光充足、比原先大一倍的办公室里。之前的办公室是临时租的,这个新的在大厅的另一边,面对着布莱顿街。尽管怀尔德今天身体有些不适,但他还是坚持让我继续我们的访谈。现在我们离他警惕地斜眼扫视我录音机的日子已经过去很久了，这些天来，他一直在鼓励我："那个东西没出故障吧？运转良好吧？我能告诉你些什么？"

CC：你和[伊西·]戴蒙德是如何构思一个新想法的？你们会不会在报纸上找戏剧情境，把它们扔得到处都是？

BW：嗯，我们有一抽屉的戏剧情境，你知道，那些可能发生的故事，可能成为一场好戏的东西，为我们拍的所有电影做准备。我们总是从那个抽屉里拿出各种东西来，但是只有在它合适的时候才行。如果不合适，那它就不好。然后你就会等更好的时刻到来。

CC：你那本创意手册怎么样了？就是你在访谈中谈过的那本，你在里面准备了留给未来的项目的想法，比如《桃色公寓》。

BW：它还在我手里，没有在高德温的大火[1]里被烧掉。我那时候刚刚和伊西合作，我们在一起待了二十五年。

CC：我想让你知道我已经看完了我还没有完整研究过的最后一部你的电影，《璇宫艳舞》。

BW：哦哈哈哈。嗷，嗷。（表示很痛）那是1946年，我过了我40岁生日，它来自我在现场办公室会议上做的一个虚张声势的发言。他们没能给平·克罗斯比找到个好电影，然后我说：

1　1967年米高梅公司发生了一场大火，有大量珍贵的早期胶片在大火中被焚毁。

"我们干吗不搞个音乐片!"但那不是个音乐片,因为音乐片里人不是靠说,而是靠唱来和对方交流的。歌就是情节场景,他们只唱。我就胡乱摸索着设计情节,而且有点,那条狗……

CC:那是里面的一个很好的笑话,那条RCA狗[1]。

BW:那条狗,它是个麻烦。我们得带着那个东西去加拿大,拍阿尔卑斯山。那是为了假扮成奥地利的阿尔卑斯山,只不过奥地利的阿尔卑斯山上有很多村庄,而在加拿大,上面只有雪。我们对琼·芳登(Joan Fontaine)不是很满意,她没能演好……(尽力想个好词,但放弃了。)我们什么都没得到,我在拍摄这部电影时有点凑合。你对《璇宫艳舞》分析得越少越好,没什么可解释的,也没什么可进一步引申的。

CC:也许它是你的影片中最不犀利的,但还是有一些很棒的笑话让人眼前一亮,有一个弗洛伊德分析狗的笑话。

BW:笑话,是的,那是西格·鲁曼[(Sig Ruman),扮演的医生]。

CC:克罗斯比的歌《你的爱像你眼神中的吻一样明了》(*Plain as the Kiss in Your Eyes*)在电影中真的很有效,而他的表演也是他最好的水平。你和他有没有过紧密的友谊?

---

[1] 影片中男主人公是卖唱片机的,他随身跟着一条狗,这是在调侃当时美国无线电公司(RCA)旗下著名的唱片机品牌胜利牌留声机的广告,广告上画的就是一条狗在好奇地看着一台留声机。

BW：是的，关系很好。但是这部电影就……什么都不是。我们就搞了点小伎俩，一个好的魔术师都可能比我做得更好。我那时刚从德国回来，从战场上回来，从我在那里的工作中回来。我正在想做点欢快的东西的情绪上，然后他们提出了克罗斯比，我就马上冒出了这个想法……

他身体的不适战胜了他。他不情愿地中断了我们的会谈，找他的拐杖。我和他一起走向门口，他迅速穿上外套锁了门。我陪他走下楼梯。我之前一直赞颂他坚持走楼梯的精神，他有条不紊地，一步一个台阶，从来不用电梯。今天，我发现了真正的原因。"我从不用电梯是因为它可能会卡住，"他承认道，"那样的话我就得在这里待整整一个周末了。"

走出了楼，怀尔德坚定地走向人行道。马路对面就是他的车，他急切地想回家。这时候有一个大约35岁、看起来兴高采烈的意大利游客认出了他。

"比利·怀尔德先生！"他说，"我是您的粉丝，妈妈，这是比利·怀尔德！"他拉着和他一样充满活力的母亲径直向怀尔德这边走了过来。

"嗨，你好吗？"这位导演答着话。他一边略显冷淡地对那对母子点着头，一边在等交通的空隙。

那个年轻人和他的母亲开始向怀尔德说起了意大利语，一种怀尔德不会的语言。他透过厚厚的眼镜片盯着他们。我唯一能在他们令人印象深刻的充满恭敬的话语中听出来的词是《热情如火》。怀尔德礼貌地点着头。这两个影迷，因为这个真实版的好莱坞邂逅而兴高采烈，他们和他一路一起走。"谢谢你们认出了我,"他说,"你们是想要签名吗?那就是你们想要的是吗?"他们热切地回应着,"我现在没法签,但你们可以明天再来。"

"谢谢您,怀尔德先生。"

"如果你在那扇窗户里看见我,"比利·怀尔德说道,"我就在了。"

那个崭新的办公室预示着我们收尾阶段的会谈会是段愉快的时光。可以很确定,在大部分的上午,如果你抬头看看沿街门面的楼上,就在高速运转的街道交通上方,你会在那扇窗户里看到比利·怀尔德——他在沙沙地翻着体育版,打着电话,讨论着各种身为比利要做的事情。

星期六上午,1点5分,我晚了五分钟。奥德丽·怀尔德在他们公寓的门口迎接我,给我指了指餐厅的桌子,怀尔德正在那里喝着咖啡读《纽约时报》。

"你好,卡梅伦。"怀尔德开心地说道,他指了指自己左边的座位。他面前放着盛着早餐残渣的盘子、几份美国导演工会的文件,以及一盘《与男人同行》(Company of Men, 1997)的录像带。我坐在他耳朵听力正常的那一边,另一边是奥德丽·怀尔德。我们的话题从比利·怀尔德的导演朋友威廉·惠勒开始。

BW:他的作品很好,很出色,也很精细。(怀尔德转向我,很舒服地坐在他的餐桌前。把文件扔在一边,继续用极富魅力的音调说下去。)

他是个想把东西做到最好的人,也是个要拍很多条的导演。他有一些观点,比如,他会拍二十六条来看看自己喜欢哪个。

在和劳伦斯·奥利弗（Laurence Olivier）拍《呼啸山庄》（*Wuthering Heights*, 1939）时，他不断说着"再来一遍""再来一遍""再来一遍"，在十二条之后，奥利弗走向他说："告诉我，你想要的是什么？我哪里做错了？"但威廉·惠勒说："我不知道我想要什么，但我一旦得到了我想要的，就会把它挑出来。"他确实挑了，而它，自然地，就是第一条。因为他是个反复试验的导演，他必须得试过很多次，才能说："好了，洗这条。"他是个非常非常古怪的人，打牌或其他什么事他都做——骑摩托车——很开放自由。但到了导演时，他就会非常非常严肃。他觉得剧本有什么问题，他就会说"重写"……"重写"……"重写"，而当他们做对了时，他就会说"好了，就是它了"，然后就会按那个样子拍。比如，他那部精彩的电影《黄金时代》，它是第一流的。他花了两年的时间和编剧一起工作，努力将他重要的想法浓缩在一起。当有了什么好成果时，他就会停下来，和编剧一遍一遍地谈它。然后当他说"就是它了"时，就可以了。

CC：那会不会给演员造成一些挫折？

BW：当然了。但他们知道那是惠勒，他是个很奇怪的人，当他理解了一部电影时，他就会把它拍得很出色。他没有原创的想法，但他把它们做得很完美。他的导演过程很无趣，就是很安静地待在现场，很安静，因为他在战时丧失了一个耳朵的听力。他正在拍摄一场战役，然后……

怀尔德接了电话。是他的赛马赌注经纪人打来的。怀尔德用了几分钟的时间一丝不苟地挑选明天的比赛要下的注，然后挂了电话继续我们的谈话。他真的很享受这个星期六的上午。

CC：**我在书上读到过人们曾经把怀尔德和惠勒的名字搞混。你们两个中的一个人说："马奈、莫奈 (Claude Monet)，有什么区别？"**

BW：他们都很棒。没错，是我说的。（更正笑话中人名的顺序）"莫奈、马奈……"（点头）

CC：**我昨天看了两部电影，其中一部就是《黄金时代》，因为我想再回顾一下它。**

BW：很好。

CC：**是的，而它使我想起了一个我们还没有好好谈过的问题——感伤癖。雪莉·麦克雷恩在她的一个访谈中说过你曾和她进行过一次交谈，那是她人生中最好的谈话之一，是关于如何避免感伤癖的。即使是惠勒，他在那部电影里也真的已经滑到了感伤癖的边缘，但里面有一种很坚强的感伤，它非常棒。比如，演员［哈罗德·拉塞尔 (Harold Russell)］签名时先露出了他手上第一个钩子，然后他稳定住纸，露出了他的第二个钩子……**

BW：是的。

CC：**那对我来说就是美妙的感伤。**

BW：一场好戏里的感伤。我记得我在那里看哭了，就在第一场戏，我就开始哭了，那是场关于三个人从战场上回来的戏。第一个出场的人是没有双臂的，他站在那里，你在背景里看到父母在等着他。他们过来跑向他，他背对摄影机站在那里，戴着他的钩子，他的手已经没了……那就是这部电影的开场对吧？我从那里就开始哭，没人能让我停下来，它非常好。在合适的情节里还有喜剧成分，弗雷德里克·马奇（Fredric March），你知道，他和服务员跳舞。但它没有……它现在有丧失任何力量吗？

CC：没有，一点也没有。但是很多感伤癖都会表现得不合适，会使影片显得陈旧，这是怎么回事？

BW：感伤癖，或者"感伤癖"，打引号的，是用来描述一种人的情感——被一个景象影响，让你一屁股坐下，并做出无法自控的反应。你没法自控，那就会是个好东西。但还有种假装出来的感伤，显而易见的感伤，那个你是要反对的，你是要厌恶的。那样还不如不做停顿直接演下去呢，你喜欢它或者不喜欢它都无所谓。有些导演非常非常感伤，于是他们就远离它。还有一些，他们试它，他们试它，他们试它……他们试图保持头脑冷静不偏不倚，但他们做不到。

好的感伤，比如，有一部电影叫《光明的胜利》（*Bright Victory*, 1951），这部电影讲一个人在战场上瞎了。有个女孩，一个他爱的女人，她不知道这人是个瞎子，观众们也不知道。我想这就是这场戏奏效的方法。他为她打开门；他让她坐下。他数过走向壁炉的步数……他去调酒，数过走向桌子的步数，然后我们就会开始担心他如何能成功。这是个很好很好的做法，但是后来这个做法被复制了，重拍了，把这个做法用到别的故事里，做了很多次,先告诉观众那个人是瞎子,这就过了界了。但在一开始时这是个好技巧,非常好,是非常有效果的戏。那是个好的感伤场面。

CC:作为一个编剧,你看失败的感伤戏最会让你生气或者感到无聊的地方就是它太容易了。编剧最容易走的路就是在一个想法上抹上一层厚厚的感伤。你知道,忽然间,"孩子没了!孩子没了!"

BW:你这是在赶人走,你用真诚的感伤来把人赶走。只要稍做修改就能大大改善效果。一开始不要向观众展示,这才是真正的感伤。那个瞎眼男人就是个好例子。

CC:是的,没错,就好像是在电影里面哭。很多电影都有演员在里面哭泣,想让你也跟着哭泣,但是如果你看见人物努力不哭泣总会觉得更有力。

BW:是的。

CC:你知道他们内心就要死了。

BW:没错,这全都是导演风格的问题。而且你知道惠勒很擅长拍喜剧。他和玛格里特·苏利文(Margaret Sullavan)合作过喜剧片,而且他还娶了她。后来玛格里特又嫁给了经纪人利兰·海沃德(Leland Hayward)。但那些喜剧片——非常非常好。

CC:《良宵苦短》里有很多人物手法很棒。宝莲·高黛（Paulette Goddard）的台词说得很好，我很喜欢她那句"女人想要的是男人，不是水箱盖"的台词。

BW：是的。

CC：还有像博耶那场著名的没拍成的蟑螂的戏，你1934年在墨西哥等着签证时曾经面临同样的处境。

BW：是的，我曾在那样的处境里。但我很容易就解决了。我没有文件，我想越过边境去墨西哥，然后再带着移民签证回来。于是我就去了那里，见了领事，去办理移民文件，但我没有随身带着合适的文件来证明我不是个罪犯。我来美国只带了一份文件，就是我的出生证明。我说："对不起，但我没法回柏林拿我的文件，我是需要它们，警方记录之类的，但他们不会给一个犹太人开证明的。"那时是1934或1935年。"他们会把他留在那里，如果他蠢到回去拿他的文件的话。他们只会把他关起来。"所以我没有拿到关键数据、关键文件来证明我的行为，证明我没有性滥交之类的。那个人看着材料，它们少得可怜，只有两三份。他在桌子附近踱步，研究着，研究着我。然后他问："你平时是做什么的？你打算靠什么为生？"我说："我是个作家，写剧本的。"他听了后笑了，他把我的资料转了一圈，在上面盖了章，砰——砰——砰——砰，然后他说："写点好剧本。"然后我就像弗林（Flynn）一样进来了。[1]（沉

---

[1] 应该是指埃罗尔·弗林（1909—1959），澳大利亚出生的美国电影演员，他在1933年被好莱坞看中从英国来到美国。怀尔德也是差不多同一时间来到美国进入电影界的。

思着停顿了一下）他不一定要让我进来的，他可以把我的原始文件还给我，然后我也就不会再被允许进入这个国家。

CC：看米切尔·莱森导演的《良宵苦短》的演职员表很有趣，你能看到伊迪丝·海德，能看到多内·哈里森……

BW：是的。

CC：你有了你的队伍，这些人后来和你一起出现在《大人与小孩》里，在你第一次自己导演电影时。

BW：没错。

CC：你是怎么把他们都拉到你这一边的？

BW：嗯，伊迪丝·海德是服装部门的负责人，她会自动出现在每一部电影里，或多或少的，她都会给一点协助。多内·哈里森那时已经是个剪辑师了，他给米切尔·莱森干。里面还有谁？摄影师？里奥·托维尔（Leo Tover）[1]？是的，我找到了最好的人，你知道，因为他们预期《良宵苦短》会获得成功、大受欢迎，他们想成功，所以他们在它上面花的钱更多一点。更多的钱！我的意思是，一百五十万美元。和现在在洛杉矶为电影做一个周末的广告的钱一样多。但他们都站在我一边，没错，除了米切尔·莱森，也许……他不是那么稳定。就导演而言，他还行，你可以成为一

---

[1] 里奥·托维尔（1902—1964），美国电影摄影师，除了《良宵苦短》《大人与小孩》之外，他还参与拍摄过《地球停转之日》等片。

个固定为米切尔·莱森电影写剧本的人。当然，你不会得到任何荣誉，你知道，他们拍的是你的东西，但你没有权力说不；但在百老汇，可以，编剧坐在那里他就是王，是的。但在电影界还不是。

CC：金格尔·罗杰斯后来——告诉我是不是真的——对一个访问者说："我对怀尔德事业上的帮助比大家知道的那些还要多。"

BW：她得到了足够的名声，我不知道她还想要什么。她是出现在《大人与小孩》上的第一个名字，和雷·米兰德一起……而且我也总是说她的好话。我没读到过这个说法，她也没和我说过这事。我［在纽约一次怀尔德回顾展上］见她时，场面很温馨。是的，非常温馨。而且永远都是"MFD"，我最喜欢的导演（My Favorite Director）——她就是这么称呼我的。我在拍完那部电影后又见过她一两次，她非常非常体贴，因为她就是在刚凭《女人万岁》得了奥斯卡奖后同意拍这部电影的。但我想她之所以会答应是因为她那时候正和她的经纪人搞在一起，也就是利兰·海沃德。

CC：利兰确实做了说服工作。

BW：利兰·海沃德。就是在搞的过程中，他告诉她，他想让她拍那部电影，因为它很好——他也是我的经纪人。

CC：有一个关于天才的问题。在工作中，你是否觉得天才是一个可以学习的东西，还是你天生就是？

BW：噢，你天生就是……你天生就是。但我不知道，我既不是个天才，也不知道如何定义天才，我只知道你没法学它。但你可以学习很多东西，然后冒充天才。没有一个人只出好作品或者只出天才作品，一个人不可能始终如一。比如萧伯纳（George Bernard Shaw）写了大概五十个剧本，里面有七八个是今天尽人皆知的，还在保留剧目剧场里演着。但是其他的就只是剧本而已了，而他是个天才。

CC：你第一次听到一个观众因为你写的东西笑是什么时候？你还记得吗？

BW：一部小默片，带管弦乐队的。那里甚至没有能录音乐的带子。没有，只有一个管弦乐队，他们演奏观众想听的曲子——给各种片子演奏，不管是喜剧还是悲剧，都是同样的曲子！但我还记得那部电影，很模糊的记忆。

CC：是《星期天的人们》吗？

BW：不是，但《星期天的人们》他们也笑了。那部电影我写了剧本，而且我的名字也在上面。是另一部电影，我给两个人当枪手。里面有一些笑声——没错，有笑声——但是不够多，因为导演干扰了笑料。

CC：你职业生涯中有两段时期，在这两段时期里你允许自己因为公众对一部电影的反应而沮丧——我们不会就这个问题谈很久——《福尔摩斯秘史》是其中之一。

BW：是的，因为它被屠杀了。

CC：**另一个，我相信，是《倒扣的王牌》。**

BW：是的，那是另一个。我希望它能找到观众。因为它不言而喻地表现了为什么人们会像他们表现的那样行事，而且他们中的很多人还完全搞不清楚这一点。一些有观察力的评论家赞美它，说它是他们最喜欢的我的电影。但那时的很多人不想面对这个现实：人们喜欢看轰动的事情，任何时候你看见一个事故，你知道，你就会看见人们过去看着它。他们喜欢看……看。他们看了戴安娜王妃和狗仔队的事情而心满意足，但他们之后就会坐在电影院里说："好了，娱乐我。"但这个娱乐不完全是他们想看的那种。

CC：**你从前提到过《谈谈情，跳跳舞》**(*Shall We Dance?*, 1997)，**一部非常优雅深情的日本电影。**

BW：噢，我喜欢它。（痴迷地）美妙的电影，非常优雅，我喜欢它。我……它正是所有其他电影的反面，你知道。一个充满忌妒的妻子，她雇了侦探跟踪那个人，她发现他在上探戈课。探戈课！它就像是一部意大利电影。它正是……它绝对欢闹，而且我喜欢那个男人变得越来越美妙的过程，他跳得很好，对吧？它绝对干净，你知道，优秀而干净。它是一部有美妙的核心创意的小电影。

9

小制作电影

和比利一起做运动

塞林格与《麦田里的守望者》

刘别谦与《妮诺契卡》

"那时候一年拍五十部电影,但我们写一百五十个剧本"

"我不是搞摄影的,我拍的是电影"

周一晚上在怀尔德家看球

《走向幸福》

"我主要是个编剧"

掐时间和选演员

"刘别谦做得更好"

CC：你知道，外面传言的众多关于你的事迹之一，就是你热情拥抱了60年代末的美国新浪潮运动——哈尔·阿什贝（Hal Ashby）[1]、杰克·尼克尔森的电影，你很早就开始赞颂这些新导演的作品。我很好奇你在60年代末开始看这些电影时，它们对你意味着什么？

BW：我已经拍了一些很重要的电影了，比如《失去的周末》，我还拍了《双重赔偿》……但我站在阿什贝这边。他后来去世了，他吸毒，我想是可卡因，或者类似的东西，那个东西杀了他，但他是个非常好的导演。

CC：他在那时候被低估了，现在还有待重新发现。

BW：不要去听那些外面的看法，这很重要，那些声音总是在那里，那些保守人士雇用的行刑者警告我们不准走得太远。当你有一个好导演或者有想法的创意制片人时，总是可以拍出好电

1　哈尔·阿什贝（1929—1988），美国电影导演，代表作有《最后的细节》《荣归》等。

影来的，你给他钱然后随他去。但那是在电影的黄金时代才有的事。

CC：关于60年代及那10年的意义已经写了很多了。你整个60年代一直在工作，在你眼中60年代的一代是什么样子？

BW：我甚至不知道他们是60年代的一代。

奥德丽忽然在一边笑了。

BW：我不知道，他们也可以是40年代或者50年代的一代。我当时只是觉得我们对电影容许的限度扩大了，但我们总是会因为一些小事而退缩，转而去拍一些安全的东西。但我们没有把所有的钱都用来拍摄《空军一号》(*Air Force One*，1997) 或者《未来水世界》(*Waterworld*，1995)，这一点很重要，因为它们只是有一些打斗而已。某种程度上，我们把小电影交给了电视。

CC：是的，是这样。但是时不时地，人们还是会去看一部关于人际关系的电影。詹姆斯·L. 布鲁克斯 (James L. Brooks) 的《母女情深》(*Terms of Endearment*，1983)，我想就是这样的例子，是一部伟大的、个人化的电影，而且很多人都去看了。

BW：那是非常好的一部电影，公众中有一部分人会去看。他们了解到它没有大战役、没有上百辆车的爆炸、没有开车相互追逐，于是他们就去看了。

但我不会对这些什么50年代、60年代、40年代的区分投入一点注意力。我只是拍摄和我从前拍的都不一样的电影,然后我希望上帝让它成功。但还是那样,我自己心里会有些恐惧:"不,我现在拿到钱了,我得把它拍得更大一点,更好一点……"所以我在最近十年大屁股才老实坐下来,我嫉妒那些年轻导演的精力,即使他们拍出的电影不怎么样。

CC:你当导演时没能拍出来的最好的一个想法是什么?你有什么后悔没有拍出来的东西?

BW:有些想法我已经忘了,我写了,和伊西一起写的,它们没有出来。它们在内容上没有足够有趣,或者没有足够吸引人。于是我就进行下一个。

CC:那么你的抽屉里有什么剧本吗?

BW:没有,没有剧本,我从不写拿不到钱的东西。

CC:你从没有过已经写完了什么东西,然后被你和伊西或者布拉克特认为不够好,然后就把它扔在一边?

BW:可能有过那么一两个,但也就是我们不断地讨论了几个星期,然后决定不拍。然后什么都没留下。

CC:你什么时候会想出最好的点子来?

BW:看情况。有时是我坐在马桶上时,有时是我在洗澡时,有时是在吃饭时，在各种不同地方。如果我知道了我在做什么时会冒出想法来，我就会一直让自己处在同样的情况里。

CC：（笑）开车时总是会有好主意，但那时候写作很危险。

BW：我必须得被管起来，我必须得早上早起，并且知道自己得出点成果。但有时会做出成果，有时不会。有时想法是在看另一部电影时出来的，像《相见恨晚》启发了《桃色公寓》……

CC：你现在还会从看电影里面得到想法吗？

BW：当然。我先想出三幕戏，然后把它全都写下来，然后我不拍。我已经十五年没拍过了，但我还是可能拍的。

CC：跟我说一个你的想法。

BW：不说。

CC：你没有在你的任何一部电影里出现过，是吗？你从不出现。

BW：是的。

CC：有没有试过？

BW：没有。希区柯克先生很显眼，即使是戴着假发，对吧？

他出现在他的每一部电影里。我一部电影都没出现过。

怀尔德引我去办公室门口,他的鞋一路沓着地。"很久都没人和我说过话了。"他在半路上忽然说。我告诉他一切会好起来的,他看上去难以认同。他评论了他的访谈:"别人通常在开始时很有力,到后半截就崩溃了,但我还坚持得挺好的。"他关上了门。

在周先生餐厅与比利和奥德丽共进晚餐。这是一个轻松的夜晚。话题转向了奥利弗·斯通(Oliver Stone),他是怀尔德的一个定期饭友。我问怀尔德他对斯通电影的看法。他从前研究过它们。"它们简单而疯狂,"他富有魅力地说道,"他拍得太多了。"怀尔德思量着自己的话:"也许我也拍得太多了。我三年拍两部。"

CC:我听说有一部电影是受了《倒扣的王牌》的启发,叫《危机最前线》(*Mad City*,1997)。

BW:我不知道。

AW:"受启发"和"重拍"的区别是什么?

BW:"受启发"的意思就是没有你的署名。

怀尔德谈论了保罗·戴蒙德(Paul Diamond)——I. A. L. 戴蒙德当编剧的儿子。"我把他交给了拍《四千金的情人》的那个西班牙导演,就是那个得奥斯卡最佳外语片奖的人……那个在奥斯卡上提到我的人。"

"然后又冒出了个萨蒂亚吉特·雷伊（Satyajit Ray）[1]……"奥德丽就势提起了那位伟大的印度导演。

"是的。"怀尔德说道。

"有一年我们在看奥斯卡，上面在访问萨蒂亚吉特·雷伊，他躺在印度医院的病床上，他说：'我给比利·怀尔德写过信，但他没给我回。'我说：'比利，给他回信。'"

"然后我就回了，"怀尔德简单说道，"我写信回了过去。但它没能及时交到他手上。"他耸耸肩，"那个地址好长……"

怀尔德问起了汤姆·克鲁斯，他还在英格兰拍摄库布里克的电影。我告诉怀尔德，克鲁斯经常向我问起他。

"是的，"怀尔德说，"他拍我马屁，但如果我给他打电话找他拍我下一部电影的话，他会同意的，但是要付他三四百万！"

我委婉地向怀尔德解释，克鲁斯可能会这么做，但他这已经算是在做人情了。"特别是他现在每部电影赚两千万。"

怀尔德对着他的晚饭微笑："噢。是这样啊。"

奥德丽讨论起第二天去办公室接比利的事。"你得把窗帘拉开，"她说，"这样我才能知道你在那里。"

"它是拉着的，"怀尔德想着前一天的事，"我不在那里。"

"所以你在那里时会把它拉开？"奥德丽问道。

"是的。"

"好的。我们有了个方案。"

---

[1] 萨蒂亚吉特·雷伊（1921—1992），印度电影导演，代表作有《大地之歌》《大河之歌》《大树之歌》等，1992年获得奥斯卡终身成就奖。

上午11点15分。怀尔德的办公室。我晚了十五分钟。今天他很友善，但很在意他的时间。他允许我迟到十分钟。他戴着顶白色的帽子，很开心。体育版打开着，他的眼镜放在报纸上。他那两扇朝向世界的窗户炯炯有神地睁着；房间里充满光明。

BW：现在，你想问我点什么？

CC：你喜欢拉斯维加斯及鼠帮或者别的类似团体吗？

BW：不，我不是鼠帮的成员，而且他们在智商上比我差远了。（笑）我这不是说我是个高智商的、比他们"强很多"的人，但我觉得他们一本书都没读过。

怀尔德坐在他洒满阳光的新桌子后面，戴着他的白帽子。我离开时，在去大门口的路上，他对金钱发表了评论："金钱很无聊。当你到了我的年纪就会明白了，我不知道要把它花到哪去。我在你的年纪时满脑子都是'钱钱钱'……'存钱存钱'。现在，它有什么重要的？但她还是拥有一切。她是个好女孩。"

"那么，我会很快再见到你的。"

几周后的一天，我上午10点45分给在办公室的怀尔德打电话。他的声音听上去很不清楚，而且很微弱。

"你好。"他说。我通报了自己的身份。"你好，你好吗？"

"好。"我发现我在问一个我尽量不过度使用的问题，"你好吗？"

"噢,"他说,"我不是很好……但是你知道……我会好起来的!"

我对他说好好享受美国职棒联盟冠军总决赛。

"我怎么能享受职棒赛?"他喊道,"我们被痛扁了!"(怀尔德指的是躲闪者队。)

我们约定改天见面,很快。

这是奥德丽·怀尔德的75岁生日,我们聚集在世纪城的一家叫吉米的餐厅。我的座位在奥德丽和怀尔德之间,在座的其他人都是一些老朋友。有怀尔德长期的朋友莱纳德·格什(Leonard Gershe)[1],奥德丽的兄弟斯特拉顿·杨(Stratton Young)还有卡伦·勒纳。怀尔德坐在我旁边,主菜点了腰子。

莱纳德·格什讲了多年前奥斯卡聚会上的一个故事:"那时已经过了午夜,比利宣布晚会结束了。'晚会结束!'当时吉米·斯图尔特、莱蒙夫妇,还有好多人都在现场。忽然间,所有人都因为这个意外的结束而感到惊讶,他们开始鱼贯而出。第二天我对比利说:'下一次,你只要说晚安,然后去睡觉,别人就懂你的意思了。'怀尔德看着我。'什么?'他问,'我表现得很粗鲁吗?'"

"你的牛排怎么样?"怀尔德问我。

"很好。"我无意识地跟着他预先设好的话问了下去,"你的腰子怎么样?"

"不好!"他答道。

---

[1] 莱纳德·格什(1922—2002),美国剧作家、电影编剧,曾写过戏剧《蝴蝶是自由的》《点心》等。

有一个人比比利·怀尔德对时间更苛刻，那就是我母亲。我之前已经感到良心受到了谴责。我心里惦记着和怀尔德先生相会，但我还要去圣地亚哥和母亲过感恩节。我妈妈在我离城出发时对我说了一句话：

"不要迟到。"

我保证3点到圣地亚哥。根据以往的经验，超过二十分钟的迟到就会给整个节日定下失望的基调。

另一方面，那是怀尔德，他已经要我上午10点见他。开车去圣地亚哥要两个半小时——这是在非假日期间。我只剩两个小时，没时间再给怀尔德了。这是我生命中两股非常有力而守时的力量的斗争。

刚到10点，我敲响了怀尔德公寓的门。我的出现给比利和奥德丽带来了一阵小惊慌。怀尔德给这个时间定了两场预约，他忘了之前和身体治疗师的预约，又没把我们的约定记下来。"履行和你的约定总是更好。"奥德丽说道。这时她正带着我走向后面的电视机房。

我现在知道了，怀尔德与身体治疗师的时间是更不容侵犯的。我建议我们在治疗师来之前先谈着，然后，作为解决办法，我们可以在他做身体治疗时继续谈。怀尔德非常抱歉，但我倒无所谓。我在我们走向后屋的路上打开了录音机。

CC：我是不是该请你坐着？

BW：是的，但我很快就得再站起来，因为他就快来了。我们在卧室做那个治疗。

CC：新办公室怎么样了?

BW：完工一半了,但我没法完成另一半,因为我需要一辆卡车来(搬家)……这将是我的死亡和装修办公室之间的赛跑。

他还是第一次在我们的谈话中提起死亡。我大笑起来,我猜这是合适的回应,但他如果把自己的死亡诉诸喜剧价值,我是笑不起来的。他坐在卧室沙发的角上,这是他读书及观赏"Jeopaedy!"[1]的有利地形。

BW：我们能谈多少谈多少吧。

后面谈到的是戴蒙德与怀尔德在拍电影过程中的工作方法。根据戴蒙德妻子的说法,他们的工作方法具备长久婚姻的特质。怀尔德在屋子里来回走动,编台词、构建一场场戏,手里还经常拿着一条短马鞭,戴蒙德则永远求助于写字板,他负责记录下他们在办公室里勤苦工作数小时编出来的文档,这个分工在片场继续着,在那里他监督着对话中的每一句台词。

CC：总的来说,戴蒙德的每一项工作都获得了该有的名声吗?或者只是刚刚够而已?

BW：他获得了足够的名声,一个合作者该得的名声都得了。

---

[1] 美国一档电视猜谜节目。

我是领马，因为我同时还是导演。但戴蒙德绝对应该得到他应得的一切。我也很喜欢有他在现场。当一句台词不好或者没说清楚时，他的判断总是正确的。

CC：你在拍片时，伊西能和演员说话吗？

BW：不能。他不会那么做的。我们从没谈过这事，他也绝不会那么做。他会私下里跟我说，会在我耳朵边悄悄说，但绝不会对演员说，因为那样的话就成了联合导演了。如果拍得不好，或者一句台词失败了，或者说得不清楚——他会来找我对我耳语。当我觉得这条可以过的时候，我会看他，而他会这样（一个察觉不到的点头），这就意味着他没有话要讲了，它可以过。这很好，是的。但如果什么东西使他非常不满意，他就会用手或者眼睛做一个小动作。我会发现他在因为什么事不开心，这样我们就会讨论，然后我们会按正确的方法做或者让它保持原样。他从不大声喊，我从没听过他大喊。永远都是笑话越好，他越温柔。我们之间充满了理解，你知道，这是真正的合作。

CC：你还记得你最后一次见伊西吗？

BW：是的，1988年我在他去世前一天去看他，他说了个脏字，那是他说过的唯一一个脏字。他见到了我，他就那么抬头看着我，说："妈的。"对话就是这样，因为他知道他就要走了。

他的病开始于……我想是开始于慕尼黑。我们在那里拍摄《丽人劫》（1978），他一直在和医生打电话。然后他说："我得了带状疱疹。"很秘密地说，"带状疱疹。"后来我们回来，他立刻去见了医生，医生告诉他他得了癌症，他要死了，没得治。他直到死前六个星期才告诉我。

（电话响了，是楼下的门房。）

我的医生来了。

马克思医生到了前门，进了屋。

奥德丽·怀尔德：杰夫到了，比利。这是卡梅伦·克罗，这是杰夫·马克思（Jeff Marks）。

我和马克思医生握了手。很显然马克思对怀尔德的时间安排抱着矛盾的心情。这场身体治疗不管是对医生还是对病人都相当有趣，我很快就发现了为什么。当杰夫·马克思在卧室里对怀尔德施治时，他们把时间花在了比较他们每周挑选的橄榄球队上，我已经被抛在了话题之外。但我还不情愿就这样把自己的时间交给怀尔德决定。马克思和我相互争夺着时间，默默地，我们都同意了一起工作。

BW：（指示我们）我们在数到十、二十、三十的时候谈话。

AW：你的意思是你要治疗和谈话同时进行？

BW：我要去卧室。

AW：所有人都进卧室！

我跟着他们进了旁边的一个大卧室,里面装饰着许多框起来立在角落的照片。这些照片是他们夫妻俩一生四处旅行游遍世界的集锦。我走进卧室,手里拿着录音机。怀尔德邀请我坐在门边的座位上,面对着床。他的妻子也躺在床的另一边,做着和怀尔德一样的姿势。怀尔德查看了我们在房间里的位置。确定了我们的动机,他放松躺在了床上。怀尔德经常对治疗师笑;他们的技能使怀尔德心情很好。

BW:(对马克思医生)我们周一的时候为橄榄球比赛里的那一分半争论真是太傻了。

JM[1]:是啊,我选丹佛。

CC:**我选奥克兰。**

BW:(在床上躺稳)好啦(表示"开始行动"),你插空问我问题。

怀尔德夫妇的小卧室集合了各种艺术作品、小玩意儿和照片。怀尔德在床上做软体操;奥德丽在另一边跟着一起做。房间内最重要的画是一幅拉斐尔·索耶(Raphael Soyer)[2]的作品,他来自垃圾箱画派[3]。

---

1 即杰夫·马克思。
2 拉斐尔·索耶(1899—1987),俄裔美国画家,常以纽约平民生活为题材的社会写实主义画家。
3 20世纪初诞生于美国的一个画派,反对美国印象主义,用写实的画风去描绘美国底层人的生活。

JM：好的，一个膝盖抬到胸口。用两手抱住，开始拉。

BW：你可以问我问题，卡梅伦。开始吧。

CC：你有没有读过《麦田里的守望者》(*The Catcher In The Rye*)？

JM：两个膝盖。

BW：两个膝盖？（怀尔德平躺着，医生帮助他弄腿，把它们压到位置又拉直。）

AW：这个场面很眼熟，但我想不起来了。（笑）

BW：我当然读过《麦田里的守望者》。

怀尔德现在弯手臂，血液开始流动，心脏跳得起劲，他和我这个观众相处舒适。这是我和他进行的最有生气的谈话之一。他是整间屋的活力来源，他在桌子后面时很沉闷。

BW：很棒的书。我喜欢它，我曾经研究过它，想把它拍成电影。后来有一天一个年轻人走进了我的经纪人利兰·海沃德在纽约的办公室，他说："请转告利兰·海沃德先生让他停手吧，他太迟钝了。"然后他就走了，整个的谈话就是这样。我从没见过他。那人就是 J. D. 塞林格（J. D. Salinger），而《麦田里的守望者》也就这样告终了。

JM：休息一下，休息一下，休息一下。

BW：听到你这么说真的太好了，否则我就要倒毙在这里了。

CC：所以当时已经讨论到让你来导演《麦田里的守望者》了？

JM：双手放到脑后。

BW：是的。利兰·海沃德是我那时候的经纪人，我对他说："那书太牛逼了。"自然地，我们都知道，我们都知道塞林格先生是谁，我们只是不认识塞林格先生而已。也许《纽约客》的人能认识他，但找他谈话是绝不可能的，和他面对面那种。

CC：你是怎么改编那本书的？

BW：我会忠实于他的原著，但仅仅忠实原著是不够的。我会保护他的观点，他是独一无二的。他表现那个家庭［格拉斯一家］的生活故事的方法——太棒了，我从这本书里受益良多。你要拍这么一本书，使用那种捕捉世界的方式，你知道，你就得非常小心了。因为会不断有信寄过来问："你为什么不拍这场戏，或者那场戏？"（停顿）塞林格后来怎么样了？他在哪？

JM：抬起屁股。

CC：我还想问一本提到过你和你的作品的书，弗雷德里克·艾

斯利（Frederick Exley）的《一个影迷的笔记》(A Fan's Notes)。他提到了纽约的一家叫P. J. 克拉克的酒吧……

BW：是的，在五十五街。

CC：在书里，他写道那就是《失去的周末》里的酒吧。你是在那里拍的吗？

BW：我在那里拍了一点戏，后来又拍了一点……那时候高架铁路架在第三大街上。我拍他去当他的打字机时用了一下那个景。那时候是赎罪日[1]，店铺都关了。

AW：抬起脚，比利！

BW：是的，我拍过那里。当然有一些内景镜头，但我是对着背景里的生活景象拍的。你透过窗户能看到街上的车辆，你能看见人们在走动。根据剧情安排的要求，那里是个好地方，它是你的生活环境。一部关于纽约酒吧的完美电影——如果没什么事发生的话，你在那里待一个半小时后就会觉得很乏味了。

CC：刘别谦导演《妮诺契卡》时，他是怎么对待剧本里的每句台词的？

BW：什么都不动，绝对什么都不改。剧本已经完成了，没

---

[1] 犹太人节日，在新年过后的第十天，那一天所有人不能工作，彻底斋戒，聚集在会堂内向上帝祷告。大多美国当铺的经营者都是犹太人。

有创新,什么都没有,他很少很少会想到新东西,但是……

JM:休息一下。

怀尔德转过身体,抬眼望着天花板。肾上腺素使他兴奋得满脸通红,他继续。治疗使他重新充满了活力。

BW:他会仔细研究所有东西,他读剧本,和我们一起演剧本,他和秘书一起把它演出来。那是件很好玩的事情,因为他从工作黄页上获知他必须和秘书关系清白。他给她读了六页或者八页,是《妮诺契卡》里的一场戏。然后他走进屋来对我们说:"我们失败了。整部电影没有一处笑点,那个秘书甚至连个微笑都没有!"他非常沮丧。然后第二天他走进来说:"你知道为什么她没笑吗?因为她牙上装了矫正器。"(笑)刘别谦声明道,"我就知道它非常滑稽!我就知道!"

AW:(干巴巴地)我不希望女佣看到床上这么乱,不想让任何用人看到。

CC:**比利,你在40年代和50年代的追赶对象是谁?**

BW:普雷斯顿·斯特奇斯,他是第一个给自己争得自由当上导演的编剧。再是约瑟夫.L.曼凯维奇,然后是诺曼·克拉斯纳(Norman Krasna)[1]——他拍喜剧,接着是克劳德·比尼恩(Claude

---

[1] 诺曼·克拉斯纳(1909—1984),美国电影编剧、导演,编剧作品有《钓金龟》《让我们相爱吧》等。

Binyon）[1]。那时候有很多［其他编剧］搭档,但是没有［一个］成了导演的。有些人试过,但后来他们说:"妈的,这太难了,而且不是什么好事。"有些人做到了,有些人没做到。

JM:上下移动脚趾头。

CC:你感觉自己和他们构成竞争吗?

BW:不。我们非常开放,我们会讨论这些事,最后成功的剧本很少。有些东西你会觉得很难把它变成台词,但它还不错。当时有104个编剧同时和派拉蒙签有合同。那里有个编剧大楼、一个编剧附楼,还有一个编剧附楼的附楼。很多剧本从来没有被拍出来过,你知道。完成了,但是从没有拍过。我们那时候一年拍五十部电影,但我们写一百五十个剧本。

我们现在移到了卧室靠外的空间,来做一些站立练习。我们站到了一个阳光明媚的窗台旁边,上面放着四个大花瓶,里面小心地塞满了各种面额的硬币。怀尔德不断摇着头,有时看着医生回答我的问题,有时看着我回答医生的问题,他就这样继续我们的谈话。

CC:一个关于《福尔摩斯秘史》的小问题。你和你的男主角罗伯特·斯蒂芬斯（Robert Stephens）的关系如何?

---

[1] 克劳德·比尼恩（1905—1978）,美国电影编剧、导演,编剧作品有《男人收藏家》《亚利桑那》《欢乐饭店》等。

BW：斯蒂芬斯，他是个非常好非常好的人。他从剧场界来，而且还娶了玛吉·史密斯（Maggie Smith）[1]，我不知道他到底是不是同性恋。后来他在拍摄这部电影期间试图自杀，然后我们就得等他休养好。他是大约五年前去世的。他是个很好的演员。他的外表看上去很像，我觉得，很像福尔摩斯。但他是个非常非常友善、善良的人，他对导演的感觉就像鱼对水的感觉。他非常非常好，除了我们拍到一半，天天担心剧本到底能不能完成的那几周。我们担心这部电影要永远拍下去了。

JM：两臂向前伸。

怀尔德暂停下来，审视一下周围活跃的环境。医生熟练地操纵着他，奥德丽在一边锻炼，我手上拿着麦克风，他清晰地回忆着混乱的片场时光。怀尔德带着明显是装出来的喜悦表情鼓励着我们的行动，但是他叫我们只能待在房间特定的位置上。忽然间房间里好像响起了欢快的乐曲，我们感觉都像是怀尔德电影里的人物。而他知道这一点，他站在那里看着他刚刚指导成功的一场戏。他的表情完全融化进了一种少有的创造性的满足之中。那只是一个很小的微笑，或者是一个深深困惑的简单表达，但这是怀尔德可以给予任何传记作者的最具深意的一瞥。这就是他，这就是他的幸福。

BW：（他在任何时候都是导演。）这是一个好场景，还有那些对话，还有你疑惑到底我是在和你说话还是在和医生说话……

---

[1] 玛吉·史密斯（1934— ），英国女演员，出演过《看得见风景的房间》《高斯福德庄园》《哈利·波特》《唐顿庄园》等片。

这里可以发生很多有趣的事情。问我下一个问题!

JM:两臂向两边平举,就像你在飞。现在……抬起你的脚趾。

CC:**斯蒂芬斯写了本书,他在上面说《福尔摩斯秘史》的拍摄经历使他很焦躁。**

BW:是的,因为他得每天上午开始工作,对吧?而不是每天下午开工,然后一口气演完整出戏。我没读过他的书,他因为我感到很不愉快吗?

CC:**我感觉这段经历是他生活中一段艰难的时光。从你这边看,你觉得你们的关系怎么样?**

BW:斯蒂芬斯?我喜欢和他合作。我非常喜欢那段经历。因为他是个真正有学识的、专业的演员。他曾经不断地说台词说台词说台词……我都停机了,他还能不断说下去,再说出四页来。

JM:坐下休息一下。

怀尔德在卧室门边一个椅子上坐下,他像个激动的战士。几分钟后,话题转到了怀尔德选择的周末橄榄球队。然后,继续治疗,杰夫·马克思和怀尔德在公寓里走来走去,走过走廊再走回来。奥德丽站在卧室的门外,她在那里向我展示了一个比利写的框起来的便签。它写得很简单,是在一张小纸片上:"献给我的爱。"

上面没有签名。

"这是比利史上唯一一次写东西给我。"她由衷地笑着,"这是我最近一次生日时他送的——但是你看,他没有签他的名字。"她继续笑着说道,"每次他打电报之类的,从来没有正经写过,而且他的签名都是'列支敦士登的王子'或者'明希豪森[1]的男爵'之类的。从没写过他的名字,也从没亲笔签过名。"

"你没有叫他在上面签名吗?"

"没有!我能有这个已经很幸运了!"她又笑了,她像极了怀尔德自己笔下的人物:一个聪明地允许丈夫还能自我感觉神秘和自由的女孩,"从没签过他的名字!"

BW:(往回走)好了,我和我的治疗师完事了。还有什么问题?(我们退回到后屋,怀尔德现在像个打破纪录的拳击手一样轻轻深呼吸着。)

给我看看那些照片。(奥德丽进来告诉他,一个和朋友的午餐约会还等着他。我今天只有几个问题能问了。)

你说过只要二十分钟的。

CC:我知道,我……

BW:你的二十分钟永远都是一小时!

CC:这里是一张葛洛丽亚·斯旺森扮成诺尔玛·德斯蒙德的伟大照片,它启发了我一个问题,你写的这些人物,特别是和布拉克特合写的这些人物,都远远大于生活现实……诺尔玛·德

---

[1] 德国城市名。

斯蒙德比大部分现实中的电影明星都有名。

BW：是的。

CC：创造诺尔玛·德斯蒙德，以及拍这部电影是什么感觉？她对你来讲是一个真实的、呼吸着的人吗？

BW：是的，她是，是的，她是，是的，绝对的。那个人物忽然就站在了你面前，而不仅仅是在纸面上。她是个真正的人物，一个真实生活过的，生活在日落大道上的人物。不是舞台上的那种，舞台上那个过大了，而且她和猴子有奸情。我总是告诉斯旺森："记住，你的情人埋在院子里。"

CC：她听了有没有笑呢？

BW：开始她会笑。但后来她……（他做了一个受到震惊的恐惧表情。）

CC：这是个怪问题，但你创造的这些人物里，有哪些人物是你真的喜欢和他们待在一起的？是你会在电影结束时想念的？

BW：你是说迷上了人物？有人愿意和戴米尔一起坐下来聊天，有人愿意和施特罗海姆一起坐下来，有人愿意和比尔·霍尔登一起坐下来，肯定的。甚至是《日落大道》里脸色苍白的小剧本审读员都会有人喜欢，[南希·]奥尔森（Nancy Olson）演的她，我想。这些人物，我了解每一个人物，我知道每个人物都奏效了，除了一件事，就是施特罗海姆不会开车，所以我们就得拉着他走，我们得在摄影机视线之外的什么东西上栓根铁链，我们得拉着他，一旦他进了大门，我们还得给他固定上。

CC：但是在所有的电影里面，有没有其他一些人物，是你看到他们在电影结束后离开你的生活时会使你感到有些怨恨的呢？

BW：当然有，有一些人物，不一定得是被赋予众望的人物。我喜欢那个律师，《飞来福》里沃尔特·马修演的那个，我喜欢C.C.巴克斯特（《桃色公寓》里的莱蒙），我喜欢几乎每一个角色。我喜欢《战地军魂》里的霍尔登，我喜欢［奥托·］普雷明格在《战地军魂》里演的那场戏，他的表现很成功。《战地军魂》里每个人物都很好，因为他们和戏是共生的。这个戏不是我写的，但我找到了它的感觉，我的爱永远和霍尔登先生在一起。

CC：嗯，这把我带到了另一张照片上。我喜欢这张你和奥黛丽·赫本共舞的照片，我相信你是在向她演示这场戏最终是什么样子。

BW：是的。

CC：她跳舞好吗？

BW：很棒。她几乎就是个专业舞者了，几乎就是个芭蕾舞领舞。她做什么都很好，所有的事到她手上都很简单，你知道。那是她第二部或者第三部美国电影。

CC：你看到这张［你和萨布里纳共舞的］照片时心里是什么感觉？

怀尔德端详着这张照片。他小心地拿着，沉浸在影像之中，研究着它，更像是在构思而不是在怀念。

BW：嗯，我忘了我是不是在向她演示怎么做了，因为她自己做得非常好。她在引导我，我没有引导她。我想我这是在舞会上，和她在酒店的舞会上……我已经完全忘了，那时候我脑子里想的都是："噢，上帝，摄影机！摄影机该在哪里？"

CC：所以这就像是我们之前在访谈中说过的。你写了这些电影，你真实地进入了所有这些不同的生活，来经历你在现实生活中不可能经历的事情。你在这里，和你自己的角色共舞，她由奥黛丽·赫本扮演，（怀尔德还在审视那张照片）**直到，当然，鲍嘉走进来，开始真正表演这场戏。**

BW：他演了这场戏……然后我说："噢，还不如我自己演得好。"

我向他展示了一张维也纳早期的学校教室的照片。

CC：这张呢？

BW：这是我，这里。（他把自己指了出来，那个中间靠左的

10岁男孩，男孩斜嘴微笑着，和他现在脸上正带着的微笑一模一样，这是显而易见的，他还以为我需要他帮忙指认呢。）

CC：这个有没有唤起你一些特别的记忆？

BW：没有，除了一点：他们中的每一个人——照片上是这个班上的大部分人——他们所有人，除了我，都已经死了。
我们现在要走了吗？

他提示我。而像平常一样，当我在收拾我的磁带录音机时，他把精华留给了我。

CC：好的，最后一件事，在美国电影学院的访谈里，你做的一个陈述很特别："我不是搞摄影的，我是拍电影的。"

BW："我不搞摄影，我拍的是电影。"是的，没错。我拍电影，为了娱乐。这是一本精装书和一篇每周在《星期六晚邮报》上连载的东西的区别。换句话说，你拍它只是为了那一个时刻，那它不会被精装书皮包起来。只有很少的一些电影［值得那么对待］，各个地方的，其他人拍的，爱森斯坦，或者里恩先生——大卫·里恩。我就是不喜欢用一种激昂的语调去想我们不是在拍电影（pictures），我们是在拍（用一种宏伟的音调）电影（CINEMA）！

CC：但你的电影反而传下来了，看上去他们也没法再造它们。比如，科斯塔-加夫拉斯（Costa-Gavras）的新电影，《危机最前线》。几乎每篇评论都说："你不可能再造伟大的怀尔德的《倒

扣的王牌》。"

BW：什么上面写的？哪张报纸？

CC：《纽约时报》《洛杉矶时报》……

BW：它真的那么像吗？

CC：**足够像了。而且很多评论者注意到了，说："你看，不错的尝试，但它不是《倒扣的王牌》。"我想是《洛杉矶时报》说的："它不具备怀尔德的尖刻才智。"那些电影都很持久。**（怀尔德现在相信那些人对他的关注是真的了，他把头扭回去了一点，他在眼镜后面冲我眨着眼，古怪地咧嘴笑着。）

BW：噢，天杀的，这太棒了！

我一头奔向圣地亚哥去赴我下一个迟到的约。

橄榄球赛季对比利·怀尔德来说是段愉快的时光。周一晚的橄榄球比赛是他家的固定节目。我被邀请和导演一起观看今晚的比赛，我提前到了，在比赛之前。怀尔德坐在他的书房。他面前有一小杯马丁尼，没有橄榄。他已经给旧金山队下了注，伤愈归队的杰瑞·赖斯（Jerry Rice）加入了队伍，他已经放弃了三分半。

书房里放满了一排排关于艺术、历史和电影的书。在他身边的一堆书里，有艾里克·拉克斯（Eric Lax）关于伍迪·艾伦的书，还有内尔·西蒙（Neil Simon）[1]的自传，是修订版，里面有作者衷心的题词。"他的书是一流的。"怀尔德评价道。旁边，一张格劳乔·马克斯的照片，也提着字："比利——这张照片没法给你的收藏增加任何价值。格劳乔。"

在广告时间，我向怀尔德问起著名的纽约医生马克斯·雅各布森（Max Jacobson），也就是著名的"感觉好大夫"（Dr. Feelgood）[2]。"他是我在柏林的医生。"怀尔德回忆道，"'感觉好大夫'，是的。马克斯·雅各布森，他是个好大夫，很大胆。我在拍《龙凤配》的时候病了。我给他打电话。萨姆·施皮格尔（Sam Spiegel）[3]和我在一起。他过来用最长的针管给我打了一针，施皮格尔看了后晕倒了。他还会给你可卡因,他把一根很长的针管竖在你鼻子跟前，那个东西就在针头上。肯尼迪是他的病人，他们在小组委员会开会之前会叫他过来。[4]他是个老人了，他现在得110岁了，尽管，他已经死了。"

比赛又开始了，他喜欢印象派风格的黑白的Miller Genuine Draf啤酒的广告，他对许多其他热烈的广告都嗤之以鼻。"剪得太碎了，太多设计了……刻意的东西少一点会更有力量。"

奥德丽会时不时轻快地走进屋来，抽着Eve牌香烟，检查一下喝的。她调的马丁尼经典正宗，我们每人喝了两杯。

比利在一半的时候起身去吃晚饭，这也是周一晚上的惯例之

---

[1] 内尔·西蒙（1927—2018），美国剧作家与电影编剧，电影代表作有《怪宴》《再见女郎》等。
[2] 马克斯·雅各布森（1900—1975），德裔美国医生，他经常向他的病人开安非他命等危险药物。
[3] 萨姆·施皮格尔（1901—1985），奥裔美国电影制片人，曾参与拍摄《非洲女王号》《码头风云》《桂河大桥》《阿拉伯的劳伦斯》等片。
[4] 有传言说肯尼迪吸毒。

一。我们移到餐厅,手里拿着奥德丽调的葛丽泰·嘉宝喝过的马丁尼,我们自己重新调整了座位坐下。作为提示,橄榄球比赛继续在一个角落的小电视里播放。晚餐期间,怀尔德兴致勃勃地谈论了艺术。关于爱德华·霍普(Edward Hopper)[1]:"非常原创,非常美国。我朋友理查德·科恩有他的最好的作品,《清晨醒来的男人》(Man Awakening at Early Morning)……一个男人,身后是一个裸体女人。他已经在沙发上和她睡过了,他为什么要和她睡?为什么是在那里,为什么是在沙发上而不是在床上?他的婚姻会告吹吗?他可能是最伟大的美国画家。我从没见过他。他是个诚实的人,只画他自己的感受。"

奥德丽起身去了厨房。吃完晚饭后,比利在比赛第三节时站起身来,他走回电视机室的时候很沉稳。他停下了一会儿;他的平衡危险地变化着。然后,他一寸一寸地蹭过去。我在分开我们的桌子的另一边看着这个慢动作。随着一声闷响,他摔倒在地,他努力蜷缩起肩膀,像个运动员一样落地。他的眼镜滑向了房间的另一边。他躺在地上,安静而满脸惊讶。

"奥德!"他尖声叫起来。

我在女佣惊恐万分地飞奔出厨房时已经到了他身旁,然后是奥德丽跑出了厨房。奥德丽帮他抬脚。"我没事!"怀尔德说道。女佣在一旁看上去吓得发抖。奥德丽和我把他扶正。"我没事!"我赞美着他的跌倒,他做得比杰瑞·赖斯还要精妙,后者这时已经再次受伤下场了。怀尔德在听着赞美的过程中戴上了没有摔碎的眼镜。"是的,"他说,"我做了一个柔软、翻滚的落地动作。"

我们之后再没有提过这个饭后的小意外。

---

[1] 爱德华·霍普(1882—1967),美国画家,以描绘寂寥的美国当代生活景象闻名。

我自己的曾祖父直到九十几岁时还是个在职律师,我是听着这件事长大的。我经常想,我的妹妹和我的想法一样,在我们家里有一个人类恐龙。如果他在这个大跃进的时代还在地球上缓慢前行着会是什么样子?在认识了怀尔德之后,在作为一个成人和一个九十多岁的人做了朋友之后,我觉得自己亲眼见到了,就像普林格尔上尉在《柏林艳史》里说的那样,这是段很短的距离,宝贝儿,而我们都是在同一辆摇晃的手推车上前行着。我和怀尔德一起坐着看节目,讨论着我们赌赢的球队。这场比赛最后旧金山队取得了大胜。这时候我们之间五十岁的差距感觉相当短。

我离开之前,怀尔德询问了我的下一个剧本,他像平常一样总是问:"第三幕怎么样了?"我告诉他我正在努力解决一点问题。"如果你在第三幕遇到问题,"他建议道,像一个编剧搭档一样,"那问题应该是在第一幕里。"

"再见,伙计。"奥德丽说。

怀尔德和她一起站在电视机房的门口挥手道再见。这使我想起了卡伦·勒纳之前对怀尔德的描述,私下里的怀尔德——勇敢而殷勤,不仅仅是强硬而已。

"要再来啊,"他微弯着腰说,"我会死在你前面的。"

和怀尔德共事使我生活中充满了拍电影的乐趣。在后面的一个月里,我写剧本和整理谈话两项工作齐头并进,每件事都使另一件受益。很少有电影人不会从长期学习怀尔德中受益,这件事一直以来都是这样。我已经一个月没有见他了。这个月末,我和卡伦·勒纳说上了话,她和怀尔德说过话。

"我的搭档哪去了?"他问她,"他怎么了?"

晚了三分钟。门开了。奥德丽在办公室里；怀尔德正把窗帘拉上去。他戴着顶帽子，裤子上套着一件棕色毛衣。办公室已经装修结束，墙上装饰着刻着亨利·马蒂斯（Henri Matisse）和米罗（Joan Miro）[1]签名的长方形版画……还有一幅框起来的娜奥米·坎贝尔（Naomi Campbell）[2]的裸体摄影，它就在办公桌的右边。桌子的左边有一本打开的大字典放在木质支架上。在打开的书页上最明显的一个词，相当巧妙，是"逻辑"。在这两个世界之间，在肉欲与理性之间，坐着那个人自己。他和奥德丽正在讨论办公室对着布莱顿街的两层窗户外的一盆花。一上午都在下雨，但怀尔德弯腰撑在窗户边向外看时很愉快。

"我们不会谈超过两个小时的。"他思量道。他和奥德丽相约在中午见面。

奥德丽建议我们这周一起出去。她穿上一件合身的意大利外套。"我们要去些好地方。"她说道，她走时注意到装修完毕的办公室里新加入的照片，"比利——你墙上的光屁股女人太多了……"

他轻声一笑，然后我们开始。我抽出我的大笔记本，怀尔德看着它。今天的任务是澄清和纠正。

"我们有事要做了。"他说道，这个见惯了有待缩减的巨型文案的人，说话中带有一种充满活力的职业特质。我们以恩斯特·刘别谦开始。我还在试图找出是莫里兹·斯蒂勒的哪部瑞典默片最早启发了怀尔德的导师开始拍摄优雅喜剧，并进而最终塑造了怀

---

[1] 胡安·米罗（1893—1983），西班牙超现实主义画家、雕塑家、陶艺家、版画家。
[2] 娜奥米·坎贝尔（1970— ），英国模特，第一位登上《时代》杂志封面的黑人模特。

尔德自己的电影风格。我说着许多早期斯蒂勒的电影的名字，怀尔德否定了它们的可能性，我保证会继续研究下去的，我们继续修正一些名字和日期。

CC：詹姆斯·利普顿 (James Lipton) **在《演员工作室揭秘》**(*Inside the Actors Studio*) **系列节目里总是问他的嘉宾这个问题："你到了天堂门口时，会对上帝说什么？"**

BW：我那时候知道他是上帝吗？

CC：是的。

BW：我是很确定地知道吗……？我会把天堂看成是酒店房间，叫经理带我四处逛逛，但我会在那里待得很舒服的。

CC：在你过了这么久的人生之后，有什么东西是你现在看得很清楚的？

BW：现在？现在有一个活多久的问题。我能活多久？我能活到2000年吗？我能活到100岁吗？我现在想做的就是这件事。我是活着的最老的导演，我想。也许还有些人更老些，藏在好莱坞郊区……但不会很多。我在这个年纪看得最清楚的是什么？我有个好老婆。

CC：在最近播出的《美国大师》关于你的特别节目里，戴蒙德说，即使是在电影已经放映了很多年之后，你还是特别想在《桃

色公寓》里给杰克·莱蒙一个畸形足的生理缺陷。你记得这事吗？

BW：模模糊糊记得，但我已经把那事忘了。那部电影非常成功，它赢得了奖杯，赢得了一切。我已经忘了那事了，我不会活在过去的电影里。我不重导，或者重写，或者重做任何事……特别是现在，在我九十多岁的年纪，你明白？

CC：为什么你觉得莱蒙需要更多？

BW：我不知道为什么，但我就是这么想的。有人指责我给那个片子搞了大团圆结局，或者说它很"肮脏"。那种故事会发生在任何一个组织里，而它的发生永远都会是悲剧性的，你懂我的意思。老板，或者老板们，在搞他们的下午娱乐。这部电影让一些人觉得肮脏是因为他们没听见一句台词，一句非常重要的台词，关于莱蒙是如何成为这个公司的高层主管的。一个上级西装革履地过来说他晚上要去看歌剧，问他能不能在公寓里换衣服，莱蒙说："你当然可以。"然后他就被粘住了。忽然之间就冒出三个人要占他便宜，而他就得机动行事……我考虑如何才能让他处在两难里面。我想这就是问题所在——我记得不是很清楚了，这一招很好。其他的问题都不是问题，人们会自然而然地想下去。

所以现在你有了一切……这很好。

"再见，我的朋友。"我离开时他说得很简单。我在他那边听了够多的电话交谈，知道这句再见是很少见的事。

贝弗利大道弥诺萨餐厅的晚餐。怀尔德夫妇坐在桌子对面那头,中间是他们的朋友理查德与芭芭拉·科恩、杰瑞[1](Jerry)和安·莫斯(Ann Moss),这些是怀尔德定期的晚餐与观影伙伴。这个餐厅供应啤酒和葡萄酒。我坐在奥德丽对面,她在她的黑色香奈儿化妆包里偷偷带了一瓶航空瓶大小的伏特加。她偷偷为她的一些客人准备了伏特加加水的饮料。而在对面的另一边,戴着尖帽子、留着银色胡子的,就是怀尔德。这是一群吵闹的食客,怀尔德听不见桌子另一头我们说的话,而我们都很享受在他光芒边缘的夜晚。

奥德丽愉快地自己坐在外围,骄傲地和客人们"分享"着她的丈夫。就像我已经知道的,所有这些人爱奥德丽和爱怀尔德一样多。她负责叫服务员,维持宴会的进行,当需要比利决定主菜时她就对他大声说话,奥德丽很享受这个夜晚。

奥德丽在他的听力范围之外,但还是隔桌注视着他,她讲起了第一次与怀尔德见面的事情。她在她离开去做巡回演出之前就已经看上他,并和他约会了三四次。她不是很了解他,但她在路上打电话的对象就是怀尔德。她往他家打电话,而他那时还在离婚的初级阶段,还和妻子共用一座房子,而且这件事情里还有一个女朋友[多莉斯·道林(Doris Dowling)[2]]。怀尔德接受了她的借钱请求。身边的女性朋友悄悄给她建议不要表现得很容易得手,她没有听。她要怀尔德给她寄钱买回洛杉矶的机票,她想见他。他寄了钱,他们开始定期约会。奥德丽回忆说是她向他求婚的,但怀尔德从前的说法是不一样的,他把这件事的功劳放到了自己

---

1 杰瑞·莫斯(1935—),美国A&M唱片公司联合创办人。
2 多莉斯·道林(1923—2004),美国舞台剧、电影、电视演员,曾出演过《失去的周末》《璇宫艳舞》《粒粒皆辛苦》等片。

头上。"他的第一个妻子不喜欢这一行,"她就事论事地说道,"她想让他搬到莫德斯托[1]去。我见过她一面。你们要知道……"她看着桌子对面的丈夫,注视着他的天才智慧……"你永远都要有第二次。事情就是这样。"她骄傲地说道,"一旦你知道了这一点,"她吐露道,"你就永远会成为第一个。"

在他们关系的早期,怀尔德曾说:"不再要孩子了——别和我耍花招。"奥德丽同意了,尽管她"当然"想要一个孩子。"我不会对你耍花招的,"她说,她耸耸肩抚平她的衬衫,"但我们因为这个而更亲近了。"她看了看桌前的怀尔德,后者弯着腰,今晚他在白胡子之下显得有点虚张声势,她有点渴望地说道:"如果我们有了孩子,可能就不会像现在这么亲近了。至少他们是这么说的。"

我问奥德丽是不是真的提供了《桃色公寓》里职业女孩芙兰·库布利克那套昂贵的服装。那件长毛皮衣告诉了你关于这个著名人物的一切,她的希望和梦想——这是最伟大的服装设计之一,令人难以忘怀,即使它的颜色将永远是黑白色的模糊光影。"是的,那是我的,"奥德丽说,"它是石灰绿的。"

她又告诉了我一个1960年奥斯卡之夜的故事。怀尔德因为《热情如火》得到了提名,他和奥德丽没有去奥斯卡颁奖现场,而是在一个电视观赏聚会上看的。"只要他预计会失败,他就不会去的。"她回忆道,"他知道它不会赢的,那一年属于《宾虚》(*Ben-Hur*, 1959)。比利喝了十三还是十四杯马丁尼,这是我见过的他喝得最多的一次。他十分羞愧,把自己锁到卫生间里不出来。'你干吗不出来?'我说。"她在这里模仿起比利,她的声音里有

---

[1] 位于美国加州。

一种安静的、自己感受得到的痛苦,在卫生间门的另一边:"'我喝醉了。'他说,他不愿出来。'我不能。'他说道。

"托尼·柯蒂斯和柯克·道格拉斯开始敲门。最后他开了门,他们把他抬出来,抬上车。他抱怨着,非常羞愧。他得让门房抬回我们的地方,门房把他放到床上。'我从没有骗过你。'他说。这完全不像他,但那时候他就是这么对我说的。"

第二年,怀尔德对他的奥斯卡的胜算有了更大的把握。他到了现场,并得到了三座桂冠:《桃色公寓》的最佳导演、最佳剧本和最佳影片。

奥德丽看着她的丈夫。"我不会再去跟其他人了,只和他在一起。他很特别,现在还是,他还是那同一个人。"

在桌子的另一端,怀尔德吃完了他的晚饭。服务员用恭敬的口吻问他蘑菇汤如何。怀尔德给了他一个表示完美的赞赏表情。

我们站在人行道边等车时,我向怀尔德俯过身去,在他耳朵边低语说我想我找到莫里兹·斯蒂勒拍的那部最早影响了刘别谦的难记的电影的名字了,叫《走向幸福》(*Erotikon*, 1920)。

比利·怀尔德立刻兴奋起来。就好像是我找到了他最喜欢的乐队那不出名的第一首单曲一样。"《走向幸福》,是的!就是它!它就叫这个名字!刘别谦就是那个时候成为刘别谦的。它是默片,你知道。"他在车门边停下来,"不适合今天的观众!"他又耸了下肩,加了句:"但谁知道呢,也许有一天它会回来的!我会很快再见到你的……"

两周之后,我给怀尔德的办公室打电话安排我们最后一次大型澄清工作。那是周五上午,11点20分左右。我希望能周末去他家找他,在那里我可以给他展示一些他的影片片段汇编的带子,希望以此再勾出一些他的回忆。像往常一样,他在响了一声半之后接起了电话。

"你好。"他用轻快的声音说道。

"你好,比利,我是卡梅伦·克罗。"

"你好,你怎么样?"

"挺好,你呢?"

"我不是很好。"他用清晰但是失望的声音说道。

我试着安慰他;这些天来我对这本书的热情溢了出来。

"这太好了。"他说。

我向他预约。他说他要取消这个周末的活动,过几天再说。"我非常虚弱。"他说,然后他加上了一句简单的事实陈述,他的声音中伴着惊奇和疑惑,"这是我的终点。"他说。

我感谢他抽出时间接待我,并给我与他对话的机会。"我对这件事和你一样上心,"他说,"再见。"

这个哀伤、病弱的声调在我耳边萦绕了好几天。

晚上6点28分,电话响了。我妻子和我正在打扫房间;我们手上都忙着。电话答录机接起了电话,用古怪的、不和谐的声音把主人外出的信息给对方播放了一遍。哔。

他的声音充满了力量,是完全事务性的:

"卡梅伦!我是比利·怀尔德。我们明天上午有个约会,把它改成11点吧,别9点10点了,我得去看医生。所以我先去看医生,然后我就见你。11点的时候,或者11点15分。谢谢。"

我打回去解释了一件唯一能够影响我们的会面的事情,我得带妻子去看医生。

"我也要去看医生!"他停了一下,"好!我们可以都去看同一个医生,然后我们就能都在一起了!"

他回来了。

我们约定第二天中午见面。

我们与医生的会面提前结束了,虽然感觉会大大提前,但我还是在上午11点飞速赶到了怀尔德的办公室。办公室没人应门,我从信孔看进去,办公室黑着。我下楼等他,没错,他和奥德丽正沿路走向我。他们都穿着白色外套,打着同一把伞。他们一起散步,在这个阴雨绵绵的上午看上去非常时髦、非常雅致、非常欧洲。

"嗨,我提前到了!"

没有庆祝。我们站在楼下商店里要了咖啡。柜台后面的拉美人对他笑容甜美,这个高雅的怪脾气的人是这里受欢迎的顾客。咖啡来了,我们把它放在一张小白桌子上。我为他扶着椅子,让他成功坐了下来。轻而笨拙。

"你看过《泰坦尼克号》吗?"他问道,他斜身靠得更近了,"你看过那种狗屎吗?"怀尔德向下看,眼睛顽皮地从眼镜下面盯出来,摇着头。这是他十分喜欢的一项客厅游戏——痛骂史上最成功的电影之一。"我还是不能相信,花着那些钱,一个制片厂跑去找另一个制片厂,说:'帮我们拍完这部电影'。"他眼睛闪着光;一部电影几乎掏光了两个制片厂的口袋,他在这件事里发现了巨大的讽刺与幽默。我强调说我喜欢男女主角的化学反应;他们的剧本强过我写的。"什么剧本?"他板着脸,呷着咖啡,"我跟你讲，如果它得了奥斯卡奖，我就要尖叫了。"

奥德丽笑起来，换了话题。怀尔德很快喝完了咖啡，拿起他的拐杖。到工作时间了。"我们稍后再见。"他对奥德丽说，"再见。"

"一会儿见，亲爱的。"

他穿上外套，抬头上楼，成功通过每一级台阶，他从不考虑电梯。我们安静地走着。

他问我这本书现在有结尾了吗？还没有。

他小心地打开办公室的门。拖着脚步走到他桌子后面的座位边，因为下雨所以没有拉开窗帘。他的鼻子夹在眼镜的两个巨大镜框中间。他戴着方格图案的帽子，一件黄底蓝格子的衬衫，一件浅褐色的毛马甲。

"我们有事要做。"他说，放下拐杖，小心翼翼地放松坐在了椅子上，我打开我的麦克风，他在我面前放了一盒克里内克丝面巾纸。

我给他放了梦露在《七年之痒》里著名的裙子被吹起来的镜头。

CC：你电影里一些镜头的安排很有趣。你有时会表现一些动作，展示场景，比如在《桃色公寓》里表现莱蒙如何从壁橱里拿出剃须刀片放到口袋里。其他时候，你好像只是在见证演员的表演。

BW：是的，我没有一个坚持不懈的指导态度。有时我会投入到场景里面去，而有些东西就缺失了。或者有些东西不会出现，或者有些东西表现不清楚，因为我主要是个编剧。而事实上，戴蒙德大部分时候都在现场。我会说："这样不好，我们得加句台词让某人出屋子！"所以我在整个过程中基本上是个编剧兼导演，和戴蒙德一起，当然，因为我得听他的意见。一直以来，我只要想到一个好主意就会执行，我只在现场办公室才会说不，总是"不，不，我不这么认为"，总是不。他们总是想让我们执行些差劲的想法……我们是不会做的，这比较……这样很有趣，我必须得说。

CC：我喜欢这种有时很严格，又有时和演员开玩笑的工作方法。

BW：是的，有时要感觉严肃，有时玩笑着工作最好。比如我记得霍尔登在《日落大道》里从车库上面的窗户往外看，他刚搬到里面去住，楼下花园里他们在埋葬那只猴子。我告诉斯旺森："这是你上一个情人。"（他满意地笑着，这不是他第一次想起这件事了，它是他最喜欢的笑话之一。）猴子的胳膊落下来，你还记得吗？

CC：记得。

BW："这是你上一个情人！"

CC：让我给你看张照片，这是你在导演《桃色公寓》，它提醒了我节奏的重要性，你看上去是在说："现在，你，追上她。"在演示身体的节奏……

BW：是的。这是在排练，他没有穿戏服。因为他正在患重感冒，他有件双排扣雨衣,我就在那栋楼的现场排练,那是在华尔街上。他在那里吸鼻子,这很好,这会使你像那个人物。

CC:看上去好像你在给这场戏掐时。那我的问题是,是演员还是导演负责掐时?

BW:我亲自做会容易一些,你知道。如果是在和莱蒙先生而不是其他什么先生一起工作的话,这件事就会容易得多。那个镜头拍了两条就过了,非常好。他们知道什么时候结束,他们知道哪里有笑声——而且没错,这是件幸运的事,我和职业人员一起工作。

CC:但选演员也很有趣——选演员太重要了。我们说,比如,柯克·道格拉斯吧,如果你在《倒扣的王牌》里用了莱蒙,那将是部完全不同的电影;他会变成个深陷其中的可怜的笨蛋。

BW:当然。

CC:而如果你用柯克·道格拉斯演《桃色公寓》,那片子也就不会有趣了。

BW:不好笑是因为那不是他的角色。他会一直不舒服;他会往里面塞进些他自己的笑声。这样不好,你知道。你不能违背[角色自身的]意志去选演员。我还知道雪莉·麦克雷恩会很好的——只要别管着她,她就会非常好。

CC：**你的电影里有一种坚强的意志，很多人都会因为这种玩世不恭而疑惑。我们之前已经谈过这事了，但我好奇你是怎么抵挡住过度煽情的诱惑的？**

BW：抵抗什么诱惑？

CC：**过度煽情，在你的整个职业生涯里。**

怀尔德做了一个少有的微笑，好像我刚讲了一个下流笑话。我是用错词了吗？

BW：我们从来就没有走过伤感路线，因为在早些时候——你知道，无声的时候——我在当编剧，我们只要写能拍得出来的东西就可以了，你知道。但是后来你变得有点挑剔了。然后，当我开始当导演时，我就会说："我要拍部电影，会非常流行的那种，他们现在不会再把我送回打字机面前了。"最早的那些电影，我们是两个编剧，布拉克特和我，而我变成了导演。我把我电影的档次提高到"这会是部有趣的电影，但不是以低俗的方式搞笑"。那就是我拍的第一部电影《大人与小孩》。后来我有点强迫自己，你知道，不要拍深刻的电影，而是要非常接近表面，你知道，我是从那里起步的。我十分努力，你知道，去保持电影的原创性，让它们新颖，让它们能让观众笑，有一些观众不会笑，但他们会被它俘获。

我拍《日落大道》时是让自己做得更难一点。它是关于一个离我最近的东西的，你知道，拍一部关于好莱坞的电影，关于一个老明星爱上一个年轻的编剧、试图自杀。很冷酷，然后，我们要怎么结束？于是我就让他中枪了。这是个艰难的决定。

CC：为什么？

BW：他可以抛弃一切，回到克利夫兰[1]或者别的他曾当过记者的什么地方，那不是解决办法，因为这就回到了我们已经谈了很久的那句台词。他总是想要一个游泳池，他得到了个游泳池，他死在了游泳池里。那个是我们紧紧抓住的东西，而他们也接受了。于是她就疯了，警察围在那里，他们很友好，她以为那是戴米尔，其实那是施特罗海姆。她疯了。

CC：身边有没有人说："让吉利斯活着！让他回克利夫兰去！"制片厂有没有问你为什么必须用枪打他？

BW：没有，他们都支持这个想法。

CC：你选择了制片人阿瑟·霍恩布洛，他从一开始就支持你当导演，是吗？

BW：他从第一部电影开始就是制片人，第二部也是。他人非常好，非常非常好。他很好学——电影范围内的"好学"，不是什么深奥的哲学，但他品味很好，我从没想和他反着干，我会有点跟着他的想法走。我给了他该有的名声，他和乔·希斯特姆（Joe Sistrom）——一个低层执行人，是他们把《双重赔偿》的故

---

[1] 位于美国俄亥俄州。

事带到我眼前的。他在电影里做制片人的工作，但没有得到署名。

CC：**有种说法，米切尔·莱森在好莱坞编剧兼导演崛起的过程中充当了重要的角色。普雷斯顿·斯特奇斯在一次访谈中说因为莱森导演的《一夜难忘》(*Remember the Night*，1940)使他意识到他必须导演他自己的剧本，这为你后来铺了路。**

BW：是的，然后我又为曼凯维奇铺了路。跟着走这条路的人还是有一些的。

CC：**所以莱森，以他自己的方式，把一些非常重要的导演带进了这一行。**

BW：他死在专为电影人服务的医院里，他完全不喜欢我，因为［《良宵苦短》里］那个蟑螂的事情。他是个演员的导演，不管演员说什么，他都赞同说是个好主意。

CC：**这里有一张《大人与小孩》很棒的片场照——这是第一天，我猜——斯特奇斯就在那里。**

BW：是的，他是我的朋友。他死在巴黎，他在那里拍了部电影。

CC：**所以你没有和斯特奇斯竞争。**

BW：其实，我们是在竞争，是的。他的工作在我之上。他的东西很流行，但同时水平也很高。

怀尔德审视着一张他和他哥哥的照片。

CC：这是谁，你还记得吗？

BW：那是我哥哥。

CC：我们可以说些关于你哥哥的什么事呢？

BW：没有，他是个笨蛋。（怀尔德慢慢调整座椅，在他谈论哥哥时转到向着字典的方向。某种程度上，他在努力同时做出留恋和不动感情的样子来。）

他在我到这里之前就已经在美国住了很多年了。我来这里，其实一定程度上是希特勒把我推来的。他是做皮毛生意的——他生产手提包。然后一天，他说："嗯，如果我弟弟能做到，那我也能做到。"他卖了他的生意，在这里买了栋房子，开始拍电影，一部比一部烂，然后他死了。

CC：他当时来美国时，是住在什么亲戚家？你有个叔叔？

BW：是的，我们有个亲戚在英格兰，在［一］战后，他被带到那里，在那里学了英语，后来就去了美国，那里我还有另一个叔叔——名字叫瑞奇（Reich），他是个珠宝商。后来我来了，我哥哥来船上接我，阿奎塔尼亚号，我在他家和他们夫妻住了三四天。然后我又花了三四天坐火车来这里——自然是坐火车……那时候是1934年。但后来他拿定了主意，你知道，我的事业干得不错,《失去的周末》得了奥斯卡奖。他说:"我太笨了,我还在这里干什么?要这个工厂他妈有什么用?"他卖了一切来了这里,在这里扎下去了。

CC:美国给你的第一个深刻印象是什么?

BW:我第一眼看到美国是在阿奎塔尼亚号上。我们晚了一天半,我们上了甲板。那是个下雪的冬夜,我和我哥哥待在他长岛的小房子里。早晨醒来时,我从窗户看出去,外面还在下雪,那里有辆黑色加长型凯迪拉克,里面出来一个年轻人拿着一堆报纸,他在门口台阶上放了一卷。天气很糟,送报男孩的家人用那辆大轿车送他,我想:"这是个什么国家?"用凯迪拉克送报纸!太了不起了!我喜欢。

电话响了,怀尔德和对方用法语交谈。

CC:我曾问过你几次你对现代喜剧片的看法。哪部是你觉得最好的?

BW:是,首先,曼凯维奇——《彗星美人》,非常非常聪明。它很新颖,你知道。那些背景,设计和制作得极好。斯特奇斯——你知道,他开始时拍的那些电影,真的很了不起。后来他就真的有点被淘汰了。我不知道,有一些电影,是我永远不会拍的电影,比如,《雨中曲》,那是一流的电影,但如果你既没有凯利先生,又没有阿斯泰尔先生的话,你就没法拍那样的电影。现在他们两个都死了,你就没法拍音乐片了。不,现在有一些很好的电影——

一些非常非常好的电影,非常简单,非常直接……它们也不需要花两千万去拍。我喜欢的电影是《阿甘正传》,《尽善尽美》(As Good as It Gets,1997)也是部非常好的电影,没有一处败笔。

CC:你好几次都提到了《阿甘正传》。

BW:我喜欢那部电影。

CC:告诉我为什么。

BW:(他表情兴奋起来)它充满了原创性,同时也充满娱乐性。我就觉得我们身边有一些很正常的人,他们只是稍稍处在了另一边。阿甘不是个弱智,他诚、善良、真实……还有一点慢。如果有多一点阿甘,世界就会变得更好。它十分……具有原创性,这个人物。他不傻,他不是弱智,他是天真。他是个30、35岁的天真的人,对世界正直的人。他眼中看到的这个世界,很美好,我想。这是一部关于美国的电影,也只能在美国拍出来,我喜欢它。我还喜欢《光猪六壮士》(The Full Monty,1997),(微笑)关于普通人、真实的人的生活与梦想的电影,他们不会在乎我们这种有钱人的。我喜欢它。

CC:我曾读过所有关于你的书和很多文章。给你写传记的人总想分析你对于伪装的使用……

BW:是的。

CC：他们都想搞清楚那是从何而来的。如果你是个写你自己生活的历史学家，你会怎么应对这个问题？

BW：我不知道。但是在我的时代的上流导演里，我是总是想改变自己位置的一个，我总是改变事物的一般方向。我拍喜剧，我拍正剧。我不发展自己的风格——也许，我只坚持一件事：我会很严肃地考虑是把它做成喜剧还是把它做成正剧。大多数时候我是成功的。

CC：但是你特别喜欢让你的角色伪装成他们不是的人……

BW：不，那是为特定的场景而做的必要设计，但不是我必须要写的东西。我必须要做到的是不能让你感到无聊，那是老一套规矩的第一条。但如果一个伪装，或者任何那种东西，有助于发展这部电影，那么我就会这么做。除了杰出，我从不屈从做任何事。

CC：但是那些浪漫的玩笑，还有那些优秀的浪漫伪装十分罕见，你是从哪里得到那种品味的？

BW：（板着脸）那是你天生的。

我们又谈了半小时，讨论照片的标题，直到怀尔德宣布我的时间到了，他还等着去赴午餐约会。我已经占用了比他希望被占用的更多的时间，但他在我关上录音机时还是亲切而愉快的。他穿上大衣，我们简单谈了谈我现在的剧本。他提供了一个简单、难忘的导演建议。

BW：你想拍好喜剧，就必须严肃。

CC：**你是否相信好的喜剧有很多的痛苦在里面？**

BW：当然。痛苦，而且还有，在喜剧里，你的主角很少能得到成功，他们不会预期这件事。你并不能总是射中靶心，但能在附近——就已经足够好了。

怀尔德向门走去。我们出来，他拿着钥匙站在那里锁门。我们下了楼梯。现在雨下得很大，怀尔德有一点晚了。他把他黑色的手杖交给我，很快地调整了一下大衣的领子。我把拐杖还给他。我们走进雨里。

"给我打电话，我们再继续。"他说。他快速走上街。

我给怀尔德家里打电话找他。在之前的谈话中，我提到了我终于找到了我们之前谈过很多次的那部想不起来名字的瑞典电影。怀尔德听上去非常兴奋。我们讨论了这部莫里兹·斯蒂勒的默片《走向幸福》，它启发了恩斯特·刘别谦，后者又转而启发了怀尔德。怀尔德经常说他不喜欢"在旧胶片里摸索"，而这次他让我惊讶了一下：他想看那部他在上学时错过在电影院看的电影。我把带子留给了他的门房。

几天后，我打电话。奥德丽接的电话，过了一会儿，一个生机勃勃的怀尔德接到了电话分机上。

"我看了那个电影了。"他说道,听上去像个年轻的科学家,"刘别谦一定是在里面看出了什么——他是这么跟我说的,他亲口告诉我他在这部电影里学到了一切。在看了这部电影之后,他拍了二十部电影,都非常刘别谦。"怀尔德开始严肃地进行细节分析,"我看了,寻找线索。我没看到一点那种小笑话,或者插入镜头……只有特写镜头和双人镜头。里面什么都没有。"他好奇地停了一下,"所以,我看了这部电影,在从里面研究过'刘别谦式触动'的线索之后,我必须得说……"他用充满满足感的声音传达了结论——"……刘别谦做得更好!"他宣布我们对这个优雅现代浪漫喜剧的圣杯的漫长研究最后是徒劳无功的,这位刘别谦91岁的门徒,以他深刻的幽默和深刻的启发性,带着他夸张的表达方式传达了这个坏消息:"我想在里面找到些东西,"他说,"但它不在里面!"

身陷文稿的我在星期天下午给怀尔德家打电话。我已经得知今天会是打电话给他的好日子。现在是橄榄球赛季和棒球赛季之间的日子,他在星期天很无聊,想寻找刺激。一如既往地,他带着愉快的期待接起了电话。我给了他一些杂乱无章的问题。他夸张地攻击着这些问题,我循循善诱地一个个提问,当他在七十年的记忆里搜寻时,我催促他已经沉浸在记忆里很久了。就在我结束时,就在我告诉他我们离完成这个项目已经有多近了时,他嘲笑了我的严肃语气。

"随它去吧,"他说,友好而直接地,"就……就……随它去吧。"

我站在我的厨房里,安静地点着头,看着记着还没有问的问题的黄色写字板的纸页,上面都是关于细节的细节问题,它们散在桌子上。我已经深深陷进了对他的研究里。随着挖掘,我又创造了新的挖掘口。

"就别管它了。"他补充道。我愉快地笑着,带着一点不安,我猜测他是不是对我的写作世界已经有了透彻的观察。然后他补充了一个在我们之前的会面中就提过的问题。"你这些东西有没有个结尾?"在我想到答案之前,他又加了句,声音中带着一点疑惑,"这个项目的结束会是我的离世。"

现在我真的不知道该如何反应了。

他的话中完全没有黑色幽默的意思,也没有自怜的痕迹。然后我忽然明白了,这是一位著名的故事家在写作时发出的声音,他是一个逻辑和简洁的推崇者,他是在担心我们的结尾是否有力。怀尔德站在一个职业工作者的立场上,提出了用他自己的死来作为这个故事结尾的建议。

我们安静地停下来思索这最终一场戏。这是漫长的两秒半钟。

"我已经有了一个我喜欢的结尾。"我告诉他,他是一个优秀的作家,所以有意没去读解我的潜台词——我想让他活着看到完成的书,"我想结束在我们最后一次见面,下雨那天,最后一个问题,你走远了。就这样。"

"非常好。"他快速地说,"那太好了,那很好。"他停了一下,"但你已经忽视你下一部电影很久了。随它去吧。上帝保佑你,我希望能很快再见到你。再见。"

奥斯卡之夜。比利·怀尔德安静地坐在《名利场》(*Vanity Fair*)的电视聚会的前排桌子后面,他旁边坐着奥德丽。他看着斜前方的大荧幕电视,看着画面的流动,他在播放《桃色公寓》与《日落大道》的片段引起屋内赞美的掌声时轻轻微笑。稍晚之后,当《泰坦尼克号》被宣布为最佳影片时,他没有尖叫。他看着,很平静,出神而惊讶,嘴微张着,安静坐着。我疑惑他在想什么,他还能听到这个喧闹的屋子里的多少东西?我很快得到了答案。

一个穿着礼服的宾客挡住了怀尔德的视线。

"你挡着我了!!"怀尔德忽然怒吼起来。

所有的眼睛都望向了比利,他刚才说的每个字自然都被电视记了下来。那个宾客对面前这个直白的、戴着巨大黑框眼镜的、长得像猫头鹰的人很困惑。他接受了比利·怀尔德有效而犀利的教训,快步消失了。怀尔德原地继续看詹姆斯·卡梅隆(James Cameron)的获奖感言。转播结束后,怀尔德抓过拐杖。怀尔德夫妇快步离开已经人满为患的现场,手牵着手,经过一张张好莱坞年轻的新面孔,沐浴着外面白色的媒体灯。

一个月后的又一个星期天。书已经完成了,棒球赛季又开始了。我给怀尔德家打电话。他接的电话,背景里广播上棒球比赛的声音很大。"谁啊?"他问道。

我告诉他。

"谁?"

我又提高了声音说出我的名字。

"谁?"

我这回大声吼出了我的名字。

"等一下。"他兴奋地说道。他穿过房间走向收音机,关上了它。有一段时间,我听到的只有他穿过房间时拐杖碰击地面的声音。他拿起听筒。"对不起,让你久等了。那么,你是谁?"

我告诉他。他很高兴听到是我,他说,他也很为躲闪者队高兴。他的语调极其和蔼。在我们第一次谈话时，怀尔德曾问过他之后能不能检查他自己的话。我不确定这个要求是不是还作数，我向这一场合作中的年老搭档提出让他来通读整个文稿。怀尔德立刻就拒绝了。在我们讨论了所有那些电影、那些认真修改的情节、那些人物、那些演员、那些对大大小小的事情的解释、那些美好生活的细节，还有他对所有这一切的重要性的坚决否认之后，他留给我的正是他留给这个世界的东西：一种悲喜交加而富有真情实感的幽默——"怀尔德式触动"

"不，"他愉快地说，"我不想读它。"他停顿了一下，"这样我就能一直跟别人说：'嗯，是他把它搞砸了。'"

附录一 电影

《坏种》[*Mauvaise Graine*（*Bad Seed*）]，1934

导演：比利·怀尔德；亚历山大·埃斯威

编剧：亚历山大·埃斯威；H. G. 卢斯蒂希（H. G. Lustig）；马克思·科尔佩（Max Kolpe）

故事：比利·怀尔德

从本片聪明的片头段落就能看得很清楚，年轻的比利·怀尔德在他到好莱坞之前就已经相当敏锐了。怀尔德作为导演的这次首场演出，既十分个人，又极其有趣——它是一封写给巴黎、犯罪与汽车的情书。观看本片的部分乐趣来自寻找怀尔德后来的经典作品中的线索。怀尔德那时候25岁，已经和他的女朋友海拉逃离柏林在巴黎生活了，他们和其他曾在德国电影界工作的难民一起待在安索尼亚酒店。他和两个邻居卢斯蒂希和科尔佩搭伙，开始编写一个能量迸发的故事，它是关于一伙偷车贼和他们的玛塔·哈莉（Mata Hari）[1]——一个叫珍妮特的年轻巴黎人的故事。珍妮特的扮演者是17岁的达尼尔·达黎欧，怀尔德以后的一些女主角的原型。她是一个眼里放着光，穿着一件令人难忘的大衣的坏女孩。梦露、斯坦威克和麦克雷恩后来都在扮演这一原型的不同版本的人物，并凭此获得了她们最大的成功。《坏种》还是一场风格的盛宴——"刘别谦式触动"、聪明的剪辑，明确的摄影角度，活力迸发的追车镜头，有着"吃着花生米的男人"这类名字的人物，还有疯狂地淡入淡出，不过这一点怀尔德后来再没有用过。

尽管电影最后的反响不错，但是拍摄它对于这些认真的电影人来说不是件易事。怀尔德发现写剧本比和演员吵架及安排可怜的预算有趣多了。那是在怀尔德重执导筒的前九年，而几年后他在好莱坞的亮相磨炼的是他作为编剧的技艺。但脆弱且被忽视的《坏种》作为怀尔德唯一一部独立电影流传了下来，它被称作怀尔德的《落水狗》（*Reservoir Dogs*, 1992）[2]。尽管怀尔德自己经常把这部电影作为他（在车库里拍的）次品而拒绝谈论，他对它报以容忍态度仅仅是出于自我鼓励之情，但所有的评论都指出这部追逐枪战风格的影片领先了法国新浪潮好多年。而颠覆性的爵士乐风格的配乐也十分合适，那由弗朗茨·瓦克斯曼作曲，他后来继续为怀尔德贡献了大量他最让人难忘的配乐，包括《日落大道》和《林白征空记》。而后来在《桃色公寓》里表现得极有力量的著名的"折叠镜"桥段在这里第一次出现。

---

[1] 玛塔·哈莉（1876—1917），一战时期的德国女间谍，假扮成舞者、高级情妇进入巴黎收集情报。
[2] 昆汀·塔伦蒂诺在他因《低俗小说》获得巨大成功之前拍摄的一部高质量独立电影。

《午夜》(*Midnight*)，1939

编剧：查尔斯·布拉克特；比利·怀尔德

根据埃德温·贾斯特斯·梅耶(Edwin Justus Mayer)和弗兰茨·舒尔茨(Franz Schulz)的原创故事改编

导演：米切尔·莱森

《午夜》如今是怀尔德较好的一部早期作品。只有一个问题：怀尔德没有导演它。导演米切尔·莱森拿走了这一荣誉，他还说自己和怀尔德与布拉克特（莱森更喜欢布拉克特一点）一起写出了这个剧本，这部电影如此与众不同，它用极好的喜剧表演专业地诠释了怀尔德的剧本。克劳黛·考尔白进行的这场表演，她对伊芙·皮博迪（好名字）的人物塑造是每部好电影都需要的闪亮招牌。

考尔白绝妙的表演同时也证明了，世界级的喜剧可以比最色情的爱情场面更性感。看一看她在唱歌剧段落里的入场动作，那是在电影的开始部分，她想向明显是喝醉了的约翰·巴里摩尔隐藏自己身为平民的真实身份。当她难为情地坐在椅子上时，考尔白立刻不费吹灰之力地把自己变成了怀尔德作品中最伟大的喜剧女演员。可惜的是，她从没有和作为导演的他合作过。不管怎样，她用自己的表演感染了银幕，深化了影片，甚至把《午夜》从巴里摩尔手里偷走，后者正处在他烂醉如泥和最逗人发笑的时期。而且，是的，还有那个饰演唐·阿米契的角色的年轻的唐·阿米契，在多年之后，在林肯中心怀尔德的致敬会上，阿米契遇到了怀尔德，他大声问怀尔德自己为什么会在这里。"你在《午夜》里演过角色。"怀尔德说。"不，我没有，"阿米契说道，"我如果拍过那部电影我应该会记得的。"

《良宵苦短》(*Hold Back the Dawn*), 1941
编剧：查尔斯·布拉克特；比利·怀尔德
根据凯蒂·弗林斯（Ketti Frings）的原创故事改编
导演：米切尔·莱森

这部电影之所以值得一看，主要是因为它用胶片记录下了怀尔德要当导演的想法的起源。请仔细观看电影开始不久，在埃斯佩兰萨酒店的段落，查尔斯·博耶陷入困境，他正等着拿签证。在布拉克特和怀尔德的原始剧本里，博耶要对着一只蟑螂发表一段发自心灵的激动人心的有趣独白。那场戏里包含着充分的讽刺和深度的幽默，它使这个故事更具力量。而博耶向莱森表示反对，因为这场戏不真实。"我干吗要跟蟑螂说话？"博耶问道，"它又不能回答我！"所有的导演都有获取他们自己想要的表演的方法。莱森选择听从博耶，删掉了这段对话。当怀尔德听说了这件拍摄中的插曲后，他发誓要在剧本的第三幕抛弃博耶，那时候他们正在写这一幕。对演员的教训：不要惹毛编剧。博耶神奇地消失不见了，怀尔德把这部电影送给了宝莲·高黛，她用像"女人想要的是男人，不是水箱盖"这样的台词赢得了它。另一句怀尔德的早期经典台词，是由一个有趣的小演员表达出来的："在欧洲，我们尊重婚姻的习俗！"

《大人与小孩》(*The Major and the Minor*)，1942

编剧：查尔斯·布拉克特；比利·怀尔德

创意来自爱德华·乔德斯·卡朋特的戏剧《康妮回家》(Edward Childs Carpenter, *Connie Goes Home*) 及芬妮·基伯恩的故事《桑妮回家》(Fannie Kilbourne, *Sunny Goes Home*)

怀尔德很幸运地得到了当时最大的明星之一金格尔·罗杰斯来饰演他作为好莱坞导演的第一部电影的主角。在摄影机背后，派拉蒙的一流人才，比如服装师伊迪丝·海德和剪辑师多内·哈里森都加入进来帮助这个不是很新的新手完成了他的第一部电影。

这部电影不是次品。事实上，它有点伪装成了次品。《大人与小孩》在很多层面上都有意义，最大的意义是它成了一部关于恋童癖的隐晦喜剧。它比《洛丽塔》早十年上映，怀尔德这场导演的首演在观众中取得了一次巨大的成功，不管他们有没有意识到这部电影的颠覆性。

罗杰斯饰演一个现代纽约女孩，她厌倦了曼哈顿，决定回到艾奥瓦州。当她没有足够的钱买回家的火车票时，罗杰斯假扮成12岁买了半价车票，并把自己藏在雷·米兰德的火车隔间里，而后者以后会出演《失去的周末》，后来她陷入了爱河。她暴露真实身份的危险作为影片的线索被怀尔德紧绷到了最后。请看一场精彩的戏，就是米兰德在火车上为罗杰斯读儿童故事的那段，里面充满了潜台词。也许纳博科夫（Vladimir Nabokov）——还有斯坦利·库布里克——正在看着。

《开罗谍报战》(*Five Graves to Caieo*),1943
编剧:查尔斯·布拉克特;比利·怀尔德
根据拉约什·比罗(Lajos Biro)的戏剧改编

怀尔德在尝试一种不同的类型,他在动作冒险类型上没有浪费时间。《开罗谍报战》伪装成了一部B级片,娴熟地讲述了一位英国下士(法兰奇·汤恩)与纳粹斗争,并在过程中失去了他爱的女人的故事。伪装与欺骗都成了影片的组成部分,影片中扎实的表演快速提高了怀尔德不断增长的高超导演才能。请看那令人难忘的开场段落,里面一辆幽灵坦克在北非沙漠中前进着,引出了汤恩的出场,这个出场方式会让印第安纳·琼斯都心生嫉妒。杰出的开场,另外加上埃里希·冯·施特罗海姆饰演的隆梅尔。

《双重赔偿》(*Double Indemnity*),1944
编剧:雷蒙德·钱德勒;比利·怀尔德
根据詹姆斯·M. 凯恩的中篇小说改编

比利·怀尔德的第一部经典作品是一部黑色电影,它拍摄于"黑色电影"这一名称出现之前。五十五年之后,它越来越好。在风格上、结构上和导演上都是完美无瑕的作品。别再在这里或者别的地方找故事摘要了,看原片就行了。而且别忘了研究一下怀尔德全部作品中最伟大的瞬间之一,当弗雷德·麦克默里在进行他那恶毒的杀人勾当时,摄影机并没有表现它,而是简单地停在了变成寡妇的芭芭拉·斯坦威克的脸上。伍迪·艾伦说它是"有史以来最好的电影",他的话并没有很夸张。

《失去的周末》(*The Lost Weekend*)，1945

编剧：查尔斯·布拉克特；比利·怀尔德

根据查尔斯·R. 杰克逊 (Charles R. Jackson) 的小说改编

在芝加哥转火车时，怀尔德拿起了这本当时的畅销书，并决定选择它作为自己下一部电影。在看了很多试映观众的反常反应后（"在圣巴巴拉，三百观众[1]最后剩下了五十人"），怀尔德不确定这部电影的命运。在这部关于酗酒者的严肃戏剧中，冒失鬼雷·米兰德表现出色，这在那个时代是独一无二的。男主角的不幸遭遇让你完全笑不出来。影片在纽约附近拍摄，其中包括P. J. 克拉克酒吧，这部电影很有勇气并且很真实，表现了怀尔德把一个粗制滥造的小说故事变成一流电影的天赋。他当时并不知道这部电影的能量。怀尔德离开好莱坞加入了军队，在那里他把精力用在了剪辑战时纪录片上。当他回来时，这部电影已经被提名多项奥斯卡奖，包括最佳导演、最佳编剧和最佳影片。《失去的周末》获得了奥斯卡最佳影片，米兰德获得了最佳男主角。这部电影之所以值得被记住，还因为它成就了怀尔德与他未来的妻子的初次相遇，奥德丽·杨，她在里面扮演酒吧的衣帽间女孩，她出场时米兰德正被扔出酒吧。"我是先爱上了她的胳膊。"怀尔德回忆道，他微微扬起眉毛。但是别在里面找她了，在小屏幕上即使连她的头都看不到。

琐事提示：酒业给制片厂出价五百万美元让他们"烧了它"，怀尔德说："如果他们真的能把五百万给我，我会收下的。"但是，他最后决定还是以拍了第一部关于酗酒者的影片为荣。

---

[1] 此处和前文说的一千二百五十人不一致。

《璇宫艳舞》(*The Emperor Waltz*)，1948
编剧：查尔斯·布拉克特；比利·怀尔德

"这个片子说得越少越好。"关于这部战后拍摄的还不错的音乐片，怀尔德这么说道。这部电影直到今天还令他沮丧，它的主演是平·克罗斯比和几条狗，它是一次令人失望的商业炒作。导演锱铢必较，把它称作是帮派拉蒙的一个忙。("善行总是会受到惩罚")这部电影在今天看来很迷人，几乎可以说是非常精彩了。它如此不像怀尔德的电影，这个原因使它自己独立出来，和他的所有其他作品分开。但里面还是有一个闪光点：克罗斯比的唱段《你的爱像你眼神中的吻一样明了》。

《柏林艳史》(*A Foreign Affair*)，1948
编剧：查尔斯·布拉克特；比利·怀尔德；理查德·布林 (Richard Breen)
根据大卫·肖 (David Shaw) 的原创故事改编

这是一部未被发现的杰作。《柏林艳史》表现出了这个坚定的年轻导演所有令人满意的特征。这回怀尔德把导演大权稳稳握在手上了。本片的摄影是一场光影的盛宴。这是他的作品中人物刻画得最尖锐的一部，而剧情潜流之阴暗也让人满意至极。约翰·伦德饰演普林格尔上尉出场，他滔滔不绝地向玛琳·黛德丽说着大胆的带有多重含义的浪漫玩笑。"柏林和黛德丽是一体的。"怀尔德曾说，电影中她演唱《黑市》时的表现，为这个说法提供了电影化的例证。注意看国会议员琪恩·亚瑟坐着吉普车游览被战火蹂躏后的德国，发现美国人正和德国人打得火热的段落。本片部分的观影乐趣来自观看三个主角之间火花四溅的化学反应，而其实他们只是简单地进行入镜出镜的动作而已。在这部电影里，布拉克特和怀尔德的笔十分犀利，伦德在和黛德丽的对手戏中得到了他们写过的最好的一些台词："我想在你四周点火，你这个金发巫婆。"琪恩·亚瑟和伦德之间也有这样闪光的对话："你是怎么知道这么多女人衣服的事情的？"亚瑟在伦德调整她的裙子时问道。"我妈就穿女人的衣服。"伦德怒斥道。整部电影都闪烁着性的潜台词，仔细听听伦德离开黛德丽家的时吹的口哨。

《日落大道》(*Sunset Boulevard*)，1950

编剧：查尔斯·布拉克特；比利·怀尔德；D. M. 马什曼二世 (D. M. Marshman Jr.)

电影的起步十分天真。怀尔德想拍部关于好莱坞的电影。他请了前《生活》杂志作家 D. M. 马什曼二世帮忙提意见，后者想出了一个年轻编剧和默片女明星搭配的故事，从而开启了怀尔德和布拉克特设计的绝妙旅程。这部电影闻起来像是发霉的天鹅绒窗帘，而褪了色的电影皇后诺尔玛·德斯蒙德这个人物，则是葛洛丽亚·斯旺森用高超的演技所创造的纯粹而精巧的艺术作品。在威廉·霍尔登的帮助下——他在坟墓里讲述了这个故事——斯旺森用邪恶的优雅与幽默超越了影片本身，使自己角色的名字家喻户晓。在将近五十年之后，很少有明星像怀尔德编造出来的这个明星这么有名。

本片的演员是另一个有趣之处。埃里希·冯·施特罗海姆出演她长期受折磨的前夫及现任男仆。梅·韦斯特拒绝了怀尔德，波拉·尼格丽几乎已经确定出演这个角色了，但是最后是斯旺森命中注定要成为诺尔玛·德斯蒙德。可能是经过了乔治·库克的推荐，怀尔德才能使用真的由斯旺森出演的默片《女王凯莱》的胶片，这是部由斯旺森的情人老约瑟夫·肯尼迪（Joseph Kennedy）[1]制片的未发行的电影，肯尼迪曾把施特罗海姆从导演的位置上撤下来，他认为他已经不适合新的有声时代了。对怀尔德来说，这正是个精彩的讽刺——他的故事变成了现实。甚至怀尔德的前室友彼得·洛也来客串，还有塞西尔·B. 戴米尔。当本片第一次在好莱坞放映时，它的反响是震惊、粗鲁、滑稽与黑暗的——就像这位编剧兼导演预期的那样。在第一次试映中，芭芭拉·斯坦威克亲吻了葛洛丽亚·斯旺森的裙边。同时，在大厅之外，传奇制片人路易斯·B. 梅耶站在台阶上咆哮道："这个比利·怀尔德应该被遣送回德国去！他咬了给他喂食的手！"怀尔德听见了。"我就是怀尔德先生，"他说道，"你怎么不去死呢。"

《倒扣的王牌》（*Ace in the Hole*），1951

编剧：比利·怀尔德；沃尔特·纽曼（Walter Newman）；莱赛尔·萨缪尔斯（Lesser Samuels）

怀尔德最具争议的电影之一，世界要经历一代人的时间才能

---

[1] 约瑟夫·肯尼迪（1888—1969），美国实业家，后来的总统约翰·肯尼迪的父亲，他在1926年涉足电影界，后组建了雷电华电影公司，曾和葛洛丽亚·斯旺森有过三年的恋情。

完全欣赏《倒扣的王牌》。这部电影的一切都不容易。怀尔德这时已经和他长期的合作伙伴查尔斯·布拉克特分手了("火柴盒的表面已经被划过太多次了"),并找了新的合作者沃尔特·纽曼来创作下一部电影。他们把目光放在了纽曼的一个想法上,一个真事改编的故事,一个报纸记者靠一个掉到洞里的悲惨年轻人获取利益的故事。

这个项目原本的名字叫《真人利益故事》(*The Human Interest Story*)。在前记者莱赛尔·萨缪尔斯的帮助下,这个剧本改进成了真正的轰动之作。柯克·道格拉斯饰演查克·塔特姆,一个嗅觉敏锐的记者,渴望找到一个大新闻,并最终找到了。道格拉斯的表演就像成片里那样冷酷,简·斯特林饰演的被困男人的妻子也同样扎实。当道格拉斯要她去教堂表现一些对丈夫的关心时,斯特林说了一句奥德丽·怀尔德发明的著名回答:"下跪会让我的尼龙袜变形。"

这样激怒别人是要付出代价的。1951年发行的《倒扣的王牌》是怀尔德的第一次失败。怀尔德这时已经在巴黎拍摄新片了,派拉蒙想要给它系上一个装饰的蝴蝶结,他们很快就把片名改成了《盛大的狂欢节》,但这没有起效。

多年过去了,小报式的电视台创造了上千个查克·塔特姆,《倒扣的王牌》的地位不断上升。斯派克·李想重拍它,科斯塔-加夫拉斯进行了属于他的致敬,而致敬的成果《危机最前线》始终没有获得怀尔德的正式认可,上映那天的评论几乎众口一词地赞颂怀尔德的原版电影。四十六年之后,《倒扣的王牌》获得了它在它的年代从没有获得过的掌声。请看最后一个镜头,这个精妙少见的镜头,来自一个还在对那些拍摄复杂镜头的导演左右摆动手指的人。"单纯讲故事就好。"

《战地军魂》(*Stalag 17*),1953

编剧:比利·怀尔德;埃德温·布鲁姆

根据唐纳德·贝文(Donald Bevan)和埃德蒙·奇钦斯基(Edmund Trzcinski)的戏剧改编

怀尔德又回到了相对快餐化的创作上。他找到了一部成功的戏剧——一个发生在德国战俘营里的故事——并彻底把它改编成了长片,并创造出了他最喜欢的主角之一。威廉·霍尔登因为这个叫塞夫顿的愤世嫉俗的独行者而熠熠生辉。在霍尔登表演时,镜头移动得轻松而迅速。即使是今天,怀尔德还在回忆这部电影时眼中放光。有人认为霍尔登的塞夫顿是怀尔德放在胶片上的最接近自我的人物,只不过经过了改头换面而已。而霍尔登最后一句退场台词纯粹是怀尔德式的:"如果我什么时候在街角碰到你们这些废物,我们就假装从没见过。"电视业对这部电影进行了玩笑式的模仿,拍了一部《霍根英雄》(*Hogan's Heroes*)[1]。

《龙凤配》(*Sabrina*),1954

编剧:比利·怀尔德;塞缪尔·泰勒;欧内斯特·雷曼(Ernest Lehman)

根据塞缪尔·泰勒的戏剧《萨布里纳的故事》改编

"曾经,在长岛的北岸,离纽约大约三十英里远的地方,有一个小女孩住在一座很大的庄园里……"这部怀尔德最浪漫最

---

[1] 美国哥伦比亚广播公司(CBS)在1965年到1971年间播放的一档根据这部电影改编的情景喜剧,共拍了6季168集。

华丽的电影就是这么开场的,一个司机的女儿爱上他们服务的有钱人家的花花公子的故事。萨布里纳去了巴黎,光彩熠熠地回来,改变了身边的一切。影片的魔力在今天依然强烈。除了美妙的构思和奥黛丽·赫本极具吸引力的演出,这部电影还是现代时尚的高水平标杆,今天《Vogue杂志》在做专题时,依然经常参考萨布里纳的照片,而这样做也是完全正确的。它还是赫本迷人力量的权威展示,只要看看开场赫本在树上,凝视着拉腊比的舞会的画面就知道了。在她的第二部美国电影里,赫本凭借那简单没有言语的渴望的形象进入了好莱坞历史。今天,很多新入行的无知少女被预言成"新的奥黛丽·赫本",这是好莱坞渴望再次获得那样的瞬间的表现……但从来没能如愿。伊迪丝·海德获得了奥斯卡最佳服装设计奖,尽管其实是赫本最喜欢的设计师纪梵希做了大部分的工作。历史后来显露出,赫本在现实生活中模仿了电影的情节,她在拍片时和联合主演威廉·霍尔登有过密情。《龙凤配》中充满了魅力与优雅,即使性格尖酸的汉弗莱·鲍嘉都无法诋毁这部经典,他不喜欢这部电影和它的导演。鲍嘉知道自己是怀尔德的第二选择。这个角色原本是为加里·格兰特写的,他很令人伤心地在最后一刻推掉了它。电影为鲍嘉重新改造了一番,但这无法缓解他的自卑情结。他在影片的拍摄期间满嘴讥讽。几年后,他在去世前不久和怀尔德和解。怀尔德说:"他总是扮演英雄,但他从来都不是……直到他死前那一刻才成了英雄。"

《七年之痒》(*The Seven Year Itch*)，1955

编剧：乔治·阿克塞尔罗德 (George Axelrod)；比利·怀尔德根据乔治·阿克塞尔罗德的戏剧改编

比利·怀尔德对这部电影并不感冒（"我从没喜欢过它"），尽管在扮演女孩的玛丽莲·梦露"天真"的表演的表面下，你还是能明晰感受到性欲的列车飞驰向前。梦露轻易地提升了这部多少有些陈腐、对阿克塞尔罗德的二流戏剧的电影改编的水平，成为对欲火中烧的后审查时代美国的一幅快照。《七年之痒》在和怀尔德的前一部电影《龙凤配》的优雅比较之下经受了很多指责。但即使是在有问题的演员搭配之下，他的天才也还是显露了出来，汤姆·伊威尔没有从怀尔德的剧本中发现任何更深层次的东西。这部电影的表演直到今天还会使怀尔德烦恼，特别是因为制片厂拒绝了他的第一人选，一个年轻的、不知名的纽约演员沃尔特·马修。

琐事提示：在马修的试镜中，玛丽莲·梦露的角色是由吉娜·罗兰兹饰演的。想象一下马修和梦露，你将会有一部大不一样的电影。然后当然还有那个已经变成传奇的过场戏。玛丽莲·梦露和伊威尔在纽约的大街上散步时，她站在地铁通风隔栅上吹风给自己降温。她的白裙子被吹起来，她把它往下捋，于是这个好莱坞最具代表性的形象诞生了。在摄影机镜框之外是几千呆呆看着的纽约人，其中包括梦露的丈夫乔·迪马乔，他对妻子耳语了些什么，然后就带着怒气回家了。迪马乔的离去有没有改变了梦露的情绪？"没有。"怀尔德说，"她喜欢那些人群。她把一根手指放到嘴唇上，他们就都安静了下来，然后我们继续拍。"

《林白征空记》(*The Spirit of St. Louis*)，1957

编剧：比利·怀尔德；温德尔·梅斯 (Wendell Mayes)；查尔斯·莱德勒 (Charles Lederer)

根据查尔斯·A. 林白的自传改编

谈到这部对林白著名旅程的彩色重现时，怀尔德大大降低了对它的评价，认为它只是部奢华的传记片。詹姆斯·斯图尔特的招牌式风度与幽默在这次的表演中展现得很好，并搭配上了弗朗茨·瓦克斯曼的配乐。怀尔德感到了来自这个备受林白亲自保护的传奇的一点威胁。他甚至不能采用现实生活中的一些次要情节，包括一个可能在林白旅程开始前一夜和他共枕的女服务员的故事。他们是朋友，但他们是很不一样的人。电影拍摄的那个时候，林白是世界上最著名的人之一，而他还是会坐公车去贝弗利山拜访怀尔德。这部电影没有提及林白孩子被绑架的事件，而怀尔德颠覆性的才智在这部电影中也很少被用到。有一个例外是一只苍蝇被困在了驾驶舱里，这样斯图尔特就能与这只昆虫继续他的台词。在著名的查尔斯·博耶拒绝和一只蟑螂表演相似的银幕独白的事件发生多年之后，怀尔德终于把他的想法拍摄了出来，仅此而已。据说斯图尔特不喜欢这个主意，所以这只苍蝇很快就被释放了，但这一点怀尔德魔法依然提醒了你是谁在为这部电影掌舵。

《黄昏之恋》(*Love in the Afternoon*)，1957
编剧：I. A. L. 戴蒙德；比利·怀尔德
根据克劳德·阿内的小说《爱丽安》(Claude Anet, *Ariane*) 改编

这部发生地在巴黎的电影珍珠，是怀尔德两部奥黛丽·赫本杰作的第二部，也是他与 I. A. L. 戴蒙德伟大合作的开始。赫本饰演了私家侦探克劳德·舍瓦斯（莫里斯·切瓦力亚）的女儿，一位热恋中的大提琴乐手。在偷听父亲的生意时，她使自己切实地陷入了困境，爱上了加里·库柏饰演的名声在外的花花公子。这部电影是一首充满了视觉与音乐的诗，怀尔德最好的作品之一。刘别谦的精神实实在在地存在于这部电影之中，怀尔德的所有浪漫感染力都得到了尽情施展。库柏的角色又一次是为加里·格兰特写的，格兰特推掉了，这成了电影史上最大的遗憾。尽管加里·库柏对这个角色而言老了一点，而且有时他还隐藏在阴影里，但他不但勇敢地表现出了全部必须的浪漫力量，而且做到了更多。他的表演是被低估了的，也是无私的，他一直都在为奥黛丽·赫本服务，使她从头到尾都很炫目。请看怀尔德在匈牙利人四重奏乐团上表现出的天才，他们跟着库柏去各种地方，为他的所有追索提供浪漫的背景音乐。库柏听着赫本留下的口述录音机录音，上面叙述的是一个她不存在的情人的名单，这一段落无与伦比地成功。库柏和弦乐四重奏乐团在两个房间之间前前后后传着酒，这时候这个冒失罗密欧开始意识到他爱上了这个年轻女孩，而且他的爱还在不断增长。大部分导演只会把男主角弄到酒吧里，他们不是怀尔德。

琐事提示：请寻找歌剧院段落中，奥德丽·怀尔德饰演的库柏的约会对象。

《控方证人》(*Witness for the Prosecution*),1957

编剧:比利·怀尔德;哈利·库尔尼兹(Harry Kurnitz)

根据阿加莎·克里斯蒂的剧本和小说改编

在又一个高品质浪漫喜剧被收入囊中之后,怀尔德转向了一个新的类型——法庭戏。他原本的动机是想拍摄一部"希区柯克电影"。《控方证人》做到了,而且做到了更多。希区柯克很少会在他的电影中为这样的表演烟花留下空间。劳顿饰演伟大的威尔弗里德·罗巴茨爵士,伦敦最著名的出庭律师,他的表演把他提升到了怀尔德最喜欢的演员的行列之中。泰隆·鲍华呈现了一场流畅漂亮的表演,还有,当然,人们喜欢的东西中很少有像比利·怀尔德电影中的玛琳·黛德丽那样具有罪孽感。惊人事实的呈现、情节的满负荷运转,劳顿也贡献了他演艺事业中最狡猾也最丰富的表演。是的,这就是那部他大喊"谎言!"的电影。

《热情如火》(*Some Like It Hot*),1959

编剧: I. A. L. 戴蒙德;比利·怀尔德

参考了罗伯特·特恩(Robert Thoeren)**和迈克尔·洛根**(Michael Logan)**未出版的故事**

"这会是场灾难。"塞尔兹尼克对比利·怀尔德说,"你不能把喜剧和谋杀混合起来!"怀尔德不仅做到了,创作了他取材于情人节大屠杀的最著名的喜剧,还把玛丽莲·梦露和"异装"放了进去。由于意外目击了黑帮的勾当,为了躲避黑帮,一穷二白的音乐家杰克·莱蒙和托尼·柯蒂斯戴上假发穿上裙子,加入了一支全女子旅行乐队。米基·盖纳是原本准备扮演甜甜·凯恩·科瓦尔奇克的人，但当梦露表达了一些兴趣时，怀尔德说："我们得让她演。"他们成功地让她饰演了这个角色，于是梦幻组合变得更梦幻了，这种事仅此一次，每个人都加满了油去演出。梦露这次悲喜交加的喜剧演出是她最性感最令人难忘的一次。梦露在她的合作演员那里并没有受到好评，他们经常要穿着高跟鞋站在那里等着怀尔德拍很多条来获得满意的表演，但是笑到最后的是她。四十年之后，她的合作者们每天都要被问到梦露在这部电影中不在乎一切的精彩演出。（注意看那句拍了五十条的台词："波旁酒在哪"）最后一句台词是影片最大的笑点，它是戴蒙德随口想到的，结果成了现代喜剧中和"坦白说，斯嘉丽，我一点也不在乎"一样重要的台词。"没有人是完美的。"怀尔德回忆道，"第一次的试映是在太平洋断崖区的海湾电影院，反响不怎么样。那里之前一直在上映一部正剧。第二个晚上我们在西木区试映，我们获得了满堂彩。"

　　琐事提示：原本的片名是《今晚不行，约瑟芬》(*Not Tonight, Josephine*)。另一件琐事提示：怀尔德曾短暂考虑过让弗兰克·辛纳特拉来饰演异装男主角之一。

《桃色公寓》(*The Apartment*)，1960
编剧：I. A. L. 戴蒙德；比利·怀尔德

　　这个想法在怀尔德的笔记本上已经很多年了。他受到了大卫·里恩的《相见恨晚》的启发，这个想法写的是："一部关于一个爬上带着两个情侣体温的床的家伙的电影。"随着审查放宽，把《桃色公寓》付诸实施的时候到了。还有更好的表现那时美国生活的悲喜交加的喜剧-戏剧吗？过了这么多年，这个答案依然是否定的。带着现代的内核，这个"肮脏的童话故事"是关于小人物大公司的社会，以及浪漫爱情的杰作，公寓成了玩弄女性的经理们和人幽会之处，而莱蒙，作为独一无二的 C. C. "老兄"·巴克斯特，很可疑地爬上了公司的上升阶梯，他是个抽着鼻子的好心肠、不聪明的皮条客。他爱上了电梯小姐芙兰·库布利克（雪莉·麦克雷恩），她在弗雷德·麦克默里饰演的行为不端的保险公司老板 J. D. 谢尔德瑞克的陪伴下也秘密拜访过他的公寓。1961年，怀尔德赢得了罕见的奥斯卡三重桂冠：最佳编剧（与戴蒙德一起）、最佳影片和最佳导演。当剧作家莫斯·哈特颁给怀尔德三个奖中的第二个时，他弯下腰在这位导演的耳边小声说道："是时候停下来了，比利。"这句话将一直萦绕在怀尔德耳边，尽管那样，谁会知道《桃色公寓》将再难被超越了呢。

琐事提示：莱蒙和麦克雷恩在最佳男女演员奖上输给了《孽海痴魂》(*Elmer Gantry*, 1960) 的伯特·兰卡斯特（Burt Lancaster）和《巴特菲尔德八号》(*Butterfield 8*, 1960) 的伊丽莎白·泰勒。奥斯卡的误判中很少有比这次更大的了。

《玉女风流》(*One Two Three*)，1961
编剧：I. A. L. 戴蒙德；比利·怀尔德
根据费伦茨·莫尔纳的独幕剧改编

怀尔德的大部分喜剧都会经过优雅的构思与剪辑，给笑声留下空间，而这部电影却是个高压喷射机。笑话来得快速而猛烈，一个接着一个。詹姆斯·卡格尼在他最后一个主演的角色中，以可口可乐销售经理C. R. 麦克纳马拉的身份掌舵这部电影。他的表演中没有低潮，都是情绪顶端的狂轰滥炸。这部电影领先了它的时代，它后来在柏林墙倒塌的时候被再次公映，在80年代末的德国再次获得了成功。怀尔德对摇滚乐的厌恶在片中精彩地呈现了出来，他在一场酷刑的场面中使用了《穿黄色圆点比基尼的女孩》(*Itsy Bitsy Teenie Weenie Yellow Polka Dot Bikini*)，电影里还有他第一个也是唯一一个流行明星角色，不幸的朱朱。

《爱玛姑娘》(*Irma la Douce*)，1963

编剧：I. A. L. 戴蒙德；比利·怀尔德

根据亚历山大·布雷福（Alexandre Breffort）和玛格丽特·莫诺（Marguerite Monnot）的音乐剧改编

怀尔德把它称作一次走火；观众们使它获得了他最大的商业成功。雪莉·麦克雷恩出色地饰演了片名人物，一位喜剧性的、有着金子般的心的完美妓女。莱蒙勇敢地挑战了在红灯区工作的法国警察内斯特及化妆成伊尔玛的客人的"X男爵"。它比导演所承认的更加粗俗而多彩，它有张有弛，更具魅力与性感。他的失望更多的是来自它对一个个人信条的违背：永远不要用美国口音扮演在外国的外国人。

琐事提示：碧姬·芭铎（Brigitte Bardot）曾请求让自己来饰演那个片名角色，而怀尔德选择继续和麦克雷恩合作，她在这个戏里的角色是她最具诱惑力的一个人物。"它应该只停留在舞台上。"怀尔德轻蔑地谈论道。他没有去找反对这个想法的理由。

《红唇相吻》(*Kiss Me Stupid*),1964
编剧:I. A. L. 戴蒙德;比利·怀尔德
参考了安娜·博纳奇的戏剧《洛拉·黛拉幻想曲》(Anna Bonacci, *L'Ora Della Fantasia*)

这是一次口碑和商业上的双重失败,《红唇相吻》在它的时代被贬低为粗俗而具争议性的性闹剧,人们认为它是《花花公子》的电影版,应该属于理发店,而不是家庭。而且一直以来,电影中充斥龌龊的情节也不是戴蒙德和怀尔德的特色。这部电影还受到坏运气的侵扰,档期问题导致这个电影找了彼得·塞勒斯,而不是杰克·莱蒙来饰演陷入自我纠结的不是很有才的作曲家奥维尔·J. 史普纳。怀尔德更希望他的演员贴近他精心编写的剧本;而塞勒斯却是个倾向于即兴发挥的演员。他们困难重重的合作以塞勒斯开拍四周后罹患心脏病而告结束。在他相信了这个剧本足够强大,可以应付失衡的演员搭配之后,怀尔德用雷·沃尔斯顿替换了他,后者后来在《火星叔叔马丁》(*My Favorite Martian*)中成名。沃尔斯顿在怀尔德的《桃色公寓》中有着出色的表现,而在这里却不是很合适。而且沃尔斯顿和他的银幕夫人(菲利西亚·法尔,杰克·莱蒙的夫人)在电影中的关系时不时地在往施虐方向转变。关于金·诺瓦克的乳沟有过一番审查上的斗争,而法尔和迪恩·马丁的一场爱情戏也必须进行重新平衡来讨好天主教会。在这部电影上映后,教会还是攻击了这部电影。怀尔德和戴蒙德在这部电影里推开了限制,而限制又反弹了回来。这是他的第一次彻底失败。

除了被一直说的那些事以外,《红唇相吻》中还有丰富的宝藏值得挖掘。迪恩·马丁极其自然地饰演了迪恩·马丁——演得很像困在内华达州的克兰麦克斯的艺人"迪诺"。"刮脸剪头发,这是工作,宝贝儿。"他听着这话被推进了城。这部电影具有柔和舒缓的节奏。开场的段落作为鼠帮时代的拉斯维加斯的权威电影化表现而具有历史价值,伟大的约瑟夫·拉绍对这一段落进行了诗意的黑白摄影。亚历山大·特劳纳,怀尔德伟大的制作设计师,对内华达州沙漠边缘的生活细节的表现令人称奇。丢失的塞勒斯出演的胶片"在某个地方,我不知道在哪",怀尔德如是说。他不介意人们再看到那段胶片;他只是不想亲自去找它。"我那时候就是不走运,"怀尔德评价道,"你下个问题是什么?"

琐事提示:怀尔德最喜欢的名字——谢尔德瑞克,在电影中作为谢尔德瑞克医生再次出现。

《飞来福》(*The Fortune Cookie*),1966
编剧:I. A. L. 戴蒙德;比利·怀尔德

怀尔德最痛彻心扉的记忆就是他和戴蒙德在《红唇相吻》后的那段生活。"我们就像是生了白痴小孩的父母,"他曾说道,"慢慢地你们可以再见面看看对方,然后你开始疑虑——我们还要再做爱吗?"怀尔德与戴蒙德继续了他们之间的伟大合作,当然,其结果就是这部他们最有趣的剧本之一。《飞来福》是沃尔特·马修和杰克·莱蒙第一次联手出现,这对今天还在一起工作的喜剧搭档,永远都带着一丝怀尔德魔法的气息。马修在他获得奥斯卡肯定的卓越表演中，饰演了"鞭子"威利·金里奇，一位投机律师，电视台摄影师杰克·莱蒙的姐夫，后者在拍摄克利夫兰布朗队的比赛时被攻击了。莱蒙的伤没有多严重，但是马修说服他带上一个脖子支架，蒙骗别人以获得二十五万的保险金。罗恩·里奇（Ron Rich）饰演嘣嘣·杰克逊，一位善良的橄榄球运动员，是他不小心把莱蒙撞倒了，他心存罪恶感。这是在有色人种问题不再是话题之后，好莱坞主流电影中第一次出现黑人作为主要演员。在《飞来福》中，怀尔德还用了那时候的新潮技巧，把电视片段和胶片剪辑在一起。拍摄与组接都很精美，与《桃色公寓》有着类似的视觉感受，它值得放在高清晰度屏幕上欣赏。而莱蒙，现在在他与怀尔德合作的第四部电影中，已经清楚而骄傲地成为这位导演的首席银幕代言人。《红唇相吻》的残酷记忆又重演，马修在拍摄期间罹患心脏病，拍摄工作暂停了好几周，仔细看会发现马修在好几场戏里消瘦了很多。

《福尔摩斯秘史》(*The Private Life of Sherlock Holmes*)，1970
编剧：I. A. L. 戴蒙德；比利·怀尔德
根据阿瑟·柯南·道尔爵士（Arthur Conan Doyle）创造的人物改编

怀尔德最具野心的作品。《福尔摩斯秘史》的开始，是这位伟大侦探丰富生活的细节片段的一个漫长组合。怀尔德与戴蒙德的剧本在60年代电影的暗淡年月开拍之前已经经过了仔细的调性调整。请看克里斯托弗·查利斯（Christopher Challis）的精良摄影，以及罗伯特·斯蒂芬斯爵士对怀尔德与戴蒙德版本的福尔摩斯一丝不苟的表演。不要被表象误导了，这部电影其实点缀着怀尔德不会出错的幽默。比如，一直不断悬着的关于福尔摩斯可能是个同性恋的笑话。除非所有的部分都还在一起，否则就很难合适地评价这部电影——大量的胶片在一次灾难性的试映后被丢弃了，一群不可原谅的观众觉得这部电影太琐碎了。怀尔德一反常态地把影片留给了剪辑师欧内斯特·沃尔特，自己跑去巴黎筹备新片。还是存在一些重要的问题需要解答：丢失的胶片在哪里？怀尔德离开去拍摄的是什么电影？（他说可能是《两代情》，但那部电影要两年后才出现呢。）福尔摩斯自己应该来查查这些答案。由沃尔特组接的删减后的最终版本比怀尔德今天认为的要好得多，但这位导演难以理解地对丢失的部分十分烦恼，那些部分看上去是永远消失了。有希望的是，怀尔德和戴蒙德的剧本很快就能看得到了，这样就可以从其原始形态中去想象这部他最重要的作品之一了。在那之前，这个现行于世的版本就是一个具有启发性的谜题。

《两代情》(Avanti!)，1972
编剧：I. A. L. 戴蒙德；比利·怀尔德
根据塞缪尔·泰勒的戏剧改编

怀尔德后期电影中的一流作品，《两代情》是一部经典，侵染着一个长期离家、进入人生第三幕的男人的忧郁。杰克·莱蒙精心饰演的溃疡病人[1]、公司经理温德尔·安布鲁斯特是他那些著

---

[1] 莱蒙在《患难之交》中饰演的人物才是患有胃溃疡的公司经理。

名的中年危机角色中的第一个。说《两代情》像《桃色公寓》有一点牵强,但它们有一些明确的相似性。这部电影是怀尔德与这位演员合作的新的高峰,这主要体现在他微妙的基调上。《两代情》历久弥新,而且——除了长着胡子的多毛酒店女佣——几乎所有次要角色都值得光荣地在怀尔德风格的人物众神之中占据一个位置。莱蒙饰演的商人在高尔夫球场上被叫走,因为他父亲在意大利度假时去世了,他必须出国去负责遗体的转运。怀尔德最具大师气质的段落出现在电影开始不久,莱蒙面对一个意大利官僚,那个人负责遗体的方方面面事务。安布鲁斯特很快遇到了他父亲情人的女儿(朱丽叶·米尔斯),他的父亲就是在他情人的怀中去世的。爱情接着发生了,这个已婚的儿子继续了他父亲的小错误。米尔斯饰演了一位叫帕梅拉·皮戈特的不幸的女儿,她出色地饰演了这个远不如她本人吸引人的角色。"我试图找一个超重的女演员,因为那才是我们所写的。"怀尔德如是说,"我们找不到。但我们找到了朱丽叶·米尔斯,尽管她努力增肥,她吃啊吃,但奇怪的是一磅也没有长。"不管什么体重,她都成了莱蒙的完美衬托。克莱夫·雷维尔(Clive Revill)饰演的意大利酒店经理也光彩熠熠。结尾是绝对的抒情段落。

琐事提示:在多年用潜台词或者三重潜台词来规避审查之后,这是怀尔德电影第一次出现脏话甚至一些裸体镜头。它们都被精妙地放置在电影里,并且各有其明确的作用,但这还是有一点像是你第一次听到父亲骂人时的感觉。但这在某种意义上是必不可少的。

《满城风雨》(*The Front Page*)，1973

编剧：I. A. L. 戴蒙德；比利·怀尔德

根据本·赫克特（Ben Hecht）**和查尔斯·麦克阿瑟**（Charles MacArthur）**的戏剧改编**

一部情节设置在报界的、逼真的顶尖级时代喜剧，《满城风雨》最终的感觉像是怀尔德为了在70年代的好莱坞还能保持流行和保住工作所做的最好的努力。他是他的时代唯一一个还在尝试保持让自己的影片具有意义的导演。乔丹·克罗内维斯（Jordan Cronenweth）的高超摄影使这部电影具有深度和说服力。今天怀尔德奇怪自己为什么会接手这个重拍工作，即使这是要重写一部电影，而这件事，他说，从一开始就被高估了。马修和莱蒙饰演了暴躁的编辑和明星记者，还有高调的卡罗尔·伯内特（Carol Burnett）出演妓女莫丽·马洛。它很有趣，尽管蓄意地利用了一点前一年的《骗中骗》引起的怀旧热潮。在很多方面，它更诚实一些。

《丽人劫》(*Fedora*)，1978

编剧：I. A. L. 戴蒙德；比利·怀尔德

根据托马斯·克里恩（Thomas Tryon）**的小说改编**

怀尔德和戴蒙德最后一个伟大的剧本奇妙地重访了《日落大道》的领地，这次是用的彩色。费多拉是一个嘉宝一样的明星，隐居在一个希腊小岛上。威廉·霍尔登饰演一个前副导演，他把她找了出来。片中精巧的剧情转折处理得很优雅，怀尔德很快就指出他原本的选角计划会使这部电影更好，他没有错，但《丽人劫》还是具备着戴蒙德与怀尔德全部的风格,以及经典的犀利。这是他们最后一部正剧,具有大师级的结构,以及一种强烈的神秘气息。请听听怀尔德所写的极其个人化的、动人的语言,他还评价了新好莱坞当时的状态("他们都有大胡子!")。如果它没能进入怀尔德最伟大作品的上层等级,它也只差几寸而已。亨利·方达(Henry Fonda)在里面以本人的身份出现了一下。

《患难之交》(*Buddy Buddy*),1981
 编剧:I. A. L. 戴蒙德;比利·怀尔德
 根据爱德华·莫利纳罗和弗朗西斯·韦贝尔的电影《麻烦制造者》(Édouard Molinaro and Francis Veber, *L'emmerdeur*, 1974)**改编**

《患难之交》是日后杀手喜剧类型的《教父》。沃尔特·马修与杰克·莱蒙在这部关于一个厌世的杀手(马修)和一个抱怨自己生活、有自杀倾向的商人(莱蒙)的黑暗热闹的喜剧里再次合作。"我对这个类型没有贡献。"怀尔德现在说,"我不相信类型。"这部电影的价值很小。《患难之交》不是怀尔德最视觉化的电影——多个场景中的背景投影削去了大部分的激情——但它有活力,在它的时代具有确定性。我们已经离《妮诺契卡》很远了,但是当马修把他那有活力的、板着脸的表演能量投入到他杀手的角色中时,还是快速说出了像"你他妈脑子坏啦?"这样令人惊讶的台词。克劳斯·辛斯克(Klaus Kinski)饰演朱克博特医生,怪诞的性治疗师,他使饰演莱蒙前妻的宝拉·普兰提斯(Paula Prentiss)疯狂。人们可以想象在编剧办公室里,怀尔德和戴蒙德是如何创造了他们第一个马桶笑话,[这部电影的原著剧本在1974年被拍成了一部法国电影《麻烦制造者》，它在美国发行时取名为《A房间中的痛苦》(*A Pain in the A...*)] 但你从不会忘掉你是在看一部怀尔德和戴蒙德编出来的喜剧。比如辛斯克的一句令人难忘的台词："早泄就意味着你永远得说抱歉。"影片停在沃尔特·马修享受着雪茄，面对着布满美丽的岛国女郎的荒芜环礁天堂……以及杰克·莱蒙的画面上。怀尔德最后一部电影是为他最爱的喜剧搭档写的情书，他们也以高度的热情投入了他们的角色。

一个人可以羡慕一部他没法拍的电影好多年。当马丁·斯科塞斯放弃了改编权，怀尔德抓住机会去寻求他自己选择的最后一部电影——《辛德勒的名单》。他几天之内就失去了拍摄这部最后的也是最个人的电影的机会。史蒂芬·斯皮尔伯格把它付诸实施，而在听说了怀尔德的兴趣之后，他打电话给这位大师，解释自己对拍摄这部电影的热情。怀尔德优雅地表示理解，并祝他好运。当几年后这部电影在洛杉矶上映时，怀尔德去看了公映的第一场。他惊讶地发现观众里既有年轻人又有老影迷，所有人都因这部电影的结尾热泪盈眶。"我要拍的话会很不一样，"他说，"但我没法跟你说它会更好。只会是他妈的一部电影而已。"

附录二 杂谈

怀尔德给编剧的建议

1. 观众是反复无常的。
2. 扼住他们的喉咙,绝不要松手。
3. 为你的主要人物设计一条清晰的行动线。
4. 你要知道往哪发展。
5. 你能把情节点隐藏得越巧妙越优雅,你的编剧水平就越高。
6. 如果你在第三幕遇到了麻烦,那真正的问题一定在第一幕。
7. 来自刘别谦的建议:让观众自己去把二和二相加,他们就会永远爱你。
8. 在做旁白时,要注意不要讲观众们已经看到的东西,要讲他们看不到的东西。
9. 第二幕中发生的事情要能开启电影的结尾。
10. 第三幕必须建筑在节奏和动作上,直到最后一个事件发生,然后……
11. ……它就成了。不要犹豫不前。

艺术领域中的怀尔德

怀尔德晚年的朋友,商人理查德·科恩把怀尔德对艺术品的品位描述成精辟的折中主义。就像他的电影一样,那些艺术品,从古典艺术,到美妙的世俗艺术,再到各种神秘的或者引人注目的作品都有所涉及。许多奇怪的难以被分类的作品也受到了怀尔德的喜爱。他从来不投资艺术品,它们全部是按照怀尔德的品位购买的。多年下来,他可能从来没有预料到,或者也许他享受地看到了事实符合了他的预期,这些收藏品的价值在不断增长。在科恩的帮助下,怀尔德收藏品中的一大部分在1989年被拍卖,并获得了3260万的巨额收入。

"他很少和我谈论他的电影,"科恩说道,"我们的关系自始至终都和艺术品相关。他的眼光非比寻常,极富价值。我经常惊讶于他与艺术家及艺术品世界的人交流的方式。他父亲在家中赔光了所有的钱……而他却是个能够抓住大机会的智者。他懂音乐、懂艺术、懂文学,还懂得如何和人说话。他从不渴望谈论自己。永远都是'你好吗?''你儿子好吗?''你夫人好吗?'"

科恩带着敬佩的心情摇着头。"他就是知道该怎么做,你懂。"

刘别谦

1975年夏天,比利沉思地从一扇窗户望出去。"你知道,"他说,"如果还有人会写'刘别谦式触动',那它到今天还会存在,但是他把他的秘密带到坟墓里去了,它就像是中国吹玻璃法一样绝迹了。时不时地,当我在寻找一个优雅的情节纠葛时,我就问自己：'刘别谦会怎么做？'然后我就会编出一些东西来，它就会像刘别谦，但它不会是刘别谦，那个东西已经不存在了。"

摘自斯科特·艾曼著，《恩斯特·刘别谦：天堂里的笑声》(Scott Eyman, *Ernst Lubitsch: Laughter in Paradise*)

一个"怀尔德时刻"

九十多岁的时候，怀尔德出名的睿智依然旺盛。无论是在周先生餐厅他心爱的前台，还是在斯帕戈餐厅，甚至是在贝弗利山约翰尼·洛基特餐厅的50年代风格的晚宴上，八十多或者九十多的怀尔德面对最少的观众，也就是他的晚餐伙伴时，还是能说出一些很棒的妙语警句来。这里有一个他把多重幽默放进四个字里的例子。

一次他在理查德和芭芭拉·科恩夫妇家吃完晚餐看电影时，怀尔德坐在一个大沙发上看正片开始前的预告片。那是一个俗气而不好笑的喜剧，在即将上映的广告语放完后，怀尔德把身子弯向芭芭拉·科恩，快速评论了一句：

"感谢警告。"

奥德丽·怀尔德的完美马丁尼配料单

"我用装苦酒的瓶子调酒……然后我整个过程都会仔细盯着。我在一份或者两份的马丁尼里倒上足量的伏特加，然后再加苦艾酒。那时候比利喜欢Ketel One牌的伏特加。

"Noilly Prat牌的苦艾酒是关键。我会滴上七八滴,搅拌,然后倒出来。

"本来我们是喝杜松子酒配的马丁尼,嘉宝喝的就是,战后伏特加慢慢多了,我们就开始用伏特加。但一开始是用的杜松子酒。"

怀尔德在AFI

在1989年美国电影学院的祝词中,怀尔德用下面这句话作为发言的结语,启发了在场的众多编剧和导演,它是关于金融业和制片厂之间从不间断的斗争的。"记住,"他说,"他们拥有权力,但我们拥有荣誉。"

怀尔德为加里·库柏写的演讲词

(福莱尔俱乐部的感谢晚宴,1961年1月)

女士们,先生们:

我知道在拉斯维加斯他们用一赔十的赌注赌我站起来只会说一句"是的"(Yup),我不知道我是怎么得到这个名声的——他们说我是马背上的强尼·贝琳达[1]。不是我不喜欢说话——只是我从前没什么要说的。但今晚之后,我将成为黄金西部的银舌演说家。

---

1 强尼·贝琳达是电影《心声泪影》的女主角,是个聋哑人。

首先，我要感谢在座的每一位来参加这个答谢会——我从来没见过这么少的人做出了这么多的成就。坦白说，我对你们为什么找我有一点困惑——但也许是因为你们知道一些我不知道的事情吧。我来好莱坞已经三十五年，拍出的电影大多已经一去不回——而现在它们又都给《深夜秀》(The Late, Late Show) 拿去当谈资了。那些年里，一大堆荣誉落到了我头上——我的脚印在中国戏院的前院里，我的名字就在猪和口哨餐厅前的人行道上——大卫·萨斯坎德 (David Susskind)[1]管我叫"大人物"。

但是真的——就像喜剧演员们常说的——我唯一自豪的成就，是我在这个集体中交到的朋友。看着这间屋里的人们，我觉得自己的生命没有浪费。如果有人问我，我是不是这个世界上最幸运的人，我的答案是——是的！(Yup!)

---

[1] 大卫·萨斯坎德（1920—1987），美国电影、电视、舞台剧制作人，还是美国最早的电视脱口秀主持人。

图书在版编目（CIP）数据

日落大道：对话比利·怀尔德/（美）卡梅伦·克罗著；张衍译.—北京：中信出版社，2022.3
书名原文：Conversations with Wilder
ISBN 978-7-5217-3502-4

I.①日… II.①卡…②张… III.①电影导演－访问记－美国－现代 IV.①K871.257.8

中国版本图书馆CIP数据核字（2021）第224300号

CONVERSATIONS WITH WILDER by Cameron Crowe
Copyright © 1999 by Cameron Crowe
Simplified Chinese edition copyright © 2022 Shanghai EP Books Co., Ltd.
This translation published by arrangement with Alfred A. Knopf, an imprint of
The Knopf Doubleday Group, a division of Penguin Random House, LLC.
All rights reserved
本书仅限中国大陆地区发行销售

日落大道——对话比利·怀尔德
著者： [美]卡梅伦·克罗
译者： 张衍
出版发行：中信出版集团股份有限公司
（北京市朝阳区惠新东街甲4号富盛大厦2座 邮编 100029）
承印者： 山东临沂新华印刷物流集团有限责任公司

开本：889mm×1194mm 1/32　　印张：15.25　　字数：355千字
版次：2022年3月第1版　　　　　印次：2022年3月第1次印刷
京权图字：01-2021-5083　　　　 书号：ISBN 978-7-5217-3502-4
定价：78.00元

版权所有·侵权必究
如有印刷、装订问题，本公司负责调换。
服务热线：400-600-8099
投稿邮箱：author@citicpub.com

雅众·影人影事

《我的造梦之路》　［日］今敏
《我被封杀的抒情》　［日］大岛渚
《草疯长》　［日］今村昌平
《豆腐匠的哲学》　［日］小津安二郎
《我心深处》　［美］伍迪·艾伦
《与火同行：大卫·林奇谈电影》　［美］大卫·林奇
《北野武的小酒馆》　［日］北野武
《扔掉书本上街去》　［日］寺山修司
《樱桃的滋味：阿巴斯谈电影》　［伊朗］阿巴斯·基阿鲁斯达米
《恋恋风尘：侯孝贤谈电影》　侯孝贤
《一念：蔡明亮谈电影》　蔡明亮
《陆上行舟：赫尔佐格谈电影》　［德］维尔纳·赫尔佐格
《小丑的流浪：费里尼自传》　［意］费德里科·费里尼
《剩下的世界：瓦伊达电影自传》　［波兰］安杰伊·瓦伊达
《为胜利而战》　［日］押井守
《西川美和：围绕电影的X》　［日］西川美和
《只为女人拍电影：沟口健二的世界》　［日］佐藤忠男
《复眼的映像：我与黑泽明》　［日］桥本忍
《用电影燃尽欲望》　［日］园子温
《等云到》　［日］野上照代